dtv

Von Albrecht
zu Weihnachten 2010

Das Ende der Welt liegt mitten im Weißen Meer, knapp am nördlichen Polarkreis. Es umfaßt sechs kleine und Dutzende winzige Inseln. Die Klosteranlagen dort zählten einst zu den prächtigsten Rußlands und waren nach der Machtübernahme durch die Bolschewiki wie geschaffen für einen Verbannungsort. Auf den Solowjezki-Inseln erlebt der polnische Autor Mariusz Wilk das riesige russische Reich im kleinen. Er theoretisiert nicht, sondern berichtet: Geschichten von weißen Nächten und märchenhaften Wäldern, von verwitterten Baracken, Raketen und Stacheldraht – und von Menschen, die es auf schicksalhafte Weise auf den Archipel am Ende der Welt verschlagen hat.

»Wilks Einblicke ins Innere der russischen Lebenswelt basieren auf einer Recherche, wie sie gründlicher kaum hätte sein können. Er teilt bis heute den entbehrungsreichen Alltag der Inselbewohner, getreu dem Grundsatz, der dem Buch als Motto dient: ›Rußland kann nur begreifen, wer es selber erlebt.‹ Lebendig und differenziert, gewinnt diese Reportage ihre Kraft aus Wilks leidenschaftlichem Drang, zum Kern der russischen Wirklichkeit vorzustoßen.« (Olga Mannheimer in der ›Süddeutschen Zeitung‹)

Mariusz Wilk wurde 1955 in Breslau geboren. 1981 Pressesprecher der Solidarność in Danzig, inhaftiert von Dezember 1981 bis 1983 und von 1984 bis 1986. Nach 1989 zuerst Korrespondent in Berlin und später in Moskau. Lebt seit 1993 auf den Solowjezki-Inseln und veröffentlichte regelmäßig in der Zeitschrift ›Kultura‹.

Mariusz Wilk

Schwarzes Eis

Mein Rußland

Aus dem Polnischen
von Martin Pollack

Deutscher Taschenbuch Verlag

Ungekürzte Ausgabe
Februar 2007
Deutscher Taschenbuch Verlag GmbH & Co. KG,
München
www.dtv.de
Lizenzausgabe mit Genehmigung
des Paul Zsolnay Verlags

Titel der polnischen Originalausgabe:
›Wilczy notes‹ (słowo/obraz terytoria, Danzig 1998)

Umschlagkonzept: Balk & Brumshagen
Umschlagfoto: Russian Picture Service/Victor Petchenev
Satz: Eva Kaltenbrunner-Dorfinger, Wien
Druck und Bindung: Druckerei C. H. Beck, Nördlingen
Gedruckt auf säurefreiem, chlorfrei gebleichtem Papier
Printed in Germany · ISBN 978-3-423-13537-5

Mit dem Verstand ist Rußland nicht zu begreifen,
Mit unseren Maßen nicht zu messen,
Rußland ist von anderer Größe –
Rußland muß man erleben.
Eine Paraphrase Tjutschews

Für Veronika

Solowjezker Aufzeichnungen
(1996–1998)

Nimm Eisen in Form länglicher Blättchen, mit Löchern, damit man sie auf eine Schnur auffädeln, bequem eintauchen und wieder herausziehen kann. Wenn du keine Blättchen zur Hand hast, nimm alte Schlösser, Schlüssel oder Ketten. Du kannst sauberes Eisen verwenden, ohne Rost, obwohl manche eher rostige Eisenabfälle oder sogar den Zunder, der unter dem Schmiedehammer abgeht, vorziehen. Gib das Eisen und grob gemahlene Tintengalläpfel in ein Gefäß, in dem sich das sogenannte »Tintennest« bildet, das du acht bis zehn Jahre verwenden kannst. Die Tintengalläpfel sind Gewächse auf Eichen, die von Insekten hervorgerufen werden. Wähle sie mit Sorgfalt aus, denn es gibt kräftige, grüne und auch löchrige, blasse. Zerstoße sie, gieße Wasser mit einem Zusatz von Brotkwaß darüber (man kann auch den Saft von Sauerkraut nehmen) und stelle das Gefäß an einen dunklen Ort oder hänge das Eisen gleich in die Lösung. Dann übergieße das Nest mit einem Absud aus der Rinde von Eiche, Erle oder Esche. Die Rinde sollst du im Frühjahr abnehmen, wenn der Saft zu steigen beginnt, und dann trocknen, denn trockene Rinde ergibt mehr Schwärze. Koche die Mischung in einem Kupfergefäß, bis das erste Wasser ganz verdampft ist. Gieß wieder Wasser auf und halte es auf kleinem Feuer, bis es eindickt. Seihe es durch ein Bastsieb und drücke es aus. Darauf seihe es durch ein Haarsieb und drücke es aus. Darauf seihe es durch ein Tuch und drücke es neuerlich aus. Gieße es zu dem Nest. Um Eisensulfat zu erhalten, füge Honig, Gerstenbier oder Wein hinzu, am besten Rotwein. Das Gefäß mit der Tinte stelle an einen dunklen Ort und rühre die Flüssigkeit mehrmals am Tag um. Der Prozeß entwickelt sich langsam: zwischen zwölf und vierzig Tage. Beruhige die Gärung mit einem Absud aus Hopfen, mit dem du auch die Ausbreitung von Schimmel verhindern kannst. Falls die Tinte durchs Papier schlägt, füge zur Härtung Weichselleim hinzu, und damit sie leichter von der Feder fließt, Nelken und Ingwer …

Ein Rezept für Tinte *(incaustum), nach einem Rezeptarium von Solowki aus dem 16. Jahrhundert. Die Klosterschreiber durften keine Feder zur Hand nehmen, wenn sie nicht selber die Tinte hergestellt hatten.*

I

Wer Rußland aus Büchern studiert, der begreift es überhaupt nicht, denn es birgt Eigentümlichkeiten, zu deren Erforschung ich in die Provinz fahren würde … wenn ich nur die Sprache beherrschte.

JOSEPH DE MAISTRE

1.

Der Leser wird fragen, warum ich die Solowjezki-Inseln gewählt habe? Was dafür ausschlaggebend war, daß ich mich auf den Inseln wie auf einem Beobachtungsturm niederließ, um von dort nach Rußland, in die Welt zu schauen? Ich will versuchen, darauf eine Antwort zu geben, obwohl es nicht leicht ist, die Sache in einigen Abschnitten erschöpfend zu behandeln, man kann höchstens einen Abriß erstellen, wie man früher geschrieben hätte. Die Solowjezki-Inseln erinnern an einen wertvollen Stein: Wie lang du ihn auch betrachtest, er verändert sich ständig, bricht das Licht, läßt seinen Schliff spielen. Es genügt, ein wenig an der Fabel zu drehen, die Akzente zu ändern, die Gedankengänge neu zu ordnen, und gleich nimmt das Ganze eine neue Bedeutung an – schimmert in anderen Farben. Es ist unmöglich, die einzelnen Beweggründe herauszuschälen, die Fäden aus der Kette zu ziehen, einen jeden für sich, um sie zu analysieren und im Mund hin und her zu wenden, weil man sie nur gemeinsam, einen in Verbindung mit dem anderen betrachten kann. Mit einem Wort, man muß die linearen Gesetze der

Sprache verlassen und die Dinge aus einer gewissen Entfernung ansehen. Um dann die Position zu wechseln, Schritt um Schritt, und den Blickwinkel zu ändern.

2.

Ich kam vor sieben Jahren als Korrespondent einer polnischen Zeitung nach Moskau. Damals sprachen sich die Nationen, die innerhalb der Grenzen des Sowjetischen Imperiums wohnen, im Märzreferendum für die Union aus. Ein halbes Jahr später existierte die Union nicht mehr. Es kam zum Zusammenbruch der Sowjets. Ich beschloß zu bleiben, weil ich sehen wollte, was dabei herauskommen würde. Ich sah eine Menge neuer Dinge, manche von ihnen unverständlich, einige irritierend, doch am meisten brachte mich ein Zitat Tjutschews auf, mit dem russische Bekannte meine Fragen abwehrten:

»Mit dem Verstand ist Rußland nicht zu begreifen,
Mit unseren Maßen nicht zu messen,
Rußland ist von anderer Größe –
An Rußland kann man nur glauben.«

Aus diesem Vierzeiler schlug mir eine Überheblichkeit entgegen, charakteristisch für die meisten Gläubigen, die nachsichtig, aus der Höhe ihrer Gemeinschaft, auf die Suche und Zweifel eines einzelnen herabschauen. Dieser Vierzeiler setzte sich in mir fest wie ein japanischer Koan und schwärte dort weiter. Bis ich endlich die Lösung fand! Dem letzten Wort Tjutschews – glauben –, setzte ich mein eigenes – erleben – entgegen. Rußland muß man selber erleben.

3.

Nach Rosanow existieren seit Jahrhunderten zwei Rußlands: Das Rußland des sichtbaren Scheins (im Original: *widimost* – Sichtbarkeit und Schein zugleich), das heißt das Imperium, dessen Gestalt in äußeren Formen ihren Abdruck fand und dessen Geschichte von Ereignissen geschrieben wurde, die einen bestimmten Anfang und ein deutlich gekennzeichnetes Ende hatten; und auf der anderen Seite die heilige Rus oder *Matuschka*, das Mütterchen, mit nicht faßbaren Gesetzen, unklaren Formen, unbestimmten Tendenzen – die Rus des lebendigen Blutes und unbefleckten Glaubens. Über das erste, so schreibt Rosanow, der Autor von »Abgefallenes Laub«, kann man bei Karamsin nachlesen, während man über die Rus in den *Skity** der Altgläubigen hören kann. Über das Imperium wird in Moskau und in Petersburg laut gesprochen, während über die Matjuschka nur in den Dörfern und Kleinstädten geflüstert wird. Ausländer wurden selten ins Innere Rußlands gelassen, um sich dort allein herumzutreiben. Daher dominiert in den Erzählungen von Reisenden und in den Berichten von Korrespondenten oder Agenten das Bild des Imperiums, das heißt des Rußlands des sichtbaren Scheins, um mit Rosanow zu sprechen. Vom Rußland der Matjuschka hatte kaum jemand eine Vorstellung. Und daran hat sich meines Erachtens bis heute nicht viel geändert.

Denn noch heute gibt es die beiden Rußland: das Imperium, auf unsicheren Beinen schwankend, und die Matjuschka, die sich betrunken im Straßengraben wälzt. Das erste habe ich auf Pressekonferenzen und in kriegerischen

* falls keine Erläuterung angegeben, werden die kursiven russischen Begriffe im Glossar erklärt

Auseinandersetzungen im Kaukasus, in diplomatischen Salons und bei Putschen in Moskau, bei Empfängen der »neuen Russen« und auf den Datschen der alten Stalinisten, auf Festivals, Präsentationen und geheimen Versammlungen ausgekostet; das zweite hingegen bei ländlichen Festen, in den endlosen sibirischen Weiten, im Schlamm von Archangelsk und in den *Zonen* des Ural, am Tisch ehemaliger *Seki* und im Refektorium rechtgläubiger Mönche, bei Hochzeitsfeiern, Totenmahlen und geheimen Bußzeremonien. Ich wohnte in den kegelförmigen Zelten der Nomaden auf Jamla, in Fischerhütten am Weißen Meer, bei Hirten im Hohen Altai, bei Jägern am Jenissei, bei einem Professor der Geschichte in Grosny, einem abchasischen Minister in Suchumi, einem Paten der Mafia in Rostow am Don ... Ich kaufte ein Haus einer Kolchose unweit der Zonen von Kargopol, wo einst Gustaw Herling-Grudziński inhaftiert war, und nahm an einer Show zur Eröffnung der Freihandelszone in Kaliningrad teil. Ich rauchte Marihuana mit Rockmusikern aus Leningrad und trank Wodka mit den Helden von Warlam Schalamows Erzählungen über Kolyma. Ich beobachtete, wie nicht mehr ganz nüchterne Experten der Republik Polen bei Charkow die Leichen polnischer Offiziere exhumierten, und hörte russische Tschastuschki, gesungen von betrunkenen sowjetischen Offizieren im polnischen Konsulat in Sankt-Petersburg am Jahrestag der Konstitution vom 3. Mai 1791. Ich traf den Präsidenten Georgiens, Swiad Gamsachurdia, und General Dschohar Dudajew, den militärischen Führer der Itschkeria; heute sind beide tot. Ich sprach mit dem tschetschenischen Heerführer Schamil Basajew und seinen Kriegern, von denen viele *Wori w sakonje* waren. Ich tafelte mit dem Bürgermeister von Piter, Anatolij Sobtschak, mit dem Metropoliten von Sankt-Petersburg und Ladoga, Seiner Heiligkeit Joann, und auch mit *Bomschi* aus Piter. Und ich verplauderte zahllose Stunden mit Pilgern auf ihren Wegen, mit *Bitschi* in den Wäldern, mit Lumpen in ihren *Kabaki*, mit *Muschiks*, die ich zum Fischfang begleitete, und mit den Enkeln von Pasternak, Florenski und Schpet...

Ich habe aus beiden Rußlands geschöpft wie aus Eimern. Doch sein Bild wollte sich nicht zu einem Ganzen fügen. Vielleicht gab es zu viele Stränge, vielleicht war das zu durchmessende Gebiet zu ausgedehnt? Je mehr ich kennenlernte, umso mehr zweifelte ich, daß es mir gelingen würde, das Ganze zu erfassen; hinter jeder neuen Biegung taten sich neue Perspektiven auf, jeder neue Gesprächspartner bedeutete einen anderen Blickwinkel. Schließlich begriff ich, was Eurasien oder »ein Sechstel der Welt« in der Praxis des Herumziehens bedeutet. Ja wirklich des Herumziehens, denn es geht darum, Rußland zu erfahren, das heißt, den Weg zu rekapitulieren, und nicht darum, touristische Eindrücke zu sammeln. Und so gelangte ich auf die Inseln.

4.

Auf Solowki sieht man Rußland, wie man das Meer in einem Wassertropfen sieht. Denn die Solowjezki-Inseln sind Essenz und zugleich Antizipation Rußlands; sie bilden seit Jahrhunderten einen Mittelpunkt der Rechtgläubigkeit und ein machtvolles Zentrum der russischen Staatlichkeit im Norden. Hier, im Kloster von Solowki, in seinen Zellen und Kasematten, wurde durch Jahrhunderte die Historie Rußlands geschrieben: auf dem Pergament von Chroniken und den Seiten der Geschichte, hier wurden das Antlitz des Landes verändert und der Wille Andersdenkender gebrochen, hier wurden Pflanzen an die klimatischen Bedingungen der Polarzone gewöhnt und Menschen an die Fronarbeit als Häftling. Hier wurden technische Neuerungen ausprobiert und neue soziale Utopien ins Leben gerufen, hier wurden das erste Wasserkraftwerk Rußlands errichtet und eine monumentale Wand aus Steinen, dicker als die Mauern des Moskauer Kremls. Es ist kein Zufall, daß Wassili Kljutschewski als Kandidat der Wissenschaften seine Dissertation über »Die Heiligenleben als historische Quellen« verteidigt hatte, in der er auf die Bedeutung des Klosterlebens von Solowki für die Kolonisierung Nordostrußlands hinwies, bevor er sein grundlegendes Werk, »Die Geschichte Rußlands«, in Angriff nahm, die auf dem Motiv der Kolonisierung als wichtigster Antriebskraft der russischen Geschichte aufbaut.

Hier, in der Einsiedelei von Anser, gelangte der Raskol, das Schisma, der russisch-orthodoxen Kirche zum Durchbruch, das heißt, hier nahm eine Entwicklung ihren Anfang, von der Solschenizyn schreibt, sie sei für Rußland folgenschwerer gewesen als die bolschewistische Revolution. Bis heute pilgern die Altgläubigen nach Solowki wie die Moslems nach Mekka. Und schließlich befand sich hier, in den Verliesen des Klosters, auch das älteste politische Gefängnis Rußlands, und später, nach der Revolution, entstand hier der SLON, was für *Solowjezkij Lager Osobogo Nasnatschenija* (Solowjezker Lager zur Besonderen Verwendung) steht, das erste Straflager der Sowjetunion – ein Versuchsgelände für den GULAG. Noch heute stellen die Inseln ein Gefängnis dar, weil die Wirtschaftsreformen der letzten Jahre zur Folge hatten, daß die Menschen nicht einmal mehr genug verdienen, um sich eine Fahrkarte zu kaufen, damit sie von hier wegkönnen.

5.

Auf Solowki sind die beiden Rußlands einander mehr als einmal begegnet. Hier konnte es vorkommen, daß das Imperium mit der Matjuschka des gewöhnlichen Volkes am selben Tisch saß oder auch in derselben Zelle. Hier waren Zaren, Fürsten und Moskauer Bojaren zu Gast, Dekabristen, Verschnittene und Kaufleute, hierher kamen Schriftsteller, Maler und Usurpatoren, Reisende, Gelehrte und Schelme, und schließlich verschlug es auch allerlei Gesindel, allen möglichen Abschaum und menschlichen Auswurf aus den entferntesten Winkeln eines »Sechstels der Erde« hierher. Über Solowki schrieben Lomonossow, Maximow, Nemirowitsch-Dantschenko, Prischwin, Gorki, Kasakow und Kublanowski, die Inseln wurden von Wereschagin, Borisow, Nesterow, Basenow, Krestowskaja, Spiridonow und Tschorni gemalt. Die Großen dieser Welt brachten dem Solowjezker Kloster Geschenke dar: So ließ etwa Peter der Große auf der Haseninsel eine Kirche errichten, und Alexander Solschenizyn spendete Dollars für ein Schiff, um die Pilger überzusetzen, und Grebenschtschikow, der Leader der Rockgruppe »Akwarium«, schenkte dem Kloster eine orthodoxe Ikone, während er selber zum Buddhismus übertrat. Im Vorjahr kamen folgende Prominente nach Solowki: das stellvertretende Oberhaupt des Russischen Kaiserhauses, Seine Kaiserliche Hoheit Großfürst Georgi Michajlowitsch mit seiner Mutter, Ihrer Kaiserlichen Hoheit Großfürstin Maria Wladimirowna, und seiner Großmutter, Ihrer Kaiserlichen Hoheit Großfürstenwitwe Leonida Georgjewna, der Außenminister von Rußland, vier Botschafter und zwei Konsuln, die Führung der Nördlichen Flotte sowie ein paar Bonzen des Waffenhandels, ein Metropolit, ein Erzbischof und ein Dutzend orthodoxer Popen, einige Fernsehteams, unter anderem eines aus Frankreich, ein paar Filmteams, darunter eines aus Polen, einige Paten der russischen Mafia, eine Bluesgruppe aus Odessa, eine Krishna-Sekte aus der Gegend von Wologda, ein paar Nachkommen von Solowjezker Seki von der Gruppe »Memorial«, eine Hippie-Kommune aus Omsk, die Teilnehmer des internationalen Jazzfestivals in Archangelsk, Satanisten aus Kujbyschew, die Angehörigen der Gemeinschaft der Jungfrau Maria aus Kiew, ein Bankier aus Tel Aviv, ein Fotograf der polnischen Zeitschrift *Polityka* und ein geistlicher Professor der Katholischen Hochschule Lublin sowie Tausende Pilger, Narren, Neophyten und Touristen.

6.

Solowki ist nicht groß, alles liegt im Umkreis eines Tagesmarsches, als wäre die Hauptinsel im Maßstab eines Menschen erdacht, der kein anderes Fortbewegungsmittel als seine Beine verwenden möchte. Und auch Menschen leben hier gerade so viel, daß man im Verlauf von ein paar Wintern alle kennenlernen kann. Es ist ein wunderbarer Platz zur Kontemplation: über die Natur, die Geschichte, Menschen, Ereignisse. Hier kann man Prozesse mit einem Blick erfassen, die sich in Rußland in riesigen Weiten abspielen und daher nur schwer zu begreifen sind. Auf Solowki sieht man Rußland in einer Miniaturausgabe, wie auf der offenen Hand: Es gibt hier die Staatsmacht, die Kirche und die Kultur im Museum, es gibt wenig Business und eine eigene Mafia, ein Spital und eine Musikschule, eine staatliche Rinderfarm und private Kühe, ein Sägewerk und eine kleine

Fabrik, in der Agar-Agar hergestellt wird, es gibt die Miliz und ein Untersuchungsgefängnis, nur das Gericht tagt hier selten, weil es nur manchmal mit dem Flugzeug kommt. Solowki hat seine eigene Zeitung, den *Solowjezki Westnik*, herausgegeben von der Urenkelin des polnischen Aufständischen Eugeniusz Przegodzki, der in den Ural verbannt wurde, und ein Lokalradio, das ein ehemaliger Kumpel von Wladimir Wyssotski leitet, sowie drei Hotels, einen Jugendklub und eine Bar mit samstags Disco. Nur die kommunalen Dienste sind im Verschwinden begriffen, dafür entwickelt sich das Wildern prächtig. Und schließlich brodeln auf Solowki die Leidenschaften zwischen den beiden Geschlechtern, in der *Banja* kommt es zu politischen Streitereien, und die sprichwörtliche russische Trunksucht hat apokalyptische Ausmaße angenommen. Man braucht sich nur auf die Bank vor seinem Haus zu setzen, den Rücken gegen die von der Frühlingssonne gewärmte Holzwand gelehnt, seinen Gedanken freien Lauf zu lassen, sollen sie sich doch allein Sorgen machen, und schauen und horchen und schweigen.

7.

Gegenüber meiner Hausbank – auf der anderen Seite der Bucht der Glückseligkeit – steht das Kloster: Zyklopenmauern; Tropfen rinnen über die Steine, die im Schatten mit Eis bedeckt sind und glitzern. Kaum wird zur Morgenandacht geläutet, geht hinter dem Kloster die Sonne auf und schneidet die schwarzen Silhouetten der Türme, Kuppeln und Kreuze aus dem Blau des Himmels; gegen Mittag scheint sie seitlich gegen die Felsen, arbeitet die Struktur des Gesteins heraus und verteilt Licht und Schatten, und am

Abend, wenn die Brüder zum Gutenachtgebet ihre tiefen Verneigungen machen, geht sie hinter Babia Luda unter und gießt, je nach Wind und Wetter, Rosa, Purpur oder Gold über die Fassade.

In diesem Augenblick beginnen die Glocken zu läuten, und aus dem Kloster setzt sich eine Osterprozession in Bewegung, die Menschen tragen Standarten und Ikonen und singen. Der Wind duftet nach Myrrhe, er zupft die Mönche an den Mantelschößen, zaust ihre Bärte und versprüht Weihwasser. Unter den winzigen Figuren vor dem Hintergrund der steinernen Wand erkenne ich Gestalten, von denen man jede zu einer Fabel ausspinnen könnte, da jede ihre eigene Erzählung verdiente, weil sie aber in einer Prozession marschieren, will ich sie hier zu einem Satz zusammenflechten: An der Spitze der Vorsteher Josif, hinter ihm der Starez German, der Beichtvater der Brüder (er sagte mir einmal, ich solle nicht zu viele Philosophen lese, weil ich sonst kahlköpfig würde, die wahre Philosophie bestehe im übrigen darin, über den Tod nachzudenken), dann kommen Vater Sosima, vor ein paar Jahren noch Taxichauffeur und nun Ökonom des Klosters, und der blutjunge Sawwatij, der erste geschorene Novize von Solowki, hinter ihm der *Inok* Filip, dann Jelisej, Naum und Longin, ein früherer Moskauer Journalist, nun Redakteur des Klosterverlags, Andrej und Iow, im weltlichen Leben Agraringenieur, der nun als Mönch für die Kühe der Brüder verantwortlich ist, dann Joann und Brat, ein früherer Architekt, der das Haus des Sowjets in Kischinjow entwarf und nun auf Solowki Andachtskreuze schnitzt, womit er eine alte Kunst der Pomorzen wiederbelebt, hinter ihm Petja, Michail und Dimitri, bis vor kurzem noch fanatischer Anarchist, jetzt aber Mystiker, Fastenbruder und verbissener Asket, ganz außen watschelt

Kusma dahin, früher Meisterfußballer und Mitglied der Nationalmannschaft, später dann Krüppel und Irrer, neben ihm Boris und Gleb, die beide Ikonen malen, und am Ende kommen Pilger, Besessene, örtliche Weiber und durchreisende Gäste.

Sie sind vorüber. Die Glocken sind verstummt. Die Sonne brennt immer stärker herunter, und am Fuß der Klostermauer macht es sich der betrunkene Wowa bequem. Wowa ist auf Solowki zur Welt gekommen, aufgewachsen und hat sich hier versoffen. Nur ein einziges Mal wurde er von hier weggeholt. Zur Armee, er diente in Legnica. Dort, im fernen *Polscha*, in Polen, sah er zum ersten und letzten Mal in seinem Leben Äpfel auf Bäumen wachsen. Er erzählte mir, wie sie diese abgerissen und gegessen hätten, noch unreif, hart wie die Kartoffeln, die ganze Abteilung, und wie sie das dann durchgeputzt habe. Jetzt putzt Wowa nichts durch, sondern es reißt ihn. Er stürzt. Warwara hebt ihn auf, die brave Frau. Die Tochter eines Seka ist vor ein paar Jahren auf der Suche nach ihrem Vater nach Solowki gekommen. Hier verloren sich Papas Spuren, doch Warwara blieb. Sie gaben ihr ein Zimmer mit Küche in einer Baracke des ehemaligen SLON. Wowa wollte Warwara zur Frau nehmen, doch dann geriet alles ein wenig durcheinander, und sie blieben als Freunde zusammen, durch die Flasche verbunden. Mit unsicheren Schritten, einer den anderen stützend, verschwinden sie aus meinem Blickfeld. Man könnte sagen, sie hätten dieses Kapitel schwankend verlassen…

II

Meide den Ruhm, sondere dich ab von der Welt und sitz in deiner Zelle, als irrtest du durch fremde Länder.

Antoni der Grosse

Er selber brachte mir diese Sentenz, als er hörte, daß ich über ihn schreibe. Und er bat mich, ihn in einem Kapitel einzuschließen wie in einer Klosterzelle.

»Ein Kapitel, Mar, ist gerade die richtige Länge, um über einen Menschen zu erzählen, obwohl du im Grund auf jeden Fall lügst, weil man über einen Menschen schweigen soll.«

Er hat ein hageres Gesicht, wie aus hartem Holz geschnitten, das sich in einem grau inkrustierten Bart versteckt. Das schüttere Haar bis zum Gürtel, schwarz glänzend und mit einer scharlachroten Masche gebunden. Er ist ein Bulgare aus Moldawien, ein ehemaliger Architekt. Er entwarf das Haus des Sowjets in Kischinjow. Er ist verheiratet und hat zwei Kinder: den dreijährigen Nikita und die siebzehnjährige Stieftochter Jelena. Sie wohnen neben uns auf dem Kap der Heringe, im Nachbarhaus, einer früheren biologischen Station. Wir sind befreundet. Er trägt einen schwarzen *Podrjasnik*, weshalb ihn viele Durchreisende, aber auch Hiesige für einen Mönch halten, was die Väter aufbringt, vor allem Sosima, der sich oft entrüstet:

»Was ist das für ein Mönch, der mit einem Weib zusammenlebt?!«

In Wahrheit lebt Brat schon das zweite Jahr mit seiner Frau »wie mit einer Schwester«, wie der heilige Joann von Kronstadt. Vor kurzem hatte er eine schwere Herzoperation. Und der Herr wollte, daß Brat überlebte. Den Menschen traut er nicht, und über die lokalen Säufer sagt er, die seien *tma* (Finsternis), dem Teufel verschrieben und zur Verdammnis bestimmt. Auch auf die Gemeinschaft der Klosterbrüder, »gelenkt von dumpfen Moldawiern«, schaut er herab. Die ältesten Mönche von Solowki, German und Sosima, stammen aus Kischinjow, was die Russen ärgert, die als Wallfahrer auf die Inseln kommen. Brat ist zwar in Moldawien aufgewachsen, betrachtet sich jedoch als Bulgare und behauptet, von ihnen, den Bulgaren, habe die Christianisierung Rußlands ihren Ausgang genommen! Er sagt, die Brüder lebten nur mit ihrem Körper im Kloster, während sie mit dem Herzen in der Welt verhaftet seien, er hingegen lebe außerhalb der Klostermauern, sei jedoch mit seinem Herzen drinnen.

Das alles schürt seinen Konflikt mit den Vätern Sosima und German, die in Abwesenheit des Vorstehers, der meist in Moskau weilt, im Kloster das Regiment führen. Vorigen Winter wollten die Mönche an Brats Beichtvater, den Starez Joann vom Pskow-Petschorskij-Kloster, eine Denunziation schicken, daß »dieser Bandit sogar die Brüder in Versuchung führt«, doch der Vorsteher verweigerte dem seinen Segen. Sie begnügten sich also damit, ihn öffentlich von der Kanzel zu verurteilen, zwar ohne ihn beim Namen zu nennen, aber sie zeigten mit dem Finger auf ihn – seht her, da geht einer und möchte die Brüder belehren und ist dabei selber ein hoffärtiger Anti-Mönch … So ist es nun einmal, die wahren Büßer wurden oft in den Klöstern verfolgt, man braucht nur an die Geschichte von Nil Sorskij zu denken, den sich Brat zum Vorbild nimmt. Er träumt daher von einem eigenen Skit, vielleicht in der Einsiedelei Filips oder auch auf der Haseninsel? In der Zwischenzeit schnitzt er seine Kreuze. Denn ein Kreuz ist die ganze Welt und noch mehr – es bedeutet den Weg in die Ewigkeit.

Begonnen hat er mit Andachtskreuzen. Zuerst stellte er eines am Fuß der Sekirnaja Gora, dem Axthügel, auf, wo sie die Gefangenen, an Rundhölzer gebunden, die Treppe hinabstießen. Dann eines auf der Insel Anser, am Fuß des Golgota, über den Ströme von Lagerblut flossen. Dann schnitzte er das größte Kreuz, das an der Anlegestelle der Glückseligkeit stehen sollte, gegenüber der Heiligen Pforte, im Wasser. Doch es wurde nicht aufgestellt! Anfangs gab es dogmatisches Gezänk, ein Hin und Her und Intrigen, dann wurde es still um die Sache, und man hörte nichts mehr, das Kreuz aber liegt immer noch dort, statt zu stehen. Es liegt schon das zweite Jahr zerlegt dort, und das Postament zerfällt im Regen und Schnee. Ähnlich war es mit der Ikonostase für die Nikolsker Kirche. Sie hatten kaum begonnen, diese zu schnitzen, da erhob sich das Gezeter. Ganze Gruppen kamen, um sich kundig zu machen: Kommissionäre, Touristen, Sponsoren. Anfangs tröpfelten sogar Rubel und Dollar. Dann wurde es um die Ikonostase genauso still wie ums Kreuz.

Das Zarentor steht in der Werkstatt, und für den Rest fehlen die Mittel. Und es gibt auch keinen klaren Plan, was weiter geschehen soll. Der Vorsteher kommt immer seltener auf die Inseln. Die Väter haben den Brüdern verboten, Brat aufzusuchen. Sie liefern ihm keine Lebensmittel mehr, von Geld ganz zu schweigen. Nur gut, daß wenigstens Nadeschda Lohn nach Haus bringt. Seine Frau arbeitet im Museum. Er selber jedoch begann mit dem Novizen Nikola, einem jungen Holzschnitzer aus Moskau, Kreuze zu fertigen, nach alten Vorbildern aus dem Norden – aus Kargopol, Schenkursk, Welsk, Jarensk, Solwytschegodsk. Ungewöhnliche Gebetslabyrinthe, einer Obsession gleich. Ein Denken in Blöcken, geometrischen Formen, Konstruktionen. Keine Gesichter, keine Gliedmaßen, keine Bilder. Nur Symbole, Zeichen und Lettern. Gebetstexte als Ornamente. Die Sprache reduziert auf den Zierat. Der Tod der Sprache. Kreuzigung des Wortes! Ja der Byzantinismus des 21. Jahrhunderts. Oder ein moderner *Hesychasmus*. Eindrucksvoll sind diese Kreuze. Es gibt große, kleine und ganz kleine, für die Reise und für die Zelle, für den Altar und um den Hals, geöffnet, zusammengelegt, in Schatullen, für die Buße, Textkreuze, Pilgerkreuze, Fastenkreuze, Friedhofskreuze, Segelkreuze (in Form eines Ankers), Meditationskreuze, umgekehrte und vierarmige Kreuze. Alles zusammen über hundert. Und keines wiederholt sich! Sie schnitzten sie in der Zeit des großen Fastens, in völliger Isolation. Nicht einmal die Badestube besuchten sie – sieben Wochen lang. Lebten von Gebet und Fasten. In der Klosterzelle.

»Denn die Zelle ist das wichtigste. Sie ist das schöpferische Prinzip. Nur in der Zelle sieht man, was überflüssig ist, was man wegnehmen muß. Der Schaffensprozeß ist nichts anderes als ein Beschränken auf das Notwendigste, wie in der Askese. Das wahre Schaffen hat seinen Anfang im Licht. Und das Licht kann man nur in der Stille, in der Einsamkeit finden – in sich selber. Daher mußt du dich in dem, was du machst, einschließen wie in einer Zelle, und reisen, ohne dich von der Stelle zu rühren. Wenn ich manchmal mit dem Schnitzeisen einen Psalm ins Zedernholz schneide, spüre ich unter den Füßen den Sand der ägyptischen Wüste, und ein andermal, wenn ich der Lärchenmaserung folge, finde ich mich plötzlich auf dem Marktplatz von Jerusalem oder bei Golgota wieder. Gefallen sie dir? Sosima sagt, das seien altgläubige Muster, aber was weiß so ein halb analphabetischer Muschik aus Moldawien schon von der wahren Kunst des Kreuzes? Ja, ja, es ist nämlich eine Kunst, die eigene Zelle, die übrige Welt und die ganze Ewigkeit in ein Kreuz zu schnitzen, hab ich nicht recht?«

III

Ich bedauere, daß mir die Worte fehlen, um manche Landschaften des Nordens angemessen wiederzugeben, vor allem die Lichteffekte. Ein paar Pinselstriche wären besser geeignet als ganze Bände voll Beschreibungen, um dir die außergewöhnliche Originalität dieses traurigen und seltsamen Landes zu zeigen.

Astolphe de Custine

1.

Zuerst wird das Eis vom Wasser unterlaufen wie sauer gewordene Milch. Es wird schwammig, trügerisch und beginnt zu schmatzen. An manchen Stellen wird es gelblich, dann wieder grau... schmutzige Streifen. Weit draußen am Horizont erscheint ein Strich lebendigen Wassers wie ein Strahl Licht. Das Meer kommt auf uns zu. Und mit ihm die Vögel. Zuerst kommen die Möwen. Dann wird das Eis schwarz und birst wie verbrannte Erde. Es wird von Rissen durchzogen und bricht, hier und da türmt es sich noch übereinander und kracht, während es an anderen Stellen schon in die Tiefe sinkt. Der Strich lebendigen Wassers am Horizont wird breiter, glitzert und schimmert. Der Wind trägt die Gerüche des Meeres heran, die Schreie der Vögel. Kraniche kommen geflogen, Schwäne, Gänse... Endlich zerschlägt der erste Frühlingssturm das Eis mit Krachen. Die Wellen zerkleinern die Schollen. Das Wasser zermahlt das Sulzeis. Nun ist das Meer ganz nah. Und ein Gewirr von

Vögeln: Sie schreien, kollern und schlagen mit den Flügeln, sie tauchen, schwatzen und schnalzen. Austernfischer, Eistaucher, Tordalken, Tauchergänse, Eiderenten, Haubentaucher, Brachvögel, Regenpfeifer, Strandläufer, Spießenten, Schellenten, Kampfschnepfen, Rostgänse... Wir öffnen die Fenster. Im nächsten Moment ist das Haus voller Vogellärm, ein Geruch von Bitumen und *mat*... Das sind Muschiks, die ihre Boote flicken und teeren. Auf der letzten Scholle, die langsam ins offene Meer hinaustreibt, liegen vier fette Seehunde, die Bäuche nach oben.

2.

Die Fenster unseres Hauses gehen auf die Bucht der Glückseligkeit, so daß das Meer eine Verlängerung des Tisches darstellt, auf dem ich schreibe. Im Winter verschwimmt das Blatt Papier mit dem Weiß des Eises vor dem Fenster, und die Abdrücke der Tinte gehen so jäh in *tropy* über, in Schispuren, daß ich oft nicht weiß, ob ich noch am Tisch sitze oder schon übers Meer laufe. Im Winter formen die Winde den Schnee jeden Tag anders und verwehen die Spuren. Im Sommer hingegen spült das Wasser bis an den Rand der grünen Platte, und man kann stundenlang Ebbe und Flut beobachten, die veränderlichen Zeichnungen der Wellen im Sand und des Salzes auf den Steinen. Im Sommer ist es auch möglich, (mit dem Blick) in die Tiefe des Meeres zu tauchen, ohne sich vom Sessel zu erheben.

Vielleicht kann man ja hier, an der Grenze zwischen Meer und Tisch – Element und Ding – mein Vorhaben besser begreifen: den Versuch, die Wirklichkeit zu erfassen, ihr Gestalt zu verleihen, einen Abdruck in Worten. Die russische

Wirklichkeit, vor allem im Norden, ist nämlich formlos: die Weite grenzenlos, der Morast grundlos, die Siedlungen gestaltlos; es ist so etwas wie ein »Erbsenpudding« (um einen Ausdruck Dostojewskis zu gebrauchen), aus dem verschiedene Dinge ragen: hier ein orthodoxes Kreuz, daneben ein Stück Stacheldraht, dort ein Samisches Hügelgrab und das Fragment eines menschlichen Schädels mit einem Loch von einer Kugel, an einer anderen Stelle ein Teil einer Rakete oder eines Unterseebootes. Mit einem Wort, die Landschaft des Nordens erinnert an ein Brett, auf dem verschiedene Generationen von »Bogomasen«, schlechte Maler von Heiligenbildern, beflissen ihren Gott verewigt haben, indem sie die Farbe dick hinspachtelten, um die Bilder ihrer Vorgänger zu übermalen, und dann wurde das alles von einem sauren, giftigen, ätzenden Regen weggewaschen, aber nicht vollständig, denn Reste der Zeichnungen und der Farbe blieben zurück. Läßt sich das vielleicht restaurieren?

3.

Es war wohl Berdjajew, der feststellte, daß die Landschaft, in der ein Volk lebt, ein Symbol seiner Seele ist. Die flache Grenzenlosigkeit der nördlichen Ebenen hat zur Folge, daß der Mensch Probleme mit seiner Selbstdarstellung bekommt. Der matschige Morast (das fünfte Element Rußlands!), den der russische Muschik täglich mit den Füßen knetet, und die Entfernungen, die er zurücklegen muß, nehmen seine ganze Energie in Anspruch, so daß ihm für die Kultur (die Form) keine Kraft mehr bleibt. Andererseits weckte die magmatische Beschaffenheit des Nordens seit Jahrhunderten die Ängste der Menschen, die hierher kamen, und veranlaßte sie, den Raum zu bändigen, sich darin niederzulassen. Umso mehr, als bei den Russen der Glaube umging, die heidnischen Stämme – Samojeden, Karelier, Samen –, die an den nördlichen Grenzen des Imperiums hausten, besäßen die unreine Kraft, die sie befähigt, den Raum zu verformen. Samischen Schamanen wurde die Zauberkraft zugeschrieben, »den Blick umkehren« zu können, das heißt die Kunst zu beherrschen, die Welt auf die linke Seite zu wälzen. Die Kolonisierung der neuen Gebiete ging daher mit einer Sakralisierung der Geographie, einer rechtgläubigen Ordnung des Raumes einher. Die Russen zerstörten die heidnischen *Swjatilischtsche*, Tempel, rodeten die heiligen Haine, verbrannten Idole und Totems und errichteten an ihrer Stelle Skity, Kapellen und Kirchen; sie gaben Seen und Bergen biblische Namen (Tabor, Golgota, Jordan), teilten die Himmelsrichtungen in heilige (Osten) und unreine (Westen) und stellten die Kreuze so auf, daß sie mit dem unteren, schrägen Balken stets noch Norden wiesen. Auf diese Weise entstand langsam aus dem topographischen Chaos des Nordens der sakrale Kosmos der heiligen Rus, und der russische Mensch fühlte sich zu Hause.

Dann kam die Revolution, die Spuren der Orthodoxie wurden ausgemerzt wie zuvor die Spuren des Heidentums, Namen, Landkarten und Bedeutungen wurden wieder geändert. In den Kirchen wurden Menschen eingesperrt und in den Klöstern Pferde gehalten. Der Heilige See wurde in Arbeitersee umbenannt. Wieder später wurde die Revolution ein Fehler genannt: Und abermals fanden sich Menschen, die daran gingen, ihre Spuren zu tilgen, während andere rückwärts blickten und die alten Zeiten wiederbeleben wollten, und wieder andere wollten alles neu machen und in Rußland ein zweites Amerika errichten. Die Welt kehrte zurück zum Chaos, diesmal zu einem semiotischen. Das Bild der Landschaft erscheint verwischt, ringsum herrschen Marasmus und Entropie. In Weiterführung des Denkens von Berdjajew und Dostojewski könnte man sagen, die heutige Landschaft im russischen Norden sei wie das Symbol eines »Erbsenpuddings« in den Köpfen der Menschen.

4.

Auf den Inseln leben die Menschen mit den Tieren zusammen, insgesamt sind es etwa 1100 Einwohner, die Durchreisenden nicht mitgerechnet: Vagabunden, Touristen, Pilger, Saisonfischer von Algen sowie alle möglichen Künstler, *Osolowjelyj*, für einige Zeit oder für immer. Das dominierende Motiv der Solowjezker Siedlung ist der Stacheldraht, mit dem man die Gärten umzäunt. Die Siedlung wuchert wie ein Polyp um den Kreml, und man sieht schon aus der Ferne, daß es sich um ein krankhaftes Geschwür handelt. Zwischen feuchten Häusern aus Hohlziegeln stehen einstige Lagerbaracken, Denkmäler der Klosterarchitektur dämmern ihrem Verfall entgegen, ihre Ziegel werden für den Bau von Öfen geplündert (die alten Ziegel der Mönche sind dauerhafter und feuerbeständiger als neue), löchrige Wege und morsche Bretter und Schutt, Schrott und Glasscherben so weit das Auge reicht. Ringsum Hütten, Holzverschläge, Kuh- und Schweineställe, schief und vermodert, unordentlich und planlos vollgestopft. Das Fehlen einer ordentlichen Kanalisation hat zur Folge, daß die Abflüsse einfach ins Meer rinnen. Im Sommer, zur Zeit der Ebbe, stinkt die Anlegestelle der Glückseligkeit wie eine Senkgrube, und eine dichte Schlammschicht bedeckt ihre Ufer. Vor diesem

Hintergrund streunen Betrunkene und abgemagerte Tiere herum: Hunde verschleppen die Reste der *Pomojki*, überall weiden Kühe und Ziegen, auf den Straßen und zwischen den Häusern, und Schweine wühlen, wo es ihnen gefällt, am liebsten unterhalb der Kremlmauer. Wer nicht von hier stammt und hierher verschlagen wurde, dem muß die Siedlung von Solowki auf den ersten Blick wie der monströseste Kitsch im Stil des Informel erscheinen, in dem Nonsens und Zufall dominieren. Man braucht einige Zeit, um sich an dieses Bild zu gewöhnen und darin die Handschrift seiner verschiedenen Schöpfer zu erkennen: der Mönche (von den Anfängen des 15. Jahrhunderts bis 1920), der Tschekisten (1923 bis 1939), des Militärs (1939 bis 1957), der Leute des Museums (1967 bis 1991) und schließlich der heutigen Planlosigkeit. Wir wollen einmal langsam durch die Gassen der Siedlung schlendern, beim Kreml beginnend.

5.

Der Kreml von Solowki steht auf einer schmalen Landzunge, die den Heiligen See vom Weißen Meer trennt. Steinmauern (eine Werst lang) aus riesigen Blöcken, mit rostfarbenem Bewuchs überzogen, umgeben die Klosteranlage, die außergewöhnlich schön ist, wenn auch verfallen. Früher war es eines der reichsten russischen Klöster und die mächtigste Festung des Imperiums im Norden. Zwei Kathedralen, fünf Kirchen, ebenso viele Tore, sieben Türme, ein Glockenturm, drei Gutshöfe, Wohn- und Wirtschaftsgebäude, ein riesiges Refektorium (der größte von einer einzigen Säule getragene Saal im alten Rußland!), Kreuzgänge, Passagen, Zellen und Kasematten. Wenn man die Bilder aus der Zeit vor der Revolution betrachtet, erkennt man, wie Rußland seine Kulturlandschaft zerstört hat. Sogar die Bäume wurden restlos abgeholzt, und wo einmal Blumen wuchsen, ist heute gestampfter Lehm. Zur Zeit des Lagers war hier eine Zone, in den Kirchen waren die Seki eingesperrt und den Glockenturm schmückte ein Stern statt einem Kreuz. In der Kathedrale war an der Stelle des Altars eine Latrine, im Refektorium ein Theater, in einer der Kirchen ein Museum des Atheismus. Nach dem Lager übernahm das Militär den Kreml. An den Glocken sind noch die Spuren von Kugeln zu sehen. Dann wurde das Objekt der zivilen Verwaltung übergeben und in ein staatliches Museum umgewandelt: In den Gebäuden des Klosters wurden Ausstellungsräume, Depots für die Sammlungen, eine Herberge für Reisegruppen, ein Arbeiterhotel, ein Jugendklub und ein Laden mit Wodka untergebracht.

Man begann mit Restaurationsarbeiten: Vom Glockenturm verschwand der Stern, in der Kathedrale wurden Exkremente und zugleich Fresken aus dem 19. Jahrhundert von den Wänden gekratzt, um dem Gotteshaus wieder ein älteres Aussehen zu geben. Während man den Schutt entfernte, öffnete man gleich auch die Gräber des Klosters und raubte den Leichen Kreuze, Ringe und Rosenkränze. In den Nächten feierten Touristen und die lokale *Schpana*, minderjährige Huren und jugendliche Lumpen, Orgien in den Kreuzgängen. Vor fünf Jahren kamen wieder Mönche nach Solowki. Sie bekamen einen Teil der Wirtschaftsgebäude und zwei Kirchen zurückerstattet. Mehr wollen sie einstweilen nicht, weil sie nur wenige sind und der Komplex ungeheure Mittel zur Erhaltung und Restaurierung erfordern würde. Der Laden und der Klub wurden liquidiert. Zur Zeit verhandeln sie darüber, das Hotel aus dem Kloster zu entfernen. Ein großes Problem stellt die Bäckerei in der Uspenskij-Kirche dar. Doch die Schpana feiert nach wie vor im Sommer in den Klostergängen Orgien und verführt die Novizen mit selber gebranntem Wodka und liederlichen Mädchen. Der Vorsteher Josif will eine Abteilung Kosaken auf die Insel holen, um die Brüder zu schützen.

In nördlicher Richtung vom Kreml liegt auf einem kleinen Platz neben der Konstantinowskij-Kapelle ein Gedenkstein zu Ehren der gefallenen Junker – hier finden alljährlich Treffen zum Jahrestag des Sieges statt. Nach der Versammlung fressen die Kühe die Kränze auf. Vom Gedenkstein nach Norden, in Richtung der Anlegestelle für die Touristendampfer, verläuft die Uliza Sewernaja. Dort gibt es im Sommer dröhnende Musik, Borddiskotheken und Horden betrunkener Touristen – günstige Gelegenheiten für die lokalen Mädchen und für Schlägereien. Den Weg säumen Baracken aus der Zeit des Lagers, in denen immer noch Menschen leben. Hinter der Anlegestelle, direkt am Ufer, gibt es eine monströse Sammelstelle für Fässer mit Treibstoff; der Strand ist getränkt mit Öl und Benzin. Auf der Höhe der Filip-Kapelle zweigt rechts von der Sewernaja eine namenlose Straße ab, in der sich die Verwaltung der kommunalen Dienste, ein Maschinenpark, eine steinerne Banja aus dem Jahre 1717, Lagerräume, Stapelplätze, Sägemühlen, eine historische Teerbrennerei, die Direktion des Waldkombinats »Leschos« und eine riesige Betonhalle ohne Dach und Fenster, die halbfertig stehenblieb, befinden. Hier sollte ein Bäckereikombinat errichtet werden, für viele Tausend Einwohner, doch keiner weiß, wozu?

Östlich vom Kreml verläuft entlang der aus Stein erbauten Schmiede vom Ende des 17. Jahrhunderts die Uliza Schiwki, benannt nach einem Helden der Sowjetunion und

Absolventen der Junkerschule von Solowki, die zum Flughafen führt. Gegenüber den historischen Rinder- und Pferdestallungen steht das ehemalige Internat für die Novizen des Klosters, in dem jetzt Neboschenko, der Chef der Verwaltung, residiert; daneben finden sich die Redaktion der Zeitung, Radio und Telefonamt (man kann sogar nach Maisons-Laffitte telefonieren, zur Redaktion der *Kultura*). Hinter der Schiwki, tief im Wald, an der Stelle der alten Ziegelbrennerei, wurde 1939 ein Sondergefängnis errichtet, das sich jedoch nie mit Häftlingen füllte, weil die Seki von der Insel weggeschafft wurden. Heute steht dort ein Hotel für »neue Russen« und Ausländer. Zwischen Sewernaja und Schiwki verläuft eine nach einem anderen Helden benannte Straße, die Kowalowa, wo man die Miliz findet, die Feuerwehr, drei Läden, einen Betrieb zur Verarbeitung von Algen, das Hotel Galawani (mäßige Preise: zehn Dollar pro Nacht), eine Kesselhalle, Kohlenhalden, Gärten und schließlich den Brothügel, auf dem man früher, der Überlieferung zufolge, Sommergetreide anzubauen versuchte; jetzt kippen dort die Leute bei den Feiern zum 1. Mai »Pschenitschnaja«, Roggenwodka, und schnuppern dazu an einem Stückchen Brot.

Südlich vom Kreml steht auf einem kleinen Hügel, auf dem sich der Friedhof der Mönche und später Massengräber befanden, ein Spital, das noch zur Lagerzeit errichtet wurde: Die Wände, von denen der Verputz fällt, drohen stellenweise einzustürzen, das Dach ist undicht, die Balken verfaulen. Dann ist da die Saosernaja, die Krokodilsgasse von Solowki, in der es drei Läden gibt, acht illegale Kneipen, die Bar Max und eine leerstehende Baracke aus den Zeiten des SLON, in der man preisgünstig (etwa für eine Flasche um drei Dollar) rustikalen Sex mit Mädchen haben kann, die zwischen einem Dutzend und einem Schock Jahre zählen. In der Verlängerung der Saosernaja, schon außerhalb der Siedlung, liegt der Friedhof an der Sauren Bucht, auf den Gräbern *Stakany*, und unterm Zaun die Reste von Gebeten zum Gedenken an die Verstorbenen – leere Flaschen, verrostete Dosen, zerbrochene Bänke. Von der Saosernaja führt eine Abzweigung weg, benannt nach Florenski, ein Seka von Solowki, Pope und Philosoph, Rationalisator und Erfinder der Methode, wie man aus Algen Agar-Agar herstellen kann. Dort liegt ein Stein zur Erinnerung an die Opfer des SLON, ähnlich wie in der Lubjanka. Auf der anderen Seite, am Ufer des Heiligen Sees, röchelt ein altes Dieselkraftwerk vor sich hin. Das ausfließende Masut hat die Wälder ringsum verbrannt. Restlos.

Westlich vom Kreml steht das Hotel Petersburski aus den Zeiten des Klosters, das jetzt die Museumsverwaltung und die wissenschaftliche Bibliothek beherbergt, in der sie es in dreißig Jahren nicht zustande gebracht haben, einen Katalog zu erstellen. Neben der Anlegestelle der Glückseligkeit stehen die Ruinen des Hotels Preobraschenskij, in dem bis zur Revolution reiche Pilger und Gäste des Klosters untergebracht wurden, dann waren dort die Leitung des SLON und ein Laden (von dem mir R., der letzte Aufseher der Seki, erzählte), und noch später wurden Soldaten der auf Solowki stationierten Garnison einquartiert. Als die Soldaten die Insel verließen, veranstalteten sie ein Gelage mit einem Feuerwerk und steckten das Gebäude in Brand... Heute befinden sich dort ein Kesselhaus und eine illegale Kneipe für die Bomschi und Huren von Solowki, die keiner mehr braucht. Und ringsum rauchende Berge von Schlacken. Dann kommt die Uliza Primorskaja mit vier Kapellen (in einer werden bis heute Schweine gehalten), Resten eines historischen Wasserkraftwerks, dem einzigartigen Dock des

Klosters, das vor unseren Augen zerfällt, einem Haus, »Shanghai« genannt, das die letzte Stufe von Armut, Trunksucht und Verzweiflung beherbergt. Die Primorskaja gabelt sich: Links kommt man zur Schulbucht, wo sie eine gigantische Kläranlage bauen wollten, die sie halbfertig stehen ließen, und rechts zum Kap der Heringe, das die Anlegestelle von der Bucht der Glückseligkeit trennt. Am Ende des Kaps, zwischen alten Gebäuden aus dem 19. Jahrhundert – aus Stein erbaute Speicher, in denen Robbenfett geschmolzen und gelagert wurde, Magazine für Taue und Fässer, hölzerne Hütten, die über dem Wasser stehen und zum Entladen und Reparieren von Booten dienten, Erdhütten, Eishäuser und Keller aus riesigen Felsquadern, bedeckt mit Rasen – steht unser Haus, von dem ich diesen *Blick auf Solowki* beschreibe wie ein neuer Vermeer.

6.

Es ist Ende Mai. Ich bin eben vom Fischfang zurückgekehrt. Ich habe noch das Brausen des Wassers und das Kreischen der Vögel in den Ohren. Wir waren bei der Kiefernbucht am nördlichen Ende der Insel, unweit der Einsiedelei Sawwatijs, wo sich im Jahre 1429 die ersten Mönche auf Solowki niederließen, der heilige German und der heilige Sawwatij, und wo man 1923 die ersten Seki, Anarchisten und Eseri (Sozialrevolutionäre), erschoß. Später wurde dort eine Milchfarm eingerichtet, dann eine Junkerschule, und in den achtziger Jahren gab es Pläne, ein Lager für Pioniere und eine Ferienbasis der Gewerkschaft zu bauen. Jetzt hat man Sawwatijewo wieder den Mönchen zurückgegeben, die aufsässige Brüder oder Novizen zur Probezeit dorthin schicken.

In der Bucht lag noch Eis vor dem Ufer. Wir fuhren mit dem Traktor so nahe wie möglich heran, um das Boot nicht im matschigen Schnee durch den Wald ziehen zu müssen. Weiter schleppte Maximka das Boot allein: Zuerst stieß er es übers Eis, etwa hundert, hundertfünfzig Meter, und als das Eis brüchig wurde, stieg er ins Boot und stieß sich mit einer Birkenstange ab, bis es krachte, als wär eine Glasscheibe zerbrochen. Das Boot platschte ins Wasser. Wir gingen inzwischen um den See herum, durch den Sumpf, den schmutziger, nasser Schnee bedeckte, wobei wir manchmal bis zum Gürtel einsanken. Maximka erwartete uns bei dem kleinen Bach, der den See mit dem Meer verbindet, wo man, ohne weit gehen zu müssen, Süßwasser- und Meeresfische fangen kann. Wie sich herausstellte, waren uns die Mönche zuvorgekommen. Ihre Netze waren schon aufgestellt. Wir warfen unsere daneben aus.

Aus dem Wald trat Vater Naum aus Moldawien. Er sah nicht aus wie ein Inok, sondern eher wie ein Räuber. Wuchtig, breitschultrig, das rabenschwarze Haar zu einem Zopf geflochten, mit ärmelloser Weste, bestickt mit Silberfäden, grünen Armeehosen, ein großes Messer im Gürtel, kotige Stiefel bis zu den Hüften. In seiner Begleitung ein Novize aus Sawwatijewo, der auf den ersten Blick nicht ganz normal schien. Wir begrüßten einander. Die Sonne stand zwischen den Inseln der Kiefernbucht. Das Eis am Ufer, *pripaj* genannt, von einem satten Ultramarinblau, schimmerte geheimnisvoll vor dem Hintergrund des Waldes. Auf den besonnten Felsen leuchteten dürre Halme in tiefem Rot. Darüber blattlose Birken und weinfarbenes Dickicht, aus dem die weißen Striche der Stämme ragten. Und über dem das herbe Grün der Tannen und das leuchtende Blau des Frühlingshimmels, an den Rändern von rötlichem Gold gesäumt. Die Schreie der Vögel, das Rauschen des Wassers. Ich blieb allein zurück. Maximka stellte mit Smirnow die Netze im Meer auf, und Vater Naum ging mit seinem Novizen, um die ihren zu kontrollieren. Ich bereitete ein Feuer vor. Der Wald war feucht, es gab kaum etwas Trockenes. Es roch nach feuchtem Moos. Irgendwo in der Ferne balzte ein Auerhahn. Durch das scharfe, durchdringende Schlagen der Drosseln war vom Wasser herüber das Geschrei der Muschiks zu hören. Die Drosseln gaben nicht auf und schrien aus Leibeskräften zurück. Mir schien, als hörte ich: Verschwindet von hier, ihr Vandalen, ihr seid hier fremd, ihr Zerstörer, ihr habt mit dem Traktor die jungen Birken abgebrochen, die eben zu treiben begannen, ihr verscheucht mit eurem Geschrei die Vögel, ihr fangt in der Laichzeit Fische und hinterlaßt verbrannte Erde, leere Flaschen, Dosen und gelbe Harnspuren im Schnee… Die Netze waren ausgelegt. Das Feuer knisterte. Wir hockten auf der nassen Erde. Vom Eis wehte es kühl herüber. Die Sonne stand niedrig, sie war blaß geworden. Es war nicht hell und nicht dunkel. Grauweiße Nacht. Auf einem Baumstamm Wodka, Speck, Schwarzbrot, Zwiebel. Wir warteten auf die Morgendämmerung.

Wieder trat Naum aus dem Wald. Er hatte offenbar den »Russkaja« gerochen, angeblich trinkt er gern einen Schluck. Wir schenkten ihm ein ordentliches Glas ein. In der Siedlung gehen Gerüchte um, Naum sei vom Vorsteher wegen Trunksucht in die Einsiedelei geschickt worden… Plötzlich sprangen die Muschiks auf, die Flut trieb Eisschollen in die Netze. Sie liefen zum Boot. Ich wollte die Gelegenheit nützen und fragte Naum über seine Vergangenheit aus. Wir tranken noch ein Glas, dann noch eines und noch eines. Der Vater stammelte etwas, in halben Sätzen, er spricht manchmal wirres Zeug. Ein halber Analphabet, infantil, gutmütig. Er ist in einer Kolchose in Moldawien aufgewachsen, ohne Eltern und Schule, dann kam die Armee, in der sie ihn als Chauffeur anlernten, dort haben sie ihm die Rippen und den Kiefer gebrochen und das Rückgrat verrenkt, weshalb er vorzeitig aus dem Dienst entlassen wurde. Als er das im Zug erzählte, in dem er zurück in die heimatliche Kolchose fuhr, flüsterte einer der Passagiere, das sei ein Fingerzeig Gottes. Und er müsse Gott dafür danken. Also zog er von einem Kloster zum nächsten, von Kiew über das Dreifaltigkeitskloster bis nach Solowki. Auf der Insel beschloß er zu bleiben, hier fühlt er sich wohl: ringsum Wälder, Wasser, wenig Menschen.

»Und das Wichtigste ist, daß sie hier für einen denken, einem zu essen und Arbeit geben. In der Siedlung herrschen, wie überall, Hunger und Arbeitslosigkeit, bei uns jedoch gibt es Arbeit genug, und man kann sich drei Mal am Tag sattessen.«

Maximka kommt mit Smirnow zurück. Sie bringen Flundern mit. Wir stellen Fischsuppe zu. Das Fluchen verstummt nicht, die Muschiks tun sich vor dem Mönch keinen Zwang an. Manchmal klingt es geradezu grotesk, wenn sie zum Beispiel sagen: »Vater, warum stellen wir, zum Schw…, Netze auf, es genügt doch Dynamit, daß sie, zum Schw…, von allein herauskommen.« Die Fischsuppe schmeckt herrlich. Es beginnt zu dämmern. Die Sonne geht über Nowa Sosnowka auf und zeichnet scharf die Umrisse des steinernen Dammes, den die Seki in den dreißiger Jahren gebaut hatten, ein Bahndamm nach nirgendwo, und die Reste der Fischerhütten der Mönche aus dem 19. Jahrhundert. Im Sommer hausen dort Bitschi und Saisonfischer. Vater Naum verschwindet im Sonnenschein. Wir ziehen die schmutzigen

Netze heraus. Die Finger erstarren. In den Netzen an der Meerseite zappeln große, fette Heringe, Dorsche und Stinte, seltsame Fische, die nach frischen Gurken riechen, in den Seenetzen hingegen gibt es reichlich Weißfische, Barsche, ein paar Hechte, Aalquappen und eine silberne Renke. Wir packen die Beute auf den Traktor. Die Sonne wärmt schon ordentlich, obwohl es erst vier Uhr ist. Doch was ist das? Ein langgezogener Ton vom Meer herüber. Keine Sirene und kein Weinen. Er schwillt an und erfüllt den Wald. Läßt die Luft schwingen und jagt uns Schauer über den Rücken. Das Licht zuckt, in der Kehle steckt ein Klumpen. Endlich sind sie da, kommen vom Meer her gezogen. Kraniche, das ist ihr Geschrei. Es geht einem durch und durch. Bis auf die Knochen. Dann verstummt es. Sie sind vorbei. Stille … als wäre einem das Trommelfell geplatzt.

Schweigend machen wir uns auf den Weg. Für einen Moment drehen die Räder in dem mit Schnee vermischten Schlamm durch, der Motor heult, Öl tropft, die Abgase stinken. Wir fahren los. Durch glasigen Matsch nach Sawwatijewo, dann rechts, auf die Sekirnaja zu, wo unter freiem Himmel die Auferstehungskirche blitzt – dort hatten sie den Seki befohlen, wie Hühner auf Holzstangen zu sitzen – und weiter zur Siedlung. Auf beiden Seiten des Weges steht der Wald kniehoch im Wasser, dunkel und reglos.

IV

Ich kann mich nicht fassen vor Begeisterung, in welche mich die Erscheinung der Polarnacht versetzt, beinahe so hell wie der Tag. Es hat den Anschein, als befände ich mich irgendwo außerhalb der Welt, in der ich mich bislang aufhielt.

Astolphe de Custine

I.

Die weißen Nächte auf Solowki glühen still in lilarosa Farbtönen: ganz nah, direkt am Ufer, ein fahles Violett, etwas weiter ein Amarantrot, das in der Weite, am Horizont, zerfließt, dort wo die Sonne plötzlich im Meer versinkt. Das Wasser, der Himmel, die Wolken und die Steine weisen verschiedene Schattierungen von Rosa auf, sogar der Nebel und der Schaum der Wellen erinnern an Moosbeerenmus. In den weißen Nächten ist das Weiße Meer ruhig, ohne Wellen, ohne Kräuseln. Wie ein großer, verdunkelter Spiegel, in dem man die Inseln und die Menschen sehen kann. Und sich selber. Die Menschen sitzen in Booten, sie sind schwarz in dieser Beleuchtung, als wären sie nicht vorhanden – dunkle Löcher im lila Hintergrund. Sie sind hungrig und bewegen sich nicht. Sie warten auf die Heringe, für viele hier die einzige Eiweißquelle. Die Heringe, auch sie ausgehungert vom Winter, beißen sogar auf leere Haken. Es genügen ein Stock, eine Leine, zwei Deckel von Konservendosen, die Fische imitieren, und dazwischen sechs bis sieben

Haken. Wenn die Heringe in einem Schwarm schwimmen, kommt man gar nicht damit nach, sie von der Angel zu nehmen, weil gleich ein paar auf einmal beißen. Dann belebt sich das Bild, die Menschen bewegen sich, fuchteln mit den Angelruten, wo man hinschaut, blitzt ein Hering, hier einer, dort einer. Manchmal hallt sogar Lachen über das Wasser, meist jedoch Fluchen. Die Tage sind um diese Jahreszeit bläulich, von hellem Indigo bis zu einem emaillen glänzenden Lapislazuli, oder auch durchscheinend wie ... *Schilo*. Auf den Bäumen zeigt sich junges Grün, samten und zart wie das Gefege eines Hirsches; aus dem Boden, fett und vollgesogen mit Wasser, sprießen Gräser und kommen Würmer, und wenn man tiefer gräbt, manchmal auch ein menschlicher Knochen. Anfang Juni ist in Solowki die Saison für die Gartenarbeit: die Zeit, Kartoffel zu setzen, die Frühbeete in Ordnung zu bringen, den Stacheldraht über Stäbe zu spannen und die Steine aus dem Boden zu holen, die der Frost jedes Frühjahr wie Mitesser herausdrückt. Einst, in der Zeit des späten Neolithikum, errichteten die Samen Labyrinthe aus Steinen, und heute fluchen die Menschen was das Zeug hält, weil ihre Hände von den Steinen schmerzen:

»Bljad«

2.

Auf einer Fotografie von Solowki, aufgenommen von einem Sputnik (aus der Höhe von 260 Werst) sieht man ein Gewirr von Seen, Landzungen, Nehrungen, Haffen, Kanälen, Kaps und Dämmen, die ein riesiges Labyrinth von Wasserspiegeln bilden, das an die Steinkonstruktionen der alten Samen erinnert. Zwischen den Seen verlaufen Spuren: die alten

Wege der Mönche, die früher gewiß einmal bequem waren, weil sie für Britschkas und alte Reisewagen gedacht waren, heute aber sind sie holprig und löchrig, zerstampft von Lastwagen und Traktoren; morsche Knüppelstege, die über den Moorboden gelegt wurden; und schließlich die undeutlichen Fußspuren von Menschen, die sich im Heidekraut abdrücken. Die einen führen hinein in die Insel, andere tief ins Innere der Zeit; manche schlängeln sich am Meeresufer entlang, ausgezackt von den Wellen wie russische Spitzen, andere schneiden quer durch das Moor oder jemandes Erinnerung. Manchmal hebt und senkt sich ein Weg, dem Rhythmus der Moränenhügel folgend, dann wieder mäandert er dahin wie der Strang einer Erzählung, trügerische Stellen umgehend.

Die Spuren von Solowki kann man lesen, ohne je ans Ende zu gelangen, man kann ihnen ohne Ziel folgen, auf der Suche nach der Wahrheit (wo ist sie?), man kann auf ihnen spazieren, nachdenken, Kräuter, Steine oder Birkenreiser für die Badestube suchen. Man kann aber auch beten, während man die Wege entlanggeht, wie Vater Ilarion, ein Seka, der viele Werst zu Fuß abmaß, wie die Perlen eines Rosenkranzes vor dem Sterben, oder man kann sich im Gewirr der Pfade und Seen verlieren, in den Verflechtungen von Gegenwart, Vergangenheit und Jetztzeit, in Abdrücken, Echos und Echolalien. Daher will ich versuchen, ohne für Präzision zu garantieren, einen Plan (eine Art Baedeker) zu skizzieren, um dem Leser die Orientierung in der Welt, die ich beschreibe, zu erleichtern.

3.

Der Solowjezker Archipel liegt im südlichen Teil des Weißen Meeres, am Rand der Onega Bucht, 160 Werst vom Polarkreis entfernt. Er besteht aus sechs großen Inseln und Dutzenden kleiner. Die größte, Groß Solowki, mißt fünfundzwanzig Werst in der Länge und sechzehn in der Breite, sie ist damit größer als Malta. Anser, zehnmal kleiner, reicht am weitesten nach Norden. Im Osten erheben sich die beiden Muksalma Inseln, im Westen die zwei Haseninseln. Und ringsum ragen Korgi, Baklanze, Poliwuchi, Baklische, Pachti und Tschuri auf, wie man hier die verschiedensten Gesteinsformationen nennt: von nackten Felsen, überzogen mit Rentierflechten, bis zu kleinen Erhebungen, wie Babia, Psja, Wronja, Popia, Filipowa, bedeckt mit Strauchwerk von Zwergweiden und -birken ... Der Solowjezker Archipel ist also eine Anhäufung von Felsen, die der Gletscher herangeschafft hat, bedeckt mit Erde, Moorboden oder Sand und bewachsen mit dichten Wäldern verschiedenster Art: trockener Kiefernwald, feuchte Taiga, aber auch Tundra. Der Wald auf dem Archipel wirkt wie aus dem Märchen, und es ist kein Zufall, daß Iwan Bilibin die russischen Märchen mit Bildern von den Solowjezker Urwäldern illustrierte. Hier wachsen Kiefern und Fichten, Birken, Espen und Erlen, Ebereschen und Weiden und sogar Zedern, von Menschenhand gepflanzt, Tannen, Ahorn, Pappeln, Lärchen, Traubenkirschen und Flieder.

Die Luft duftet nach Jod und Harz. Es herrscht ein mildes Meeresklima, und es ist bedeutend wärmer als auf dem Festland. Die zahllosen Seen und kleinen Bäche sorgen für genügend Süßwasser, es gibt Fische, Beeren und Pilze – Nahrung – in Hülle und Fülle. Vielleicht taucht deshalb in den Beschreibungen von Solowki, egal ob die von Mönchen oder weltlichen Autoren stammen, so häufig die Metapher »eine Oase in der Wüste des Nordens« auf.

Die Hauptinsel des Archipels ist Groß Solowki mit einer Oberfläche von nicht ganz 250 Quadratwerst. Hier gibt es den Kreml, die Siedlung und unser Haus, hier befinden sich die meisten Skity der Mönche, Spuren des SLON und zahllose andere Merkwürdigkeiten, und hier beginnen die Geschichte des Klosters, die Chronik von Rußland im Norden und meine Erzählung. Auf besagter Fotografie aus dem Kosmos erinnert die Insel Groß Solowki an einen menschlichen Schädel, der aus leeren Augenhöhlen nach Osten starrt. Das verwirrende Profil der Ufer, verschlungen wie byzantinische Ornamente, ist 200 Werst lang, obwohl der Umfang der Insel nur knapp 100 beträgt. Der Unterschied verschwindet in den zahllosen Buchten, Landzungen und Kaps, die von der Flut überspült werden. Im Westen schneidet die Bucht der Glückseligkeit in die Insel, auf allen Seiten gegen Stürme geschützt und daher ein idealer Anlegeplatz. Hier gehen Touristendampfer, Warenschiffe und Kutter vor Anker. Und hier wurden auch die Seki an Land gebracht ... Gegen Norden zu öffnet sich die Kiefernbucht, wohin es für gewöhnlich die fettesten Heringe zieht, weshalb das Kloster dort seine Fischfangplätze hatte; später waren das die Fanggründe des SLON, und heute angeln dort die Muschiks. Vom Osten erstreckt sich die Lange Bucht bis zur Siedlung: übersät mit zahlreichen kleinen Inseln, auf denen sich zur Zeit des Lagers Farmen für Pelztiere befanden, die besser gefüttert wurden als die Solowjezker Seki, denn die Menschen bekamen nur eine dünne *balanda*, eine Sträflingssuppe, die Füchse hingegen Fleisch und frischen Fisch, und die Zobel sogar Nüsse und Honig. Das ist nicht verwunderlich, denn ihre Pelze wurden sogar in Paris getragen. Gegen Süden hin wird Groß Solowki immer schmäler und läuft schließlich im Kap Petschak aus, mit einem Triangulationsturm auf der Spitze einer Kuppe, den man vom Meer aus schon von weitem sieht. Das Relief der Insel, das den Weg des Gletschers nachzeichnet, wird von Ketten von Moränenhügeln gestaltet, die sich von Nordwesten nach Südosten erstrecken: Brothügel, Waldai-Hügel, Donnerhügel, Wolfshügel. Die höchste Erhebung, Sekirnaja Gora, Axthügel, ragt 95,5 Meter auf. Einen beachtlichen Teil von Groß Solowki nehmen Torfmoore ein: Es ist eine Moorlandschaft von außergewöhnlicher Schönheit. In einem dieser Moore, dem Filimonowski-Moor, wurde 1923 mit dem Torfabbau begonnen. Diejenigen, die das überlebten, erinnern sich an die Hölle: das Ausheben der Gräben im Sumpfboden, das Roden der abgestorbenen Baumstrünke, Stechmücken, Gnitzen, Halluzinationen.

Im Jahre 1929 wurde eine Schmalspurbahn gebaut, die das Filimonowski-Moor mit dem Hafen in der Bucht der Glückseligkeit verband. Der Damm ist bis heute erhalten, ein schöner Spazierweg zwischen den Seen. Und Seen gibt es auf der Insel viele, weit über fünfhundert. Unter dem Igumen Filip (zur Zeit von Zar Iwan IV.) wurden viele Seen durch Kanäle miteinander verbunden, wodurch auch der Wasserspiegel im Heiligen See stieg, was es möglich machte, im Kloster eine Wasserleitung und eine Mühle zu bauen. Zur Zeit des SLON wurden die Kanäle benützt, um das Holz zu flößen, das rücksichtslos geschlagen wurde. Heute werden Touristen in Booten, wie mit Gondeln, durch die Kanäle geführt, und es wird dabei viel gelacht und manchmal hört man betrunkenes Grölen. Die Touristensaison beginnt im Juni.

Anser ist die zweitgrößte Insel des Archipels; länglich geformt wie der Unterkiefer eines Pferdes, erstreckt sie sich sechzehn Werst von Westen nach Osten. Von Groß Solowki trennt sie die Salma, eine fünf Werst breite Meerenge, in der das Wasser so mächtig tost, daß sie sogar im Winter nur selten friert, weshalb Anser viele Monate lang für Menschen nicht erreichbar ist. Vielleicht ist das der Grund, warum man hier immer noch wildlebende Rentiere antrifft. Anser ist eine besondere Insel im Solowjezker Archipel, eine Insel der besonderen Bestimmung. In ihren Skity herrschten strengere Regeln als in anderen, hier wurde kein Fleisch und kein Fisch gegessen, hier hatten keine Pilger Zutritt, und sogar die Zeremonie des Gottesdienstes war ganz eigen: Es wurden nur *Panichiden* gefeiert – Messen für die Toten.

Zur Zeit des SLON wurden *Mamki*, das sind Frauen, die im Lager Kinder geboren hatten, Syphilitikerinnen und Geistliche verschiedenster Glaubensrichtungen, darunter auch eine Gruppe polnischer katholischer Priester (die Akten ihrer Fälle, *Delo* genannt, liegen in den Archiven des KGB in Archangelsk) nach Anser gebracht. Keiner kehrte von dort zurück. Auch jetzt befindet sich Anser unter besonderer Aufsicht: Es ist streng verboten, die Insel ohne schriftliche Genehmigung zu betreten. Sogar die Bewohner des Archipels halten sich dort nur heimlich auf. Die Touristen können Anser nur aus der Ferne betrachten. Auf Anhieb sticht ihnen Golgota ins Auge, die höchste Erhebung auf dem Archipel (zweihundert Meter über dem Meeresspiegel). Das ist der Kulminationspunkt der Insel, sowohl geographisch als auch mystisch. Auf der Kuppe leuchten die Reste der Kirche zur Kreuzigung des Herrn: Die Wände sind weiß, vom Salz zerfressen, leere Fensterhöhlen, in denen der Wind wohnt. Daneben die Stümpfe der Skity, Überreste von Klosterzellen, überwachsen mit Brandkraut, eingestürzte Decken... Wie Hinterlassenschaften von Bewohnern aus einer anderen Welt. Jedenfalls nicht von jener, die sich am Fuß von Golgota ausbreitet. Dort steht hoher, ewig grüner Wald, darin die Augen von über achtzig Seen, in denen man den Himmel sieht, hier und da weiden Herden wilder Rentiere, und in der Ferne tost das Meer. Und am Horizont schimmert aus dem bleifarbenen Nebel der Berg Tabor auf Muksalma.

Muksalma ist oval, mit Gras bewachsen und morastig. Es umfaßt beinahe siebzehn Quadratwerst, von denen mehr als die Hälfte saftige Wiesen bedecken, die den Mönchen seit urdenklichen Zeiten als Rinderweide dienen. Schon in der ersten Beschreibung des Klosters aus dem Jahre 1514 findet man auf Muksalma Hornvieh und Pferde erwähnt. Im 19. Jahrhundert wurde Muksalma mit Groß Solowki mittels der berühmten *Damba* verbunden – ein aus Steinen errichteter Damm mit einer Länge von dreihundert Klafter. Gleichzeitig wurden weite Teile der Moorböden von Muksalma trockengelegt, um die Weidefläche zu vergrößern. Am westlichen Ufer errichteten die Brüder eine Musterfarm für Kühe, Stallungen und ein Hühnerhaus, einen Wohnkomplex für die Hirten, Zellen für die Mönche, auch eine Unterkunft für die Pilger, und die Kirche von Sergius Radoneschski. Zur Zeit des SLON wurde dort ein Selchos eingerichtet, in dem Ukrainerinnen arbeiteten, die man wegen Kannibalismus nach Solowki gebracht hatte. Die Zone selber erinnerte an »ein kleines, freundliches Dorf in der tiefsten Provinz«, schrieb man 1929 in der Lagerzeitschrift *Solowjezkije ostrowa*. In den dreißiger Jahren war Muksalma Zentrum der Viehzucht und Basis für den gesamten sowjetischen Norden, der von hier das Jungvieh bezog.

Jetzt überwuchern Brennesseln und Bartgräser die Weiden, die Häuser morschen und faulen, und die Fenstergitter zerfrißt der Rost. Den östlichen Teil der Insel bedecken ausgedehnte Moorböden, die in Terrassen den Rücken des Tabor ansteigen. Das ist mein bevorzugter Winkel von Solowki: Im Frühjahr duftet es hier nach Sumpfkräutern, im Sommer reifen Moltebeeren, wie Felder von Bernstein, und im Herbst spielt das Moor in verschiedenen Rottönen und schimmert wie Moder. Der Boden unter den Füßen sinkt ein und schwillt wieder an, so daß man meinen könnte, man gehe über eine Erdblase, gefüllt mit dickem Blutwasser. Etwas weiter fällt der Tabor jäh zum Meer ab. Am Fuß des Hügels jagt die Brandung Wasserstaub hoch, und davor liegt Klein Muksalma, das eine Siedlung für Saisonfischer von Algen beherbergt.

Auf der anderen Seite von Groß Solowki, zweieinhalb Werst nach Westen, liegen die Haseninseln. Dort gibt es keine Moorböden, keine Seen und Wälder, sondern nur Geröll auf den Hängen der niedrigen Kuppen, Haufen grauer Felsbrocken, überwuchert von Beeren und tanzenden Birken. In diesem auf den ersten Blick wenig anziehenden Steinhaufen kann man bei genauerem Hinsehen Spuren von Menschen aus dem Neolithikum entdecken: vierzehn Labyrinthe, über sechshundert Hügelgräber, zwei Dolmene und ein paar andere Bauten. Die Haseninseln waren einst ein Heiligtum der Samen. Dann drückten ihnen die rechtgläubigen Mönche ihren Stempel auf: Kreuze, Kapellen und Zellen. Im Jahre 1702 legte der Imperator Rußlands, Peter I., hier eigenhändig die ersten Fundamente für die Kirche des heiligen Andreas, zur Erinnerung an seinen Besuch auf Solowki. Die Kirche steht bis heute. In den Jahren 1854/55, während der Belagerung des Solowki-Klosters durch die

Engländer, landeten die Eindringlinge auf den Haseninseln und nahmen die Klosterziegen mit. Zur Zeit des SLON wurde auf der Insel ein Isolationstrakt für »liederliche Weiber« eingerichtet, und manchen Zeugnissen zufolge ließ man dort auch Sektenanhänger verhungern. »Die erzieherische Bedeutung des Karzers auf den Haseninseln kann gar nicht hoch genug eingeschätzt werden«, schrieb die Zeitung *Nowoje Solowki* im Jahre 1925, »wer einmal dort war, kommt kein zweites Mal hin.« Mehr ist dazu nicht zu sagen, weil es keine Berichte von dort gibt, nur Gerüchte und Vermutungen überliefert wurden. Heute sind die Haseninseln ein Ziel für Touristen. Hier werden Sommerlager für Studenten der Archäologie organisiert, und den Bewohnern von Solowki dienen die Inseln als Orte der Besäufnis. In der Siedlung heißt es, bei Vollmond könne man dort nackte Mädchen tanzen sehen.

4.

Nun möchte ich den Leser zu einem Ausflug einladen. Wege gibt es nicht viele auf Solowki, und die sind nicht alle gangbar (und schon gar nicht zu beschreiben), daher wollen wir wenigstens einen gemeinsam gehen. Ich schlage den alten Klosterweg vor, der die wichtigsten Skity von Groß Solowki passiert und von den lokalen Führern der »große Kreis« genannt wird.

Wir verlassen die Siedlung auf der Uliza Sewerna, stets auf betrunkene Motorradfahrer achtend, vorbei an der Anlegestelle und den Brennstofflagern, und kommen in den Wald. Nach einer Weile verflüchtigt sich der Geruch von Masut. Links öffnet sich der Blick auf eine Bucht, die ein steinerner Damm vom Meer trennt, der im 16. Jahrhundert auf Initiative des Igumen Filip (Kolytschew) gebaut wurde, der auf diese Weise ein Salzwasserbecken schuf, damit die Brüder stets frischen Dorsch auf den Tisch bekämen, unabhängig vom Wetter. Heute sind Filips Teiche mit Unkraut überwachsen.

Zwei Werst weiter führt eine Abzweigung rechts weg zur Makarewski-Einsiedelei. In einer tiefen, von allen Seiten gegen den Wind geschützten Senke steht dort die »Datscha des Archimandriten«, die Residenz der Vorsteher des Solowki-Klosters, die Anfang des 19. Jahrhunderts errichtet wurde. Das hier herrschende besondere Mikroklima ermöglichte es den Mönchen, Kürbisse, Wassermelonen und Rosen zu ziehen. Zur Zeit des SLON wohnte Eichmans, der Leiter des Lagers, in der Datscha. Der deutsche Kommunist Karl Albrecht, der Eichmans 1928 besuchte, erwähnt in seinen Erinnerungen die wertvollen Gobelins, Perserteppiche und Stilmöbel. Der Lagerleiter lebte in Saus und Braus: Jeden Tag frische Weiber aus der Frauenzone, Kokain und Alkohol. Und ringsum die Sklaven, über die Beete gebeugt, Gemüse und Blumen. Unter Eichmans wurde die Einsiedelei »Gorki-Vorwerk« genannt, und dabei ist es bis heute geblieben. Jetzt befindet sich hier ein botanischer Garten, der zum Museum gehört. Hier wohnt ein Wächter, der verrückte Grischa, der Sohn eines KGBlers aus Murmansk. Vor ein paar Jahren las er Solschenizyn und fuhr nach Solowki, um sich mit eigenen Augen zu überzeugen, wie das zu den Erzählungen des Vaters paßte. Als er spürte, wie der Boden unter seinen Füßen schwankte, begann er an Gott zu glauben und zu trinken. Wenn er betrunken ist, kommt es vor, daß er mit Eichmans plaudert, und manchmal nennt er sich selber Eichmans.

Wir gehen weiter. Der Weg hebt und senkt sich, den Atemzügen des Gletschers folgend, manchmal auch vergangenen Zeiten oder jemandes Erzählung. Auf beiden Seiten Wald und Seen, die zwischen den Bäumen zittern. Nach fünf Werst kommt Korsino: leuchtendes Wasser, eine Anlegestelle für Boote, eine Gartenhütte. Im Gebüsch Spuren von Biwaks, leere Flaschen, zerdrückte Dosen, verbranntes Gras. Früher einmal stand hier eine Kapelle, doch die wurde zur Zeit des SLON abgetragen, wegen der Ziegel. In den dreißiger Jahren flößten die Seki von hier Holz, zur Pechgewinnung. Zwei Werst hinter Korsino gabelt sich der Weg: Rechts führt er nach Isakowo, doch wir halten uns links, in Richtung Sekirnaja Gora. Schon von fern sieht man den weißen Fleck der Auferstehungskirche auf dem Gipfel, von einem Pfad umrahmt. In der Kuppel der 1860 errichteten Kirche befindet sich ein Leuchtfeuer, das zu Lagerzeiten von einem Mönch namens Flawian bedient wurde. Nicht weit davon steht ein großes Holzhaus mit verglaster Veranda. Hier wohnt der Wächter Feliks mit seiner Frau.

In der Siedlung kursiert das Gerücht, die beiden mieden die Menschen, um ihre dunkle Vergangenheit zu verbergen. Gegenüber dem Haus ein Stall, dann die aus Stein erbaute Banja und ein Speicher. Seit den ersten Tagen des SLON war auf dem Hügel ein Karzer mit verschärften Bedingungen. Eine längere Haftzeit überlebte man in der Sekirnaja nicht. Die Leichen wurden an den Hängen begraben, im Beerengestrüpp. Noch heute wachsen die Blaubeeren dort üppig. Auf dem Gipfel gibt es einen Aussichtspunkt, Bänke, Abfalleimer. Unten dehnt sich die Landschaft: die Tafeln der Seen, umsäumt von Wäldern, weitläufige Naßwiesen, kleine Bäche, die Kette der Wolfshügel, und ringsum das Meer, das in der Sonne glänzt und dann wieder von Nebeln verhüllt wird. Jedesmal wenn ich herkomme, denke ich darüber nach, ob es mit dieser Aussicht vor Augen leichter fiel zu sterben oder schwerer? Wir steigen die Stufen hinunter, über die man Seki hinunterstieß, an vereiste Baumstämme gebunden. Am Fuß des Hügels steht ein Kreuz. Jedes Jahr im Frühling, zu Radoniza nach dem orthodoxen Kalender, wenn der Schnee noch locker liegt und die Vögel zu rufen beginnen, halten die Mönche von Solowki hier eine Panichida für die Opfer des SLON ab, wobei sie Fichtenharz verbrennen, das frisch aus den Bäumen rinnt. Der Rauch riecht scharf und macht einen schwindlig.

Ein paar Werst weiter liegt Sawwatijewo, ein früherer Skit. Heute ist nicht mehr viel davon übrig: der steinerne Korpus der Zellen ohne Dach, das Wrack der Kirche, Reste eines Holzhauses, Fundamente, Schutt. Bis vor kurzem wollte man hier eine Pension, ein Urlaubsheim oder ein Lager für Pioniere errichten. Doch die Zeiten haben sich geändert und die »neuen Russen« investieren lieber in Mallorca. Sawwatijewo wurde daher den Mönchen zurückgegeben. Die Brüder räumten das Gerümpel weg und gruben an der Südwand der Kirche, wo die Sonne am stärksten hinbrennt, ein Stück Erde um und legten Beete mit Kraut, Steck- und Kohlrüben an. Sie errichteten Treibkästen für Gurken und Frühbeete für Tomaten. Um die kümmert sich Kostek, bis vor kurzem Student des internationalen Rechts und der arabischen Philologie an der Universität Moskau und jetzt Klostergärtner. Hier, in der Abgeschiedenheit der Einsiedelei, erholt er sich langsam von der Überfülle von Wissen, die ihm den Kopf zu sprengen drohte.

Kostek meidet die Menschen und lädt uns nicht ein, dabei wäre es Zeit, einen Tee zu trinken, denn immerhin haben wir fünfzehn Werst hinter uns. Nicht weit von Sawwatijewo, am Weg nach Isakowo, liegt der kleine See Kupalne. Hier steht eine Holzhütte mit Bänken und einer Feuerstelle. Man kann hier Rast machen, sich ausruhen, etwas essen und baden. Und bei klarem Wetter kann man am Grund des Sees die Reste einer versunkenen Baracke sehen: Türen mit Gucklöchern und Durchreichen fürs Essen und Schemen von Pritschen. Diese Spuren des SLON sind oft so deutlich, daß man sich unwillkürlich umschaut, ob es sich nicht um eine Spiegelung handelt.

Nach kurzer Rast gehen wir weiter. Der Weg führt durch hohen, dichten Wald, in den die Sonne sickert wie Blut aus einer Wunde, in dünnen Fäden. Und dann bricht plötzlich links die Fläche des Roten Sees durch den Wald und öffnet den Blick in den Himmel. Hier hat Nestorow sein berühmtes *Schweigen* gemalt: im Vordergrund zwei Boote, in jedem ein Mönch mit Angelrute, beide starren in die Tiefe, als beteten sie dem Wasser die Litanei der Wolken nach, in der Ferne die Sekirnaja Gora, die Auferstehungskirche ... Früher einmal, vor der Revolution, wurde der Rote See Weißer See genannt. Auf einer der Inseln befindet sich ein kleiner See, und in diesem wieder eine winzige Insel. Wir erreichen Isakowo. Eine weite Wiese bis zum See, am Ufer ein großes Steinhaus, daneben ein zweites, versteckt in einem Dickicht von Kletten, etwas weiter ein Pavillon aus Sperrholz, ein Mittelding zwischen Campingkiosk und Betriebskantine, in einer Baumgruppe darüber ein halb eingestürzter Stall, überwuchert von Himbeersträuchern. Anfang des 19. Jahrhunderts wurde hier ein kleiner Skit für Klosterbrüder errichtet, die dem Fischfang nachgingen und Heu machten. Zur Zeit des SLON wuchs sich die Einsiedelei zu einer regelrechten Siedlung aus, mit Telefon, Klub und einer Likbes-Schule (das heißt zur Liquidierung des Analphabetismus). Es gab auch eine Milchfarm, ein Zentrum der Holzwirtschaft sowie Gärten und Glashäuser für das Lager, von denen mir Jewdokia Jakowlewna erzählte, die Frau des letzten Aufsehers der Solowjezker Seki. Dann wurde Isakowo verlassen, war herrenlos. Ein Teil der Gebäude wurde geplündert, andere wurden niedergebrannt, und den Rest kaufte das Awtokombinat aus Archangelsk, um im ehemaligen Skit ein Erholungszentrum einzurichten. Hierher kamen Aktivisten aller Rangstufen, vom niedrigsten Apparatschik bis zum Ersten Sekretär, vom General bis zum Minister. Heute ist Isakowo wieder herrenlos, weil sich herausstellte, daß das Awtokombinat aus Archangelsk nicht das Recht hatte, die historische Stätte zu erwerben, während das Museum von Solowki kein Geld hat, um sie zu erhalten. Und so dienen die Reste der Einsiedelei von Isakowo heute lokalen Chefs für Saufgelage *a la russe*.

Etwas weiter laufen die Wege wieder zusammen, und wir kehren auf dem selben breiten Weg zur Siedlung zurück, auf dem wir sie verlassen haben. Wir haben also einen Kreis beschrieben, wie die Junisonne auf dem Himmelsgewölbe oder wie eine Erzählung mit sich verästelnden Strängen. Denn die Solowjezki-Inseln haben weder Anfang noch Ende …

5.

Und noch eines: Man muß sich in acht nehmen! Auf Solowki spiegeln Hunderte von Seen die Welt, die sich übers Wasser neigt, und optische Täuschungen, wie sie im Norden häufig sind, lassen diese Spiegelungen manchmal realer erscheinen als die Wirklichkeit, so daß sich die Grenzen zwischen den beiden verwischen. Man erzählte mir die

Geschichte von einem betrunkenen Wallfahrer, der ins Wasser fiel und ertrank, weil er die Spiegelung des Klosters in der Bucht der Glückseligkeit hinter dem Heiligen Tor für die Wirklichkeit hielt… Und man berichtete mir auch von Julka M., der lokalen Dichterin, die ob dieser Vervielfältigungen ihren Verstand verlor und sich erhängte, um wieder zur Einheit zurückzufinden. Sie hinterließ zwei Verszeilen, die sie mit Bleistift auf ein Stück Birkenrinde schrieb:

»Um zu Euch zu kommen, trete ich ab –
So hab ich's näher.«

V

Das meiste von dem, was im Ausland über Rußland geschrieben wurde, hat nur wenig mit der Wirklichkeit zu tun.

JOSEPH DE MAISTRE

1.

Die ersten Fremden, die englischen Seeleute Thomas Southern und John Spark, kamen 1566 auf die Solowjezki-Inseln. In ihren Aufzeichnungen lesen wir: »Am 29. Juni verließen wir um fünf Uhr nachmittags bei Ostwind Schischgin. Wir nahmen Kurs nach Südosten und passierten in einer Entfernung von 30 Meilen hinter Schischgin die Insel Anser. 15 Meilen weiter auf demselben Kurs erreichten wir eine Landzunge der Insel Awdon (Solowki).« Wir wissen nicht, woher die Engländer den Namen Awdon nahmen. In anderen Quellen ist er nicht zu finden. Doch im »Kirchenslawischen Wörterbuch« von Djatschenko heißt es: Awdon bedeutet *rabskij*, das heißt sklavisch.

2.

Die ersten Aufzeichnungen Fremder über Moscovia (die Anfänge des Genres) fallen in die Zeit der Entstehung des Russischen Imperiums. Die Grenzen Europas gegen Osten verliefen damals entlang des Don, das heißt Moskau lag in

Asien – nach den Begriffen und Karten der damaligen Zeit. Im 16. Jahrhundert entdeckten die Europäer eine neue Welt – die Moskauer Rus. Der Pole Maciej von Miechów, genannt Miechowita, schrieb im Vorwort zu seinem »Traktat von den beiden Sarmatien«: »Die südlichen Länder und Völker bis nach Indien wurden vom König von Portugal entdeckt. Es wäre wünschenswert, daß auch die Länder und Völker des Nordens am nördlichen Ozean, die von Soldaten des polnischen Königs entdeckt wurden, der Welt bekannt werden.« Der »Traktat« des Maciej von Miechów ist – E. Kluge zufolge – ein Beispiel für die tendenziöse Art, wie die Polen über Rußland schreiben: »Gegen Ende des 16. Jahrhunderts entsteht, weitgehend unter polnischem Einfluß, das Bild eines barbarischen, asiatischen und feindlichen Rußlands, und das Verhältnis des Westens gegenüber Rußland nimmt isolationistische und xenophobe Züge an.« Neben Maciej von Miechów erheben noch andere Anspruch auf die Rolle von Entdeckern der neuen Welt: Albertus Campensis, Johannes Fabri, Paulus Iovus. Es ist bezeichnend, daß keiner von ihnen je in Rußland war und sie die Details ihrer Berichte voneinander abschrieben. Die wichtigsten Informanten der Schriftsteller über Moskau waren die Übersetzer russischer Gesandter.

Diese neue Welt, die man mit Hilfe von Übersetzern entdeckte, schien den europäischen Ländern irgendwie ähnlich (es gibt nichts Irreführenderes als diese scheinbare Ähnlichkeit), aber nicht ganz: Die Skala war eine andere, die religiösen Bräuchen waren nicht ganz dieselben, und auch die staatliche Ordnung mutete seltsam an … Die Autoren der ersten Berichte über Moscovia begriffen nicht immer ganz, was man ihnen sagte, oft paßten sie die Informationen den ihnen und ihren Lesern bekannten Realien an, rissen Fakten aus dem Zusammenhang und beurteilten sie nach ihren eigenen Normen, wobei sie fremde Begriffe auf ihre eigenen Wertsysteme übertrugen, was den Begriffen oft eine andere Färbung oder anderen Sinn verlieh. Mit einem Wort, seit über Rußland geschrieben wurde, tauchte neben der Frage der Sprache das Problem auf, wie man einen kulturellen Kodex auf einen anderen übertragen konnte. Außerdem waren europäischen Autoren verstrickt in die religiösen und politischen Konflikte ihrer Epoche und benützten oft in Auseinandersetzungen mit ihren Gegnern Beschreibungen der Moskauer Rus, um ihre Thesen zu untermauern, was vielleicht ein erwünschtes, aber kein der Wirklichkeit entsprechendes Bild ergab. Dafür ein Beispiel: Die angebliche Bereitschaft des russischen Zaren, zum Katholizismus überzutreten, diente als Argument gegen die Reformation. Man findet in den Traktaten aus dem 16. Jahrhundert über das moskowitsche Reich auch Spuren von Phantastereien russischer Informanten, die sie aus reiner Lust am Fabulieren erfanden, oder um den Gegner in die Irre zu führen (zum Beispiel mit übertriebenen Angaben über die Anzahl der Truppen des Zaren), oder auch aus Unwissenheit, vor allem was die Grenzgebiete des Imperiums betraf, wie etwa den fernen Norden, der nach Ansicht der Europäer von zwitschernden Pygmäen, bis zum Nabel zottig behaarten Samojeden und mit Fischschuppen bedeckten Menschen bewohnt wurde. Ich glaube, daß viele Europäer auch heute über die Samojeden nicht viel mehr wissen …

Die Europäer, die jetzt über Rußland schreiben, gehen selten über Banalitäten hinaus, die schon in der ersten Hälfte des 16. Jahrhunderts formuliert wurden. Daher lohnt es sich, alte Traktate zu lesen, um zu sehen, wie in Europa die russischen Stereotypen entstanden. Zum Beispiel: Rußland als Gefängnis. Im Jahre 1522 schrieb Albertus Campensis: »Trotz seiner Ausdehnung ist das ganze Land so hermetisch abgeriegelt und bewacht, daß nicht nur Sklaven, sondern auch freie Menschen dieses ohne ein Schreiben des Zaren weder verlassen noch betreten können.« Schon damals sprach man über die Umsiedlung ganzer Völkerschaften aus einer Laune des Zaren heraus, über die ungewöhnliche Trunksucht der Russen, ihre Faulheit, Verschlagenheit und ihr Mißtrauen, aber auch über die losen Sitten ihrer Frauen (als wäre jede von ihnen gegen geringe Bezahlung zu haben), und über den Schmutz und den Kot… Und schon damals stellte man fest, »daß sich kein anderes Volk eines so schlechten Rufes erfreut wie die Russen«.

Warum? Weil kein anderes Volk den Europäern so ähnlich war, ohne diesen anzugehören. Weder damals noch heute bemühten sich die Menschen des Westens, die russische Wirklichkeit von innen heraus zu begreifen, das heißt Rußland mit den Augen eines russischen Menschen zu sehen und erst dann das Gesehene in die eigene Sprache zu übertragen und dabei die Proportionen zu wahren. Leider betrachten die Menschen des Westens Rußland stets von außen, aus der Sicht Europas, und fügen das Gesehene in ihre eigene Ordnung ein. Die beste Illustration einer solchen eurozentristischen Sicht ist eine Karte des moskowitischen Reiches aus dem Jahre 1544 von Anthonius Wied aus Danzig, auf der die Richtungen unseres Globus um neunzig Grad verdreht sind, so daß wir Rußland von Westen aus sehen, der Norden ist linker Hand, der Osten nach oben gewendet, und dort, wo der Pol ist, liegt die Tatarei.

3.

Mit der Entwicklung des Russischen Imperiums entstand auch das Genre der Beschreibung des Reiches durch Ausländer, die Berichte von Augenzeugen umfassen oder sich auf die Erzählungen aus dem Mund Dritter stützen. Der erwähnte Miechowita, ein Vorläufer der Beschäftigung der Polen mit der Rus, schöpfte sein Wissen über die östlichen Nachbarn vermutlich aus Erzählungen russischer Gefangener, die in der Schlacht von Orsza gemacht wurden. Daher die zahlreichen Unklarheiten und Flunkereien in seinem Werk. Ein anderer Klassiker der Gattung, Sigismund von Herberstein, Autor von »Rerum Moscoviticarum Commentarii«, war zwar zweimal als Gesandter der Habsburger in Moskau, in den Jahren 1517 und 1526, und seine Beschreibung des Staates von Wassili II. ist detailliert und mit Karten versehen, aber auch nicht frei von Phantastereien, vor allem in bezug auf Gebiete, die Herberstein nicht selber besuchte, sondern nur aus Berichten anderer kannte (etwa seine Beschreibung von Solowki). Erst englische Seefahrer des 16. Jahrhunderts wie Thomas Southern und John Spark schrieben wirklich über das, was sie selber gesehen hatten. Später war es unterschiedlich.

Über Rußland schrieben Diplomaten, Söldner, Gelehrte und Spione, Reisende, Schriftsteller, Gefangene und Verbannte. Unter ihnen der Jesuit Antonio Possevino, der Gesandte von Papst Gregor XIII., der deutsche Abenteurer Heinrich Staden, ein Opritschnik, ein Angehöriger der Polizeitruppe Iwans des Schrecklichen, der französische Kondottiere Jaques Margeret, Hauptmann der Leibgarde von Boris Godunow, der letzte König der polnischen Adelsrepublik, Stanisław August, der unglückliche Favorit von Katharina der II., Fürst Jerzy Czartoryski, ein Vertrauter von Alexander I., Joseph de Maistre, der Gesandte des Königs von Sizilien, der vierzehn Jahre in Petersburg gelebt hat, Madame Anne Louise Germaine de Staël, die vor Napoleon hierher geflohen war, Astolphe de Custine, Alexandre Dumas père, Theophile Gautier, weiters Revolutionäre aller möglichen Glaubensrichtungen und Lager, Gäste des Generalissimus Stalin wie André Gide oder Lion Feuchtwanger, sowie stalinistische Seki, unter ihnen Alexander Weissberg-Cybulski, Gustaw Herling-Grudziński oder Aleksander Wat, und schließlich, das ist noch nicht so lang her, der Nobelpreisträger Claude Simon, den Michail Gorbatschow eingeladen hatte, und endlich Ryszard Kapuściński, der Autor von »Imperium«. Natürlich schrieben nicht alle über das, was sie selber gesehen hatten; manche erzählten einfach über das, was man ihnen vorgeführt hatte, andere bekamen nicht zu Gesicht, was sie eigentlich sehen wollten, und wieder andere sahen etwas, was es dort gar nicht gab, während sie das, was alle gesehen hatten, nicht sahen. »Aus diesem Grund muß man die Aufzeichnungen von Ausländern über Rußland mit Sorgfalt lesen«, betont Kljutschewski, »mit wenigen Ausnahmen schrieben die meisten Ausländer nämlich, indem sie ihren Gefühlen folgten, sich an Gerüchten orientierten, und zogen aus zufälligen Begebenheiten allgemeine Schlußfolgerungen, während das Publikum, das diese Berichte las, deren Glaubwürdigkeit weder bestätigen noch in Frage stellen konnte; nicht umsonst sagte einer der ausländischen Schriftsteller noch zu Beginn des 18. Jahrhunderts, das russische Volk habe im Verlauf vieler Jahrhunderte das Unglück gehabt, daß jeder die verschiedensten Unsinnigkeiten über es in die Welt setzen konnte, ohne zu riskieren, sich lächerlich zu machen.«

4.

Das »Imperium« von Kapuściński ist der einstweilen letzte ausländische Bericht über die euroasiatische Großmacht, genauer: ein Bericht über ihren Zerfall. Wir haben es dabei nicht nur mit der Desintegration des Imperiums zu tun, sondern mit einer Krise des Genres als solchem, denn: »... das Ganze mündet nicht in eine höhere und endgültige Synthese, sondern im Gegenteil: Es löst sich auf und zerfällt, denn während ich das Buch schrieb, zerfiel sein wichtigster Gegenstand und Thema – die sowjetische Großmacht.«

Kapuściński versenkt sich in die Weite und Tiefe des Themas. Er unternimmt eine Reise durch die Zeit und den Raum. Er blendet zurück zu seiner ersten Begegnung mit dem Imperium im Jahre 1939, »an der Brücke..., die das Städtchen Pinsk mit dem südlich des Flusses gelegenen Teil der Welt verbindet«, gelangt bis nach Kolyma oder wirft einen Blick in die Zukunft, wobei er mit Tolstoj sagt: »Wir fahren Gott weiß wohin, und Gott weiß, was mit uns ist!« Dabei unterstreicht er, daß er diese Reisen allein unternahm, offizielle Institutionen und Trassen mied, und daß ihn seine Route von Brześć am Bug nach Magadan am Pazifik und von Workuta jenseits des Polarkreises bis nach Termes an der Grenze zu Afghanistan führte.

»Wenn es möglich wäre«, so schreibt der Autor von »Imperium«, »würde ich gern die gesamte Sowjetunion bereisen, alle 15 Republiken der Union...« Das scheint seine Absichten zu erklären, jedoch nur auf den ersten Blick. Denn bei den weiteren Planungen nennt Kapuściński als die am weitesten vorgeschobenen Punkte im Norden Workuta oder Nowaja Semlja. Aber Workuta und Nowaja Semlja sind zwei grundverschiedene Themen. Hier defizitäre Bergwerke,

Reste von Lagern und arbeitslose Bergarbeiter, dort atomares Versuchsgelände, strahlender Abfall und eine ökologische Katastrophe. Wenn man die gesamte Sowjetunion, von einem Ende zum anderen, erfassen möchte, geht man das Risiko ein, am Ende gar nichts zu sehen, schon gar nicht das, was sich im Inneren des Landes (*w glubinkinie*) befindet. So etwa das postsowjetische Dorf, das im »Imperium« gänzlich fehlt. Kapuścińskis Methode ist so einfach wie die Reise eines Touristen: ein paar Tage hier, dann wieder dort, aus jedem Nest ein Bild oder Kapitel, wie ein Erinnerungsfoto. Natürlich geraten dem hervorragenden Autor diese Bilder hervorragend, nur ... wozu?

Der Versuch, die gesamte Sowjetunion zu bereisen und zu sehen, was sich in Tomsk und in Omsk tut, mag effektvoll erscheinen, führt aber notgedrungen zu vereinfachten Diagnosen.

Die Kraft der dokumentarischen Prosa liegt im Detail, vorausgesetzt, dieses ist sorgfältig gewählt und zeigt das Problem oder Ereignis wie unter dem Vergrößerungsglas. Sonst wirken Details ermüdend, und sie verwischen das Bild, statt es zu kondensieren. Die Auswahl zeigt, ob der Autor die Realität, die er beschreiben möchte, beherrscht, oder ob er sich von dieser ihr Chaos aufzwingen läßt, in dem der Zufall regiert... Dann bleibt ihm nichts anderes übrig, als sich damit zu rechtfertigen, daß das Thema zerfällt.

Und schließlich die Sprache: Warlam Tichonowitsch schrieb, im Russischen existierten zwei Traditionen: die Phrase Tolstojs, langsam und schwer, als würde man mit der Schaufel die Scholle umbrechen, und die Phrase Puschkins, kurz und schallend wie eine Ohrfeige. Wenn man eine der beiden vergißt, bedeutet das, daß man Rußland nur zur

Hälfte begreift, im Sinne von Czeslaw Miłosz' Formulierung, daß die russische Sprache alles enthält, was man über Rußland erfahren kann.

5.

Mit der Entwicklung der Massenmedien tauchte in Rußland ein neuer Typ auf – die ausländischen Korrespondenten. Leider kann man ihren Berichten meist genau das vorwerfen, was Kljutschewski schon ihren Vorläufern angekreidet hat. Anfang der neunziger Jahre arbeitete ich in Moskau für eine polnische Zeitung und hatte Gelegenheit, die Arbeit der Korrespondentenkollegen aus der Nähe zu beobachten. Ich erinnere mich vor allem an einen, sein Name tut hier nichts zur Sache, der gleichzeitig für drei Zeitungen berichtete. Von allen Ereignissen des laufenden Tages war für ihn das Erscheinen der Nachmittagsausgabe der *Iswestija* am wichtigsten, weil er aus ihr ein paar Geschichten herausholte, die er am Abend als eigene aussandte. Andere waren nicht so bequem und rannten zu allen möglichen Pressekonferenzen, Zusammenkünften und Banketten, wo sie eifrig die *Tschepucha* (den Unsinn) aufsogen, die dort serviert wurde. Man muß sagen, daß die Russen Meister im Servieren desselben sind, wovon sich viele Fremde überzeugen konnten, unter ihnen auch de Custine. Manche Kollegen verfolgten noch das russische Fernsehen und schöpften aus dem ihre Eingebungen. In diesem Zusammenhang möchte ich das nur für bestimmte Leute zugängliche Geschäft in der Bjegowa erwähnen, in dem sich die Korrespondenten mit Lebensmitteln eindecken konnten, die es damals in Moskau nicht gab, und zahlreiche andere Privilegien, die uns wie eine Milchglasscheibe von der Wirklichkeit trennten.

Erst wenn man das alles in Betracht zieht, versteht man, daß das Bild Rußlands, wie es die Massenmedien zeichnen, und Rußland selber völlig verschieden sind. Neben menschlichen Faktoren wie Faulheit, Ignoranz oder mangelndes Wissen spielen auch allgemeine Nachteile der Medien eine Rolle: Zunächst einmal die Eile (man muß es bis zur nächsten Ausgabe schaffen), die es unmöglich macht, sich so zu konzentrieren, daß man tiefergreifende Ereignisse erfaßt, die für eine korrekte Diagnose oft wichtiger sind als vielleicht effektvolle, aber oberflächliche Geschichten; dann der Herdentrieb der Journalisten, der die Korrespondenten scharenweise zum Ort eines Ereignisses stürmen läßt, egal, ob es sich um einen Krieg, einen Putsch oder eine Pressekonferenz handelt, worauf alle dasselbe schreiben und kommentieren; die Jagd nach Sensationen, Skandalen und Blut bei gleichzeitiger Vernachlässigung des Alltags, der aus der Sicht des durchschnittlichen Lesers nicht attraktiv erscheint; die Konzentration der Aufmerksamkeit auf die große Politik unter Vernachlässigung der Peripherie und Provinz. Alles das hat zur Folge, daß die meisten Berichte über das heutige Rußland nicht über Banalitäten, Stereotypen oder trockene Angaben hinausgehen.

6.

Nehmen wir die *Wijuschka*, die Klappe beim russischen Ofen. In Rosanows Roman »Abgefallenes Laub« findet sich folgenden Abschnitt: »Bei den neuen Öfen dreht man den Hebel auf eine Seite – der Abzug ist offen, man dreht ihn auf die andere Seite – er ist geschlossen. Das ist nicht gottgefällig (im Original: *neblagotschestiwo*). Es fehlen nämlich Erfindergeist und Fürsorge. Früher legte man eine kleine Klappe drüber, ohne sie nach rechts oder links zu verschieben, und sie paßte sofort und verschloß den Abzug dicht. Dann legte man eine große Klappe über die kleine, wie eine Mütze ...« Welcher Fremde vermag die »Gottgefälligkeit« Wassili Wassilewitschs in diesem Abschnitt zu begreifen?

In den europäischen Heimen gibt es weder russische Öfen noch solche Klappen. Als ich zum ersten Mal »Abgefallenes Laub« las, in einem Moskauer Hochhaus nicht weit vom Ismailowskij Park, schenkte ich der Subtilität der Überlegungen des Autors über die Klappen und ihre Gottgefälligkeit keine Beachtung. Es fehlte mir an Erfahrung, meine Vorstellungskraft schlummerte. Das nächste Mal las ich das Buch auf Solowki, im Haus der früheren biologischen Station am Kap der Heringe, wo ich lange Abende vor dem offenen Türchen des Ofens saß. Das Feuer prasselte, die Flammen warfen Schatten an die Wände, in den Fenstern flackerte ihr Schein wie in einer Laterna Magica, und über Nacht schloß ich den Abzug, indem ich zuerst die kleine Klappe auflegte, sorgfältig darauf achtend, sie nicht nach links oder rechts zu verschieben, dann deckte ich die große über die kleine, wie eine Mütze. Und auf der Stelle erfaßte ich die Präzision von Rosanows Gedanken. Man kann sagen, ich habe ihn selber ausprobiert.

VI

Dieses Land ist eine ganz andere Welt, und man kann kein Urteil darüber fällen, wenn man nicht einige Zeit hier gelebt hat.

JOSEPH DE MAISTRE

1.

Der Sommer auf den Inseln ist kurz und gewaltsam, wie eine Ejakulation. Kaum ist der Schnee in den Boden gesickert, schießt schon das Grün hervor: Anfangs überzieht es sanft die Bäume, wie smaragdfarbener Schaum, dann sprießt es aus jeder Ritze, schiebt sich unter den Felsblöcken der Klostermauern hervor, bedeckt die Wege, überwuchert die Abfallhaufen, überzieht Seen und Teiche mit Entengrütze, und sogar die Steine werden grün. Die Wiesen sind voller Blumen, saftiger Gräser und Kräuter, die stark und herb duften: Lungenkraut, Wicken, Brandkraut, Rainfarn, Kamille, Hahnenfuß, Glockenblumen, Schwingelgras, rosa Immortellen, Katzenpfötchen genannt, Spireaen, Löwenzahn, Veronika, Veilchen, Platterbsen, Weidenröschen, Vergißmeinnicht, Löwenmaul, Klee, Rispengras, Fuchschwanz. Auf den Naßwiesen wachsen Sonnentau, Moltebeeren, Motten- und Heidekraut, Farne, Torfmoose, Wollgräser, Rauschbeeren, Schachtelhalme und Moosbeeren. Das alles drängt und bestäubt sich, vermehrt und teilt sich und sprießt zur Sonne empor, die im Sommer zwanzig Stunden am Tag scheint, wie eine monströse Lampe. Die Menschen auf den Inseln freuen sich wie die Pflanzen über das Licht, saugen sich ebenfalls voll mit Wärme und sind geil über alle Maßen. Jeder mit jedem, wie es kommt, vereint sie der Zufall oder der Wodka, den sie gemeinsam trinken. Und dann kommen die Kinder zur Welt, wie Abschnitzel, einem jeden fehlt etwas: dem der Verstand, jenem die Mama, diesem ein Heim. Und sie wachsen heran wie die Pflanzen …

2.

Nach einem einmonatigen Aufenthalt in Polen und Frankreich kehre ich nach Hause zurück, ans Kap der Heringe. Den Garten haben inzwischen Brennesseln, Teufelsmilch und Sauerrampfer überwuchert, Spinnen haben das Haus eingewoben, und die Katzen sind total verfilzt und müssen gestriegelt werden. Nur das Meer vor dem Fenster ist dasselbe Weiße wie vorher, und auch in meinem Computer hat sich nichts verändert – ich brauche nur den Bildschirm anzuschalten, um die alten Spuren zu finden, Spuren früherer Gedanken, von vor einem Monat. Und während ich wieder am Schreibtisch sitze, den Blick auf das leuchtende Wasser geheftet (eben hat die Flut eingesetzt), erscheinen mir Paris und die Normandie, Breslau und die Talsenke von Kłodzko wie Traumgebilde und die Menschen, die ich dort traf, wie ausgedacht. Sogar das Haus in Maisons-Laffitte, das schließlich ganz real ist, weil ich meine Texte dorthin schicke (ihm verdanke ich überhaupt meine Existenz), erscheint mir von hier gesehen einmal wie festes Land, an dem man vielleicht anlegen könnte, und dann wieder wie eine Lichtspiegelung am flimmernden Horizont …

Polen erscheint klein, eng und hektisch. Ich habe immer

noch die vorwurfsvolle Intonation des heute gesprochenen Polnisch in den Ohren – nach sieben Jahren Abwesenheit von Polen erregt der Rhythmus der Alltagssprache meiner Landsleute meine philologische Aufmerksamkeit – diese laute Sprechweise, mit der mir die einen beweisen wollten, daß sich der Papst und der König des Pop gleicherweise für Polen entschieden hätten, während andere behaupteten, alle Polen seien Diebe. Miłosz meint, Polen, die aus Rußland gekommen seien, könnten sich in Polen nicht zurechtfinden. Zum Beispiel der Vater des Dichters: »Rußland war Raum, der Mensch war nicht gezwungen, auf Schritt und Tritt mit einem anderen Menschen zusammenzustoßen, und wer einmal den Geschmack dieses Raumes gekostet hatte, der fühlte sich in zivilisierteren, aber dicht besiedelten und engen Ländern nicht mehr wohl. Genau das ist meinem Vater passiert. Als er später in Polen wohnte, klagte er ständig über die fehlende Weite, die Kleinheit von allem und die Apathie.«

Paris hingegen duftet sogar von hier aus nach Vanille und Essen. Ich spüre immer noch die Schmerzen in den Beinen, »denn Paris scheint speziell zum Gehen geschaffen, ich kenne keine andere Stadt in der Welt, die man so ekstatisch durchstreifen könnte« (Krzysztof Rutkowski). Doch langsam verflüchtigen sich die Gerüche, Töne und Schmerzen. Es verwischen sich der Geschmack des Regens im Wein, den wir mit Wiktor vor dem Hotel Lambert tranken, und der Duft des Meeres in den Muscheln, die wir mit Agata und Wojtek in Yport aßen. Es verblaßt die Johannisnacht in Port de Montobello, die Trommeln von Malick Laye im Café Calife werden leiser, und der Baß von Matta Ma verstummt langsam. Die Farben der Dame mit dem Einhorn im Musée de Cluny werden bleicher und die Glasfenster von Notre-Dame dunkler. Nur die Gesichtszüge der Freunde, die ich nach Jahren wieder traf, sind im Lauf der Zeit schärfer geworden...

Hier, am Kap der Heringe, ein paar tausend Werst von Paris entfernt, betrachte ich ein Album von Czapski, höre ich Platten von Paolo Conte, und auf meinem Schreibtisch liegen das jüngste Heft der *Kultura*, ein paar Bilder, einige Stiche von Ducollet und ein Stoß Notizen über die Dekadenz der westlichen Welt – als Beweis, daß es diese noch gibt.

3.

Gombrowicz war der Ansicht, man dürfe nicht schreiben »Tomatensuppe ist eine gute Suppe«, weil das eine Anmaßung wäre, doch wir könnten mit vollem Recht sagen »ich mag Tomatensuppe«. Das sei Stil, meinte Gombrowicz. Vielleicht ist es eine Frage des Stils, doch ich würde noch weiter gehen, konkreter werden. Denn es gibt ja auch Tomatensuppe, die nicht gut ist, manchmal ist sie angebrannt, dann wieder versalzen, weshalb nur die Bemerkung »diese Tomatensuppe schmeckt mir« wirklich Sinn ergibt. Die Suppe zum Beispiel, die ich zu Mittag in Maisons-Laffitte aß, war hervorragend! Ich erinnere mich nicht zufällig an dieses Essen, denn die Fragen, die mir bei Tisch gestellt wurden, bewiesen, daß keiner, obwohl ich schon seit drei Jahren für die *Kultura* über Solowki schreibe, wußte, wie wir hier im Alltag leben: was wir essen, wie wir uns anziehen, womit wir unsere Zeit verbringen. Dort in Laffitte, bei Tisch, ich glaube, es gab gefüllte Ente, oder vielleicht war es auch beim Dessert (eine herrliche Kremschnitte!), kam mir die Idee für dieses Kapitel. Ein Kapitel über unseren Alltag, über unser Solowjezker Treiben. Dabei möchte ich sofort sagen, daß sich unser Leben durch nichts von dem anderer Menschen von Solowki unterscheidet (mit Ausnahme der Bomschi, versteht sich), weil uns die Bedingungen des hohen Nordens bestimmte Verhaltensregeln aufzwingen, im Haus ebenso wie draußen auf dem Meer. Ja, hier ernähren uns das Wasser, der Boden und der Wald...

»Das Meer ist unser Feld«, sagen die Pomorzen. In diesen geographischen Breiten wächst kein Getreide, und Fisch muß oft das Brot ersetzen. Im Weißen Meer leben viele Fische, für die wir in der polnischen Sprache keine Bezeichnung kennen, weshalb ich sie mit den hiesigen Begriffen benenne. Da ist einmal der Seljodka, eine Art fetter Hering, für den die Solowki noch unter dem Zaren berühmt waren, dann Treska (Dorsch), wegen dem die Pomorzen früher »Treska-Esser« genannt wurden. Beide salzen wir für den Winter in soliden Fässern ein. Dann der Nawaga, klein, aber ausgezeichnet, der Korjuch, der nach frisch Gurken duftet, und der große Kambala (Flunder), den wir mit der Harpune jagen. Seltener kommen Rotfische aus der Familie der Lachse in die Bucht von Solowki: Sjomga, Gorbuscha und Kumscha. Manchmal finden sich auch Sig (Maräne) oder Pinagor im Netz. (Außer Meeresfischen essen wir auch Süßwasserfische, denn es gibt zahllose Seen und in diesen Unmengen von Fischen: Barsche, Maränen, Rotaugen, Kaulbarsche, Aalquappen und Karauschen, manchmal fängt man einen Hecht, eine Forelle oder einen Karpfen.) Die Fische fangen wir mit der Angel, mit dem Netz, der Harpune oder der Reuse – jeder wie er kann und wie es ihm gefällt. Im Winter legt man die Netze unter dem Eis aus oder man sitzt mit der Angel am Eisloch und beobachtet dabei das Spiel der Sonne auf dem Packeis. Das Meer schenkt uns nicht nur Fische, es wirft auch Treibholz zum Heizen an Land und

Meerkohl, sehr reich an Vitaminen und Jod. Es ist unser Ernährer.

Der Boden im Norden ist schwer zu bearbeiten. Fruchtbare Erde gibt es nur wenig, es überwiegen Sand, Lehm und Steine. Manchmal muß man die Erde für die Beete von weit her holen, dann werden die Beete verschalt, damit der Regen die Erde nicht wegwäscht, mit Mist oder *Njascha* (verfaulte Algen) gedüngt, und erst dann kann man etwas anbauen. Auch das Klima ist für den Anbau nicht günstig, weil der Schnee lang liegt, der Boden nur langsam auftaut und häufiger Spätfrost die Pflanzen schädigt. Dafür haben wir mehr als genug Sonne, manchmal sogar zu viel, so daß zum Beispiel die Radieschen ins Kraut schießen, statt in die Knollen, weil sie zu viel Licht bekommen. Auf Solowki dominiert die *Kartoschka* – das wichtigste Lebensmittel auf den Inseln. Ja, Kartoschka, die Kartoffel, ist hier mehr als nur ein Nahrungsmittel, sie ist die heilige Pflanze der postsowjetischen Zeit. Das Setzen der Kartoffeln ist wie ein Ritus: Anfang Juni (unbedingt vor den Heiligen Drei Königen) gehen alle gemeinsam auf den Acker, die ganze Familie: die Hintern zum Himmel gereckt, als machten sie tiefe Verneigungen, graben sie erst zwei, drei Tage lang um, dann werden die Knollen, die man sorgfältig vor dem Frost geschützt hat, eingebuddelt, und schließlich trinken die Menschen eine Woche lang oder länger, im Gefühl, daß sie brav ihre Pflicht erfüllt hätten. Ähnlich geht es beim Ausgraben und Einbringen der Ernte zu. Eigene Kartoschka, das ist auf Solowki eine Garantie, daß man nicht verhungert. Die Solowjezker sind ein faules Volk und lieben die Kartoschka auch deshalb, weil sie keine große Mühe macht – man braucht sie nur einzulegen, anzuhäufeln und auszubuddeln. Kein Jäten, kein Gießen, keine Setzlinge. Andere Kulturen, die mehr

Fürsorge verlangen, trifft man hier selten an. Ein wenig Tomaten in Treibhäusern, hier oder da Erdbeeren, Steckrüben und Sauerrampfer, doch die Menschen, die Blumen züchten, kann man an den Fingern einer Hand abzählen. Es ist daher nicht verwunderlich, daß unser Garten die Solowjezker zuerst in Erstaunen versetzte, und dann winkten sie ab: *Inostranzi*, Ausländer. Bei uns gibt es nämlich neben Kartoffeln, Erdbeeren, Setzrüben und Sauerrampfer sechs Arten von Salat, Karfiol, Erbsen und Pferdebohnen, Schnittlauch, Dill und Petersilie, Karotten, Kraut, rote Rüben und Rhabarber, Melisse und Minze, Kren und Schöllkraut und jede Menge Blumen, und sogar Cannabis indica ist mir hier aufgegangen, und es ist gar nicht schlecht. Wann immer ich das »Jahr des Jägers« von Miłosz lese, vergleiche ich unsere Gärten. Dort, auf dem Bärenhügel, pflanzt Miłosz Bougainvillea, setzt Levkojen um, und die Hirsche knabbern ihm die Blüten seines Heliotrops ab. Wir hier bauen auf dem Kap der Heringe Kartoffeln an, setzen Rhabarber und Rosenwurz um, und die Ziegen des Nachbars rupfen unseren Schnittlauch ab.

Die Wälder auf Solowki sind reich an Pilzen, Beeren und Sümpfen. Wenn man in den Wald gehen will, muß man Stiefel anziehen. In den Wald gehen wir ab Mitte Juli, vorher ist es dort leer, nur Stechmücken, Gnitzen und anderes lästiges Ungeziefer. Als erste kommen die Moltebeeren, in der Form den Himbeeren ähnlich und bernsteinfarben, sie wachsen an niedrigen Büschen im Moor. Puschkin bat vor seinem Tod darum… Dann wird die Schwarzbeere reif, auch Rauschbeere genannt (weil man davon berauscht wird), und die Pilze beginnen zu sprießen, eine wahre Pilzorgie, so viel Pilze habe ich in meinem Leben noch nie gesehen. Wir sammeln nicht alle, was soll man mit Butterpilzen, wenn man die Herrenpilze kaum bewältigen kann? Am wertvollsten sind Milchlinge und Pfeffermilchlinge, die wir für den Winter einsalzen, um sie dann im Februar mit Kartoffeln … ein wahres Gedicht. Wir trocknen Rotkappen und Birkenpilze und natürlich Steinpilze, die man hier *Beli*, Weiße, nennt. Andere wie Pfifferlinge, Täublinge, Reizker oder Morcheln nehmen wir manchmal für die Suppe oder als Gewürz, und Schluß. Manche Leute marinieren Fliegenpilze, zum Ansetzen, als Medizin. Angeblich haben die Schamanen der Samojeden daraus die Zukunft gelesen. Der Herbst ist die Jahreszeit der Heidelbeeren, Vogelbeeren und Moosbeeren. Die beiden letztgenannten sammeln wir nach dem ersten Frost. Aus den Beeren kochen wir Konfitüre oder wir wecken sie über Dampf in großen Gläsern ein. Und Wasilitsch brennt daraus einen Schnaps, von dem einem schon nach einem Glas die Tränen in die Augen schießen.

Das Übrige kaufen wir ein. Bei den Nachbarn Milch, Kuh-, aber auch Ziegenmilch, aus der wir selber Topfen und Butter machen, und im Laden Brot, Salz, Öl, Zündhölzer, Tee und Wodka. Manchmal auch Eier. Und Mehl für Blini. Das Fleisch bringt uns Wanja, einmal im Jahr, im Spätherbst. Entweder einen Hirschrücken, eine Elchkeule oder auch Bärentatzen …

4.

Jerzy Pomianowski klagt in der *Kultura* (1–2/1997) darüber, daß das Bild Rußlands, wie man es in den Berichten polnischer Korrespondenten findet, »an einen Film aus lauter Momentaufnahmen erinnert, ein Schnipselwerk vor der

Montage«. Denn: »Kaum jemand macht sich die Mühe, ein allgemeines Bild zu zeichnen oder gar eine Prognose zu wagen.« Und die Folge: »Wir sehen daher den Wald vor lauter Bäumen nicht.« Was den Film angeht, stimme ich ihm zu: Das Bild Rußlands in den polnischen (und nicht nur polnischen) Berichten erinnert tatsächlich an ein Schnipselwerk vor der Montage, aber als Grund mache ich etwas anderes aus. Den Wald kann man nur aus der Ferne sehen oder von hoch oben. Zum Beispiel aus der Vogelschau. Ich will nicht bestreiten, daß eine solche Perspektive ihre Vorteile hat (sogar eindeutige Vorzüge, weil sie einen vom Konkreten befreit), oft führt sie einen aber auch in die Irre, weil man den Rauch eines Feuers für Nebel halten kann.

Um zu begreifen, was den Wald bedroht, muß man die Bäume betrachten, ihre Rinde, ihre Krankheiten und Parasiten, ihr Wurzelsystem und die Flechten auf den Blättern. So ist das auch mit Rußland. Diejenigen, die über Rußland schreiben, betrachten es aus der Entfernung, durch das Fernglas des Fernsehens und der Zeitungen, oder von hoch oben, von den Gipfeln der Kremlintrigen. Und dann kleben sie Collagen aus fremden Vermutungen zusammen oder konstruieren Kreuzworträtsel, so wie ein Endspiel beim Schach: Wer wen matt gesetzt hat und in wieviel Zügen. Es gibt auch welche, die durch den Wald rasen, im Flugzeug oder im Expreßzug, und dann für uns ein Album mit Dias oder einen Baedeker für Touristen zusammenstellen. Rußland ist so riesengroß, daß es nicht nur unmöglich ist, es mit unserem Denken zu erfassen (Tjutschew): Ein Menschenleben ist auch zu kurz, um es als Ganzes zu erleben. Daher wirkt jeder Versuch einer Verallgemeinerung blaß, und jede Prognose wird zum Fehlschuß. Die klügsten Sowjetologen haben im politischen Kaffeesatz gelesen, doch keiner von ihnen sah den Putsch und den Zerfall der Sowjetunion vorher. Daher würde ich keine Prognosen und allgemeinen Schlüsse erwarten, sondern Tatsachen und Annäherungen. Natürlich keine zufälligen Tatsachen und beliebigen Annäherungen, aber das ist wieder ein anderes Thema – das ist eine Frage des Handwerks. Gogol hat es verstanden, ganz Rußland in einem einzigen Bezirk zu zeigen.

5.

Nehmen wir zum Beispiel die russische Banja, die Badestube – die ist ein Detail, aber was für ein symbolträchtiges und bedeutungsvolles. Schon die erste Erwähnung der Banja im russischen Schrifttum ist charakteristisch, weil sie mit dem Bericht eines Ausländers einhergeht! In der »Erzählung von den vergangenen Jahren« findet man die Beschreibung der Reise des Apostels Andreas auf dem Dnjepr nach Kiew und weiter nach Norden, nach Nowgorod, oder besser zu einem Ort, an dem später Nowgorod errichtet werden soll. (Wir dürfen nicht vergessen, daß das zu Beginn unserer Ära spielt.) Dort oben im Norden traf der heilige Andreas auf slawische Stämme, lernte ihre Sitten und Gebräuche kennen und war sehr beeindruckt von der Art, wie sie sich wuschen und mit Birkenreisern peitschten. Wie groß dieses Erstaunen war, beweist die Tatsache, daß er nach seiner Rückkehr nach Rom von nichts anderem sprach als von der Banja in den nördlichen Landen: »Wunderliches sah ich im slowenischen Land, indem ich hierher zog. Ich sah hölzerne Badhäuser, und sie heizen sie tüchtig, und dann ziehen sie sich aus und sind nackt und begießen sich mit Gerberlauge und nehmen junge Gerten und schlagen sich selbst, und sie schlagen sich so, daß sie kaum lebend heraussteigen: Und dann begießen sie sich mit kaltem Wasser, und so leben sie wieder auf. Und das tun sie alle Tage, von niemandem gequält, quälen sie sich selber. Und das tun sie, um sich zu baden, nicht um sich zu quälen.« Wenn wir annehmen, daß der heilige Andreas der erste Fremde in Rußland war, können wir seine Erzählung von der russischen Banja als Beginn eines Genres betrachten. (Wir dürfen uns nicht davon beirren lassen, daß die Wanderung des Apostels nach Norden zu den Mythen zu zählen ist, weil die Literatur schließlich ihren Ursprung in der Mythologie hat.) Mit anderen Worten, das Kapitel über die Badestube aus der »Erzählung von den vergangenen Jahren« könnte als Prototyp für alle Berichte von Fremden über Rußland dienen. Und die Banja selber vielleicht als Metapher dafür?

6.

In der russischen Banja gibt es manchmal so viel Dampf, daß es schwer fällt, etwas deutlich auszumachen – die Dinge tauchen plötzlich aus den Dampfschwaden: da ein Gesicht, dort ein Hintern, dort eine Waschschüssel ... Einmal kam einer meiner polnischen Freunde auf die Inseln. Ein Fotoreporter. Er war nur kurz hier, knapp eine Woche (in der er viele Aufnahmen machte), und schaffte es bloß einmal, die Banja zu besuchen, weil es die Solowjezker Banja nur einmal pro Woche gibt: freitags für Frauen und samstags für Männer. Mein Freund kam tief beeindruckt aus der Banja zurück und legte gleich an der Schwelle los, was ihm dort begegnet war – tatsächlich konnte einem dort so allerlei begegnen; ich erinnerte mich an mein »erstes Mal«, als mir Dampf und

Flüche das Blickfeld eingeengt und das Klirren der Gläser in den dichten Schwaden wie ein regelrechtes Gelage geklungen hatten. Mein Freund konnte lang nicht verwinden, daß er den Fotoapparat nicht mitgenommen hatte, schien er doch plötzlich zu begreifen, warum Swidrigajlow von der Ewigkeit als einer ländlichen Badestube mit Spinnen in allen Ecken spricht. Leider hatte der polnische Reporter in der Banja der Insel bloß Einzelheiten wahrgenommen – seltsame Typen, Bruchstücke einer Welt, alles Details, die er mit bestem Willen nicht zu einem Gesamtbild zusammenfügen konnte, um die Wirklichkeit zu erkennen, und bei der Gelegenheit auch sich selber.

In Solowki leben mehr als tausend Menschen, mit verschiedenen Biographien, als wären sie aus verschiedenen Welten oder verschiedenen Erzählungen gekommen. Doch in der Banja waschen sich alle gemeinsam; hier, im gemeinsamen Dampfbad, kreuzen sich ihre Schicksale. Hierher kommen die Muschiks vom Fischfang, um auf den frischen Fisch einen zu heben, und hier schlagen sich die jungen Novizen die Zeit um die Ohren, darauf bedacht, den Blicken des gestrengen Mönches zu entgehen. Hierher kommen die Anhänger von Reformen und die Befürworter einer eisernen Faust, Rechtgläubige und Linksverdrehende und völlig Ungläubige, auf ein und derselben Pritsche liegen Diebe und freie Arbeiter, ehemalige Seki und ihre Aufseher, Ordnungshüter und Ordnungsbrecher, und alle sind nackt. Die einen peitschen sich mit Birkenreisern, andere mit Wacholderzweigen, und der alte Donsow mit Büscheln von Brennesseln, das soll gegen Rheuma helfen. Hier kann man neue Gerüchte verbreiten und über Jelzin schimpfen, man kann über den Fischfang reden, über die Frauen, über Krankheiten und über die Nichtstuer. Denn die Banja der Insel ist

Klub und Kaffeehaus, Kanzel und Tribüne zugleich. Hier wird agitiert, erzählt und intrigiert, getrunken und gegessen. Hier wiegelt Sascha Pinagorski das Volk gegen Neboschenko auf, und hier hat der Anti-Mönch Dionizy im vorvorigen Sommer die Menschen gegen die Schandtaten der Mönche aufgehetzt, bis sich herausstellte, daß er ein Abtrünniger und Verrückter ist. Man braucht nur die Ohren aufzusperren, um hier Rußland zu vernehmen: sein Grollen und Fluchen und seine Schmerzen.

»Die Banja ist eine zweite Mutter«, sagt ein russisches Sprichwort.

Die Banja auf Solowki wurde im Jahre 1717 gebaut. Von weitem erkennt man die Handschrift der Meister der Klosterarchitektur: ein Steinbau ungeheuren Ausmaßes, der eher an einen Speicher als an ein Badehaus erinnert. Im Inneren zwei geräumige Säle, Reihen von Bänken, Stapel kleiner Zuber, an den Wänden Wasserhähne, am Boden Bretter. Dann das Dampfbad: der Geruch von Birkenreisern, Pritschen drei Stock übereinander, auf der obersten kann man es kaum aushalten, eine steinerne Decke, von der kondensierter Dampf tropft, in einer Ecke Felsbrocken, glühende Hitze. Daneben ein Anbau aus späteren Zeiten, der den Umkleideraum beherbergt, eine Kleiderablage, stickige Luft. Die Banja wurde für Wallfahrer und fromme Wanderarbeiter gebaut, die Mönche hatten ihre eigene im Kloster. Später, in den Zeiten des SLON, wurde sie einmal pro Woche von den Seki benützt. Heute stellt sie ein Architekturdenkmal dar, staatlich geschützt, wie eine Tafel an der Tür verkündet, und wir alle waschen uns hier, vom Glawa, dem Chef, bis zum letzten verlausten Bomsch. Und die Mönche mit uns. Jeder hat seine Zeit und seinen Platz auf den Pritschen: Die einen kommen gern um zwei Uhr, gleich nachdem die Badestube geöffnet hat (vor allem die Mönche und die Alten), die anderen etwas später, wenn sich die Ohren vom heißen Dampf einrollen (die Jungen, die Beamten, die Museumsbediensteten), und wieder andere kommen gegen Abend, nach der Rückkehr vom Fischfang (Muschiks, Bitschi). Man muß daher einige Zeit auf der Insel gelebt und die Banja zu verschiedenen Zeiten besucht haben, um sich zu orientieren. Das Waschen in der Banja ist eine Zeremonie – mit eigenen Ritualen, Accessoires und Sprüchen. Fremde, die die Bräuche nicht kennen, erkennt man auf Anhieb. Zum Beispiel meine Bekannten aus Polen, die manchmal aus Neugierde die Banja probieren: Ihr Mut verläßt sie meist schon beim Eintreten, dann waschen sie sich hastig, nackt und verschämt, verwenden nur selten das Dampfbad und noch seltener die Birkenreiser und machen sich am Ende heimlich davon, ohne sich abgekühlt zu haben. Dafür erzählen sie dann die unglaublichsten Dinge. So wie jener Fotoreporter.

7.

18. Juli

»Rußland und Solowki« lautete das Thema einer Konferenz, die von der deutschen Friedrich-Naumann-Stiftung und dem russischen »Memorial« auf Solowki organisiert wurde. Die wichtigsten Diskussionsteilnehmer sollten die Studenten von Moskauer Hochschulen vom Solowjezker *Strojotrjad*, das ist eine Truppe freiwilliger Bauhelfer, und die Mitarbeiter des örtlichen Museums sein. Die Letztgenannten kamen erst gar nicht. An der Begegnung nahmen als Gäste teil: Professor Karl Schlögel aus Deutschland, Andrej

Blinuschow und Julia Sereda von der »Karta« in Rjasan, der deutsche Botschaftsrat Dietrich Studemann, die Publizistin Sonia Margolina und der Fotograf Jurij Brodskij. Diskutiert wurde im Kloster im Saal der Bauhelfer. Es herrschte Urlaubsstimmung und roch nach jugendlichem Schweiß und dem Rauch von Lagerfeuern. Auf den Tischen standen importierte Fruchtsäfte, Schokolade, Bananen und Äpfel. Den Kindern von Solowki würde das Wasser im Mund zusammenlaufen, dachte ich mir, die bekommen nie solche Dinge. Die Deutschen, musterhaft pünktlich, saßen auf der Seite, ließen die goldenen Rahmen ihrer Brillenfassungen blitzen und verbreiteten den Duft teurer Rasierwasser, wie man sie hier nicht einmal trinkt. Die Jugendlichen schlenderten lässig herbei und drängten sich lärmend um den Eingang. Sie machten Späße und lachten. Sie waren schlank, mit hübschen Gesichtern, und hatten keinerlei Ähnlichkeit mit ihren Altersgenossen von Solowki, die primitiv und verblödet vom Wodka sind. Dann wurde an die Teilnehmer das Programm verteilt, mit Fragen für die Diskussion:

»Wer ist schuld? Was kann man tun? Kann die Vergangenheit eine Lektion für die Zukunft sein?«

Die Deutschen wurden langsam ärgerlich, weil sie nicht gewöhnt waren, daß man die Zeit so mißachtet. Schließlich eröffnete Blinuschow das Treffen. Einleitend besprach er die Regeln der Diskussion, stellte die Gäste vor und erteilte dann Professor Schlögel das Wort, der die Einführung halten sollte. Der Professor sagte, die Stille, das zustimmende Schweigen, das die Unternehmen der Nazis in Deutschland begleitet hatte, lasse ihm keine Ruhe, und er sei auf die Insel gekommen, um zu erfahren, was die jungen Russen hier, in den Relikten des SLON, über ihre Großväter und Väter dächten. Als Historiker interessiere er sich für den Einfluß der jüngsten Vergangenheit auf das Heute. Dann ließ er das Mikrofon im Saal herumgehen, damit sich jeder vorstellen und die Gründe nennen konnte, warum er nach Solowki gekommen war. Es entstand Verwirrung, die Studenten rissen Witze, einer versuchte den anderen zu übertrumpfen, einige machten sich offen lustig. Es war eindeutig, daß sie gar nicht daran dachten, ihre Gedanken preiszugeben, und daß sie auf das Pathos der Organisatoren mit Späßen reagierten. »Die Vögel fliegen nach Norden, wenn ihnen warm genug ist«, stimmte eine Studentin der Philologie, schön und hellblond, ein Lied von Wyssotski an. Und dann sagte sie, als Humanistin trinke sie Alkohol nicht gern im Kollektiv, sondern lieber allein, und auf den Inseln könne man sich leicht absondern. Es wurde gelacht und geklatscht. Die Studenten waren gekommen, um Urlaub zu machen, nicht um die Sünden ihrer Väter zu erforschen. Redakteur Blinuschow schämte sich für die Sorglosigkeit der russischen Jugend und beschloß, mit gutem Beispiel voranzugehen und vom Weg zu erzählen, der ihn zum »Memorial« geführt hatte: von seinem Großvater, Kommandant eines sowjetischen Straflagers, und wie man zu Hause vor dem kleinen Andrjuscha die Wahrheit verborgen, und wenn er nach den ausgemergelten Menschen hinter dem Stacheldraht gefragt hatte, die auf den Bildern im Familienalbum zu sehen waren, dann hatte er zu hören bekommen, das seien Soldaten. Andrej hatte ein paar Jahr bei der Miliz in Rjasan gearbeitet, bis man dort Menschen verprügelte, die im Recht waren. Da quittierte er den Dienst.

»Und wenn sie nicht im Recht gewesen wären, hättest du sie dann verprügelt?« fragte ein pickeliger Junge von hinten, offenbar ein richtiger Schlaumeier. Wieder wurde geklatscht, diesmal applaudierten auch die Gäste. Andrej war verwirrt.

Mit fortschreitender Dauer wurde die Diskussion emotioneller, die Jugend ließ die Maske fallen. Durch das Lachen sickerten Überzeugungen, manchmal sogar Glauben. Immer deutlicher zeichnete sich eine Kluft zwischen den Organisatoren der Begegnung und den Studenten ab. Der Stein des Anstoßes war die Frage: »Kann man ohne echte Reue der gesamten Nation von einer geistigen Wiedergeburt Rußlands sprechen?« Die jungen Russen hielten der moralischen Aufgeblasenheit der Mitglieder des »Memorial« und ihrem kategorischen Imperativ von einer gemeinsamen Buße für die Sünden der Väter und Großväter ein Leben auf eigene Verantwortung entgegen.

»Wenn du Buße tun willst, dann geh ins Kloster, bete oder häng dich auf«, sagte der pickelige Junge, der kurz zuvor Applaus eingeheimst hatte. »Aber laß andere nach eigener Fasson leben. Man darf Menschen nicht für die Sünden ihrer Vorfahren verantwortlich machen, weil das in eine kollektive Verantwortung mündet und gleichzeitig die persönliche Schuld verwischt. Die Geschichte wird einmal von denen geschrieben, dann wieder von jenen. Aus verschiedenen Lagern, von gegensätzlichen Positionen aus. Was die einen als Verdienste betrachten, sehen die anderen als Irrtümer, und keiner kann dir garantieren, daß du für den heute erhaltenen Orden nicht morgen im Gefängnis landest. Suche daher keine Rechtfertigung in Lehrbüchern, die andere zusammengestellt haben, sondern schreib selber dein Leben und setze leserlich deine Unterschrift darunter.«

»Bringt eine solche Mißachtung der Geschichte, ihre Relativierung, nicht die Gefahr mit sich, daß der SLON zurückkehrt?« fragte Blinuschow …

… ich verließ den Saal, weil mich weder die Antworten noch die Schlußfolgerungen interessierten. Wie kann man von einer Rückkehr des SLON reden, wenn der Geist dieser Bestie in Solowki immer noch gegenwärtig ist? Und nicht nur hier. Als ich vor kurzem in Moskau erwähnte, ich käme aus Solowki, wurde ich gefragt, warum man mich eingesperrt habe.

Für viele Russen existiert das Straflager auf den Inseln immer noch. Und wirklich braucht man nur genauer hinzuschauen, für einen Moment den Blick vom westlichen Plunder und Wunder abzuwenden, um ringsum den Stacheldraht zu sehen. Realen, konkreten Draht, mit dem die Erwachsenen ihre Gärten einzäunen, und die Kinder machen daraus Verhaue und spielen Tjurma, Gefängnis. Im vorigen Winter hat man in Solowki ein paar Hunde gegessen, aus Hunger! Der Traum einer meiner Bekannten ist es, ihr Zimmer mit Küche in einer einstigen Lagerbaracke, in der sie seit zwanzig Jahren lebt, zu privatisieren. Leider gibt es diese Baracke in der jüngsten Inventaraufnahme des Wohnraumes in der Siedlung gar nicht mehr. Sascha Ch. hat sich aufgehängt, weil er seine Konkubine beim Stoßspielen verlor, und das Sprichwort »nje pojman, nje wor« (Wen man nicht erwischt, der ist kein Dieb), das die Moral im SLON beschreibt, habe ich hier mehr als einmal gehört. Auf den Inseln stößt man überall auf Spuren des SLON, in der Landschaft wie in den Köpfen der Menschen.

19. Juli

Am 28. März 1959 schrieb Miłosz an Merton: »Geoffry Gorer behauptet, es habe nur eine Gesellschaft gegeben, die auf dem Prinzip der Sünde beruhte – im Gegensatz zur westlichen Gesellschaft, die auf dem Prinzip der Schuld beruht –, nämlich das zaristische Rußland. Ich glaube, daß er damit ins Schwarze trifft. Die Schuld ist individuell, es ist meine Schuld. Die Sünde ist universell – nicht ich bin schuldig, sondern die Gesellschaft, und ich kann nicht durch mein eigenes Bemühen (eine mir geschenkte Gnade) erlöst werden, sondern nur durch die Gemeinschaft. Daher sind die Russen immer auf der Suche nach dem Königreich Gottes, aber einem, das in der Zeit angesiedelt ist, das sie durch den Kommunismus ersetzen und in Zukunft vielleicht durch eine andere Eschatologie. Die persönliche Verantwortung wird dabei weggewaschen. Ich wurde im Jahre 1945 Zeuge von Morden, die russische Soldaten mit einem tiefen Gefühl der Sünde begingen, doch ohne jedes Gefühl persönlicher Schuld.«

Nach diesem Zitat wollen wir uns für einen Moment wieder der gestrigen Diskussion im Kloster von Solowki zuwenden. Die Leute von »Memorial« stellen die Frage, ob eine geistige Wiedergeburt der Gesellschaft ohne ehrliche Sühne des gesamten Volkes möglich ist? Aber die Sühne ist schließlich eine Wiedergutmachung der Sünde, die in der Diskussion gestellte Frage bestätigt daher die Intuition Gorers: das trifft auf die russische Gesellschaft zu. Nun könnte man einwenden, da seien noch die Studenten der freiwilligen Arbeitsbrigade, die so wütend wurden. Sie wollen normal leben wie ihre Altersgenossen im Westen, und haben gar nicht die Absicht, für die Sünden ihrer Vorfahren kollektiv zu Kreuze zu kriechen. Vielleicht brechen die jungen Russen endlich mit der jahrhundertealten Tradition einer »Gesellschaft, die auf dem Prinzip der Sünde beruht«, und hören auf, das Königreich Gottes auf Erden zu suchen, und beginnen nach der individuellen Verantwortung für die eigenen Handlungen zu leben? Ich befürchte allerdings, daß diese Frage genauso akademisch ist wie die gesamte Diskussion im Gebäude der Wäscherei, weil die Wirklichkeit vor den Fenstern des Saales allen eine Fratze schneidet, denen, die zu Kreuze kriechen wollen ebenso wie denen, die lieber auf eigene Rechnung leben möchten.

8.

Das Ende des Sommers auf Solowki wirkt wie ein Traum: Der Horizont taucht aus dem Nebel wie der Strang einer Erzählung, die mitten im Wort abbricht, der Himmel ist grau wie Asche, das Meer perlgrau, und der Altweibersommer schwebt durch die Luft. Hier und da beginnen die Birken zu lodern, die Wiesen verbleichen, es riecht nach Moos. Über der Erde liegt grauer Dunst, in dem die Anger und Naßwiesen schlummern, und auch die Seen scheinen vor sich hinzudösen, als träumten sie von Bäumen und Menschen, die sich über sie beugen. Und die Menschen werden von Wehmut erfaßt, weil der Sommer zu Ende geht, und sie beginnen zu trinken, um diesen Traum zu verlängern. Und nur unter den Vögeln herrscht hektisches Treiben vor der Reise: Die Enten lehren ihre Jungen schwimmen, die Kiebitze pfeifen zum Abflug, die Eiderenten zanken sich, und die Sturmtaucher hecken etwas aus.

Dann kommt der Herbst. Einmal glühen die Tage voll Sonne, dann plätschern sie im Regen dahin. Das Meer tost und wütet, weiß vor Gischt. Im Wald Orgien von Farben: Die Birken flackern wie gelbe Kerzen vor dem dunklen Grün der Fichten, die Espen werden weinrot, die Schwarzbeersträucher dunkelrot, und die Moorböden changieren in Orangetönen. Die Erde wird langsam kalt. Der morgendliche Rauhreif verbrennt die Blumen im Garten. Im Haus hängt ein Duft von getrockneten Pilzen; Beeren, die eingekocht werden, brodeln vor sich hin, überall hängen Büschel von Kräutern, Petersilie und Dill. Wir bringen die Kartoffeln, roten Rüben, Karotten und Setzrüben in die Miete. Wir salzen Heringe und Pfeffermilchlinge ein. Die Nächte auf den Inseln werden länger, so wie die Schatten der Tage, und schwarz, so daß man die Hand vor den Augen nicht sieht. Nur manchmal entdeckt man unvermutet Lichtstreifen am Himmel, wie aus einer anderen Welt hereingesickert. Das ist das Polarlicht, *Sewernoje Sijanje* ...

VII

… und ich hege die Hoffnung, daß mein Schreiben nicht nur unterhalten, sondern auch zum Denken anregen möge.

Joseph de Maistre

1.

4. September

Nina Michajlowna schickte mir aus Moskau die ersten drei Bände der »Bibliothek der Literatur des alten Rußlands«, die von der Abteilung für Altrussische Literatur der Russischen Akademie der Wissenschaften unter Leitung von Lichatschow (ein ehemaliger Seka des SLON) herausgegeben werden. Man kann mit Recht sagen, daß sie ein Ereignis in der russischen Kulturgeschichte darstellen, das man gar nicht hoch genug einschätzen kann. Zum ersten Mal in der Geschichte ihres Schrifttums wird die gesamte altrussische Literatur (mit gleichzeitiger Übersetzung ins Neurussische) vorgelegt, gesammelt in zwanzig Bänden: von der »Predigt über das Gesetz und die Gnade« von Ilarion aus dem elften Jahrhundert bis zu einem Briefwechsel zwischen Altgläubigen (der wegen des Konservatismus ihrer Sprache und Gebräuche in die Bibliothek aufgenommen wurde) aus dem 20. Jahrhundert. Neben bekannten Werken, wie dem »Epos von der Heerfahrt Igors« oder dem »Leben des Awwakum« wurden auch Schriften in die Serie aufgenommen, die bisher nur Spezialisten zugänglich waren, so die herrlichen Zeugnisse der literarischen Schule der Raskolniki von Wyg, Inschriften auf Birkenrinde aus dem zwölften Jahrhundert, die vor kurzem bei Nowgorod gefunden wurden, apokryphe Werke von Chlysty, Geißlern ... es ist unmöglich, alle aufzuzählen. Die Literatur des Alten Rußland wurde nur in Bruchstücken überliefert, doch dank der »Bibliothek«, in der diese Bruchstücke gesammelt wurden, sehen wir heute die Umrisse eines großen Ganzen, und das Antlitz, das sich darin spiegelt. Das Akademiemitglied Lichatschow schreibt in seinen »Erinnerungen«, er habe sich für die Fakultät der altrussischen Literatur entschieden, weil diese »die Züge unseres nationalen Charakters zu einer Zeit bewahrt hat, während er heranreifte«.

Die »Bibliothek« gibt Rußland sieben Jahrhunderte seiner Literatur wieder – das ist so, als gäbe man einem an Amnesie Erkrankten sein Gedächtnis zurück. Stellt sich die Frage, ob dieser davon Gebrauch machen will, wenn er sich einmal daran gewöhnt hat, billige Hintertreppenromane oder vielleicht auch gar nichts zu lesen? Viele meiner hiesigen Bekannten, keineswegs dumme Menschen, erfahren mit Erstaunen, daß das geschriebene Wort in Rußland eine reiche Tradition besitzt, die bis ins elfte Jahrhundert zurückreicht, und daß die mittelalterliche russische dokumentarische Prosa auf der Welt ihresgleichen sucht. (Ich möchte bei dieser Gelegenheit manchen meiner Landsleute, die so gern von einer kulturellen Verspätung der Russen reden, ins Gedächtnis rufen, daß der älteste polnische Satz aus dem 13. Jahrhundert stammt, die Chronik des Gallus Anonymus hingegen, unser frühestes lateinisches Dokument, erschien ein Jahrhundert nach der »Predigt« Ilarions.) Vielleicht kann also das Urbild des geistigen Lebens der Nation, wie es die »Bibliothek« überliefert, den Russen nach Jahrzehnten der

Selbstzerfleischung dabei helfen, ihre kulturelle Identität zu finden.

Die ersten Bände der »Bibliothek« umfassen Werke des elften bis zwölften Jahrhunderts, darunter: »Die Predigt über das Gesetz und die Gnade«, »Die Erzählung von den vergangenen Jahren«, »Die Erzählung von Boris und Gleb«, »Die Vita Feodossijs«, »Die Belehrung und das Lied« des Kyrill von Turow, die Erzählungen »Über die Ermordung Andrej Bogoljubskis« und »Von der wundertätigen Ikone der Gottesmutter von Wladimir«, den »Psalter des Kiewer Höhlenklosters«… alle geschrieben von Mönchen, in ihren *Kjeli*, ihren Klosterzellen.

2.

Schlagen wir zum Beispiel die »Vita Feodossijs, des Abtes des Kiewer Höhlenklosters« auf und werfen wir einen Blick in die Zelle des Starez: »Häufig, wenn der große Nikon dasaß und Bücher schrieb, saß Vater Feodossij neben ihm und spann Fäden, um die Bücher zusammenzunähen.« Oder: »… und der Mönch Ilarion berichtete … auch dies. Er war nämlich der Schrift kundig und schrieb alle Tage und Nächte in der Zelle unseres seligen Vaters Feodossij Bücher, während jener mit den Lippen den Psalter sang, mit den Händen aber Wolle spann …« Das geschah bei Anbruch des russischen Staates, unter der Regierung von Jaroslaw dem Weisen, der »… die Mönche sehr gern hatte und ihre Bücher ohne Unterlaß las. Und er versammelte Schreiber, damit sie aus dem Griechischen ins Slawische übersetzten und es niederschrieben. Sie aber schrieben und sammelten zahlreiche Bücher zur Belehrung der Gläubigen und zu

Ehren des Wortes Gottes. Ähnlich wie bei der Feldarbeit, bei der die einen pflügen, andere säen, wieder andere ernten und essen, war es auch hier: Wladimir brach den Boden um und segnete ihn mit der Taufe, Jaroslaw säte die Worte der Schrift in die Herzen, und wir ernähren uns davon.« Indem die Chronik das Schreiben von Büchern mit der Bearbeitung des Bodens vergleicht, verweist sie auf die wichtigste Aufgabe der Klöster in der Frühzeit des russischen Staatswesens: die Bewirtschaftung der neuen Gebiete. Die Ordnung des Chaos. Denn die weite Ebene zwischen Europa und Asien, bedeckt mit Sümpfen, Wäldern und Steppe, war wüst, und es fehlte in ihr an Orientierungspunkten: Berge, Städte, Burgen; es gab keine Grenzen, keine Garnisonen, nur Schnee und Urwälder und Hügelgräber und Horden von Nomaden. Diese Weite war ohne Geschichte (»eine in Aufzeichnungen überlieferte Vergangenheit«) und ohne echten Glauben (die Idole vermehrten sich mit der Zahl der Stämme) und keiner hatte sie bislang *osmyslil* (begriffen), das heißt sich bewußt gemacht. Die Klöster standen vor einer doppelten Aufgabe: Neben den urbaren Feldern mußten auch die semantischen Felder des Landes bebaut werden. Mit einem Wort, aus dem Chaos mußte die Welt mit Hilfe der Sprache erschaffen werden ...

... die aus der Verschmelzung des Altbulgarischen (genannt Altslawischen) mit verschiedenen Varianten des Russischen jener Zeit entstand: von Reden auf Versammlungen und bei Festmahlen bis zu rechtlichen Urkunden und Bylinen. Die Verschiedenartigkeit der Dialekte der Slawen, die in der Rus lebten, verlieh dem Russischen eine reiche Synonymie (eine Unzahl von Worten zur Bezeichnung ein und derselben Sache, je nach Region), der Stil wurde am Vorbild der biblischen Phrasen geschliffen, den lyrischen Ausdruck lernte man von den Frauen auf dem Feld und die Derbheit von den Muschiks auf dem Markt, doch das wichtigste Element war der Rhythmus – das Maß der Prosa. Der Rhythmus ordnete nämlich die Wirklichkeit, so wie die Schritte der Krieger jede Spanne des Bodens in eine Ordnung bringen, und das Pulsieren des Blutes – den Ablauf der Zeit. Der Rhythmus der Sprache verlieh der Welt ihre Ordnung.

3.

Kehren wir zurück in die Zelle des heiligen Feodossij, um die Gestalten, die dort sitzen, näher zu betrachten. Da ist einmal Ilarion – »ein tugendhafter und gelehrter Mann und dem Fasten hingegeben«, wie ihn die Chronik beschreibt. Der Autor der »Predigt über das Gesetz und die Gnade«, dem frühesten Dokument der russischen Literatur, und Erbauer der ersten Mönchszelle in Rußland, einer Höhle am Dnjepr, die er zwei Klafter tief in die Erde grub, um dort in Abgeschiedenheit zu beten. Fürst Jaroslaw schätzte Ilarion offenbar sehr, denn er ernannte ihn 1501 zum Metropoliten von Kiew (der erste Ruthene auf dem Thron), entgegen den Wünschen Konstantinopels. Vielleicht wurde die Entscheidung des Fürsten beeinflußt durch die »Predigt über das Gesetz und die Gnade«, die er zwei Jahre zuvor geschrieben hatte.

Der Traktat Ilarions war der erste Versuch, die sogenannte »Russische Idee« zu formulieren – jene historiosophische Konzeption, wonach die Rus (und später Rußland) einen besonderen Platz in der Geschichte der Welt einnimmt, weil sie eine bestimmte Mission in der Welt zu erfüllen hat. Ilarion griff auf die biblische Erzählung von

Abraham zurück und konstruierte eine Reihe von Gegensätzen: von der Magd Hagar und Abrahams Frau Sarah – die Sklavin und die Freie – über das Alte und das Neue Testament – Judaismus und Christentum – bis zum Gesetz, also dem Recht, und der Gnade des Titels. Wir wollen hier nicht näher auf dieses Dokument eingehen (das wäre ein Thema für eine gesonderte Arbeit) und uns nur jenen Elementen zuwenden, die ihm eine solche Langlebigkeit im russischen Denken sicherten und es zum Archetypus machten. Erstens legte dieses Dokument den Grundstein für den orthodoxen Glauben an die Kraft der göttlichen Gnade, die man den menschlichen Gesetzen gegenüberstellt wie das Licht dem Schatten, wodurch es den Boden bereitet für die Mißachtung des Gesetzes im Namen der Gnade der von Gott Gesegneten. Das führte später zur Ablehnung des Westens als Erbe des Römischen Rechts. Zweitens schuf es die Grundlagen für den Antisemitismus, indem er die Menschen in die Stämme Isaaks und Ismaels teilte, die Söhne der Wahrheit und der Lüge. Manche rechtfertigen Ilarion: Er habe nicht die Juden gemeint, sondern die Chasaren, die Feinde der Rus. Drittens wurde damit das Fundament des russischen Messianismus gelegt, wonach die Zukunft des Christentums den Russen gehört, und die Weltgeschichte in die Zeit bis zum Empfängnis der Taufe durch die Russen und die Zeit danach eingeteilt. Es gibt Menschen, die diese Stelle der »Predigt« als Ankündigung des Endes der Geschichte und des Beginns der Jetztzeit lesen. Viertens verknüpfte der Autor der »Predigt« Worte zu neuen Begriffen: *russaja semlja*, *jedinoderschez*, russisches Land, Alleinmacht… welche die nationale Identität der Völker, die diese Regionen bewohnen, und das System der Staatsmacht, die über sie herrscht, bezeichnen. Und fünftens sprach er der

Rus den Thron des heiligen Konstantinopel zu, was später Filofej in der Konzeption von Moskau als »Drittem Rom« aufgriff. Alle diese Elemente fanden auf die eine oder andere Weise Eingang in die unterschiedlichsten Varianten der »Russischen Idee«: vom erwähnten Filofej bis zu Dostojewski oder Solschenizyn. Es ist kein Zufall, daß heute, da man wieder viel über die »Russische Idee« spricht, die »Predigt« Ilarions in neuen Übersetzungen herausgegeben wird. Und noch eines: Auch in seiner künstlerischen Vollendung war dieses Dokument vorbildlich – ein Philosophieren mit Hilfe der Kunst –, goß er doch die genannten Inhalte in kunstvolle Formen, allerdings mit einer einfachen Sprache, weil sich diese in der Rus erst entwickeln mußte und noch nicht jene Fülle von Worten besaß, die mittels verschiedener Suffixe aus einer Wurzel gebildet werden können. Daher zerfiel auch die Welt noch nicht in so viele Einzelheiten und Schattierungen, Verkleinerungen, Vergröberungen und Zusammensetzungen ... In der »Predigt« sehen wir die Welt klar und deutlich, wenn auch nicht eindeutig.

Nach dem Tod des Fürsten Jaroslaw verließ Ilarion den Thron des Kiewer Metropoliten (vielleicht wurde er auch dazu gezwungen) und kehrte in seine Zelle zurück, um die in der Zwischenzeit das Höhlenkloster entstanden war. Dort haben wir den einstigen Metropoliten beim Schreiben der Bücher angetroffen.

4.

Neben ihm der große Nikon ... seine Silhouette ist für die Gelehrten nur undeutlich auszumachen und verschwimmt in einem Winkel der Zelle, als hätte sie der schwache

Schimmer der Lampe aus dem Halbdunkel geholt und auf die Seiten der Chronik geworfen. Einmal sehen wir ihn an der Seite des gottgefälligen Antonij in der Höhle Ilarions, als jener das Amt des Metropoliten in Kiew versah, dann wieder in Tmutorokan, wohin er nach einem Streit mit Fürst Isjaslaw, dem Sohn von Jaroslaw dem Weisen, ging, und dann wieder im Höhlenkloster von Kiew... Doch immer blieb er im Schatten anderer, einmal im Schatten Antonijs, dann Feodossijs – als Autor hinter dem Rücken seiner Helden, oder als Ikonenmaler in der Tiefe ihrer Augen. Nikon können wir den Vater der russischen Chronistik nennen, obwohl er nicht der erste war.

Das Schreiben von Chroniken war in der Rus eine Beschäftigung der Mönche, weil sie in ihren Zellen die nötige Sammlung fanden und die Möglichkeit, sich über die russische Erde zu erheben und sie aus der Vogelperspektive in ihrer Gesamtheit zu überschauen. Die Ikonenmaler sprechen von einem »gehobenen Horizont«, denn es genügt, den Horizont ein wenig anzuheben, um sich über dem Gesehenen zu befinden, ohne sich von der Stelle zu bewegen. Was konnte der Chronist aus der Höhe seiner Zelle schon sehen: eine hügellose Ebene, endlose Wälder, weite Steppen und Flüsse, Straßen gleich, und auf diesen Schiffe, die von Norden nach Byzanz fuhren, mit zum Verkauf bestimmten Sklaven an Bord... Ein unbestimmter, zeitloser Anblick. Um diesen festzuhalten, mußten die Flüsse, die Stämme und ihre Dialekte benannt und jeder Kader datiert werden. Als Vorbild diente die »Chronik der Welt« des Hamartolos, der man den Prolog von der Erschaffung der Welt bis zum Entstehen des russischen Landes im Jahre 852 entnahm, als die Rus gegen Zargrad zu Feld zog, die lokalen Geschichten hingegen wurden aus Bylinen, mündlichen

Überlieferungen und alten Urkunden kompiliert – vom legendären Rjurik bis zum jeweiligen Schreiber, weil jeder gern mit seiner eigenen Person schloß. Nikon schuf das Genre der Chronik: ein Netz von Daten, in dem man die Geschichte einfangen konnte. Der Kettfaden war die Zeit, auf die man die Ereignisse fädelte: Kriegszüge, Massaker, Brände… Wobei die Zeit – Vorsicht! – in der Rus anders gesehen wurde als heute, nämlich umgekehrt. Der Schreibende hatte die Vergangenheit vor Augen und die Zukunft im Rücken; wenn er beim Pult stand, blickte er auf die Nacken seiner Vorgänger, die so wie er das Gesicht den Vorläufern zuwandten. Das Kratzen ihrer Federn klang wie das Rieseln von Sand. Einer übernahm vom anderen einen Erzählstrang, der manchmal abriß, vor allem wenn Fremde ins Land eindrangen, um nach einiger Zeit, in einer anderen Klosterzelle, am anderen Ende des russischen Landes wieder aufgenommen zu werden. Auf diese Weise entstand die kollektive Literatur des Alten Rußland.

So wurde der russische Stil des »monumentalen Historismus« geboren, um eine Bezeichnung Lichatschows zu gebrauchen, der die Architektur ebenso umfaßte wie die Ikonenmalerei, die Musik, die Weltsicht, die Existenz und die politische Etikette: ein Stil, der die Geschichte der Rus formte, die er manchmal den Gesetzen des Genres unterordnete. So notiert die Chronik unter dem Jahre 1065 das Erscheinen eines Kometen: »… und ein riesiger, blutig leuchtender Stern erschien jeden Abend nach Sonnenuntergang am Himmel, sieben Tage hintereinander. Dieses Zeichen war ein schlimmes Omen. Es begannen Kriege und der Einfall der Heiden in die russischen Lande, denn dieser blutige Stern hatte Blutvergießen verkündet.« In Wahrheit erschien der Komet im April 1066, doch für die Chronik war es wichtiger, daß das Datum mit dem Verrat des Fürsten Wseslaw übereinstimmte, der gemeinsam mit den Heiden die Rus überfiel ... Die Chronik gab nicht die Wirklichkeit wider, sondern sie schuf diese, indem sie den Sinn aus den Dingen schälte. Und manchmal erstarrte sie selber in der Wirklichkeit, so wie Nikon unter der Feder seines Schülers Nestor – in der Zelle des heiligen Feodossij.

5.

Also Feodossij, der Bewohner der Zelle. Diese Gestalt sieht man dank dem »Leben« aus der Feder Nestors am deutlichsten – von der Jugend bis zum Grab. Seit der Kindheit in sich zurückgezogen, oft *jurodiwyj* oder ein Narr in Christo, wie wir sagen würden, mit der Mutter zerstritten und von der Umgebung unverstanden, kam Feodossij schließlich in die Höhle Ilarions, wo ihn Nikon wie einen Mönch schor. Schließlich stand der gottesfürchtige Feodossij an der Spitze der Mönchsbrüder, organisierte das Höhlenkloster und führte Studienregeln ein. Er legte den Grundstein für die Gemeinschaft der Mönche in der Rus, indem er lehrte: »Grenze dich mit Hilfe von Gottesfurcht und Gebeten allem gegenüber ab, mein Bruder, so wie gegen die Räuber, achte darauf, daß sich deine Gedanken nicht in der Stadt, unter den Menschen zerstreuen, sondern daß sie in sich gekehrt bleiben wie in der Klosterzelle, und denke an den baldigen Tod, als befändest du dich in der Wüste.« Nach seinem Tod wurde er heilig gesprochen und als geistiger Vater des Ordenslebens verehrt.

Das »Paterikon des Kiewer Höhlenklosters«, gleichzeitig ein Beispiel für das Entstehen des nächsten Genres, der

Heiligenleben, erzählt die Geschichte der ersten Mönchsgemeinschaft in der Rus. Der Mensch gestaltet sein Leben nach den Regeln dieses Genres, und dann wird das Leben von einem anderen aufgeschrieben, der es ein wenig vereinfacht. Im Gegensatz zu den Liedern und Chroniken gewähren uns die Heiligenviten Einblick in das private Leben der Menschen im Alten Rußland, zeigen ihre Sünden auf, intime Details… Oft weiß man nicht, wo das Leben endet und die Vita beginnt und wer der Autor einer bestimmten Episode ist: der heilige Held oder sein Schreiber? Zum Beispiel: Kann man bis zum Hals in den Boden eingegraben überleben wie Joann Satwornik (der Einsiedler)?

Sammlungen von Heiligenleben nannte man Väterbücher, in denen man die Realien der Epoche und Abrisse der Sitten, Ideale der Heiligkeit und Fratzen der Verirrung sehen kann – wie in einem Spiegel. Das »Paterikon des Kiewer Höhlenklosters« ist besonders wichtig, weil sich darin das eben erst erwachte alte Rußland erkennt, das sich danach ausrichtet: angefangen vom Leben der Sklaven bis zur Etikette am Hof. Das Höhlenkloster war zu jener Zeit eine Schule des Gebetes, des Fastens, des Handwerks und des Gehorsams, aber darüber hinaus auch ein wichtiges Zentrum des geschriebenen Wortes und des politischen Denkens; dort bildete sich das rechtgläubige Zeremoniale heraus und wurde das Verhältnis zum lateinischen Glauben formuliert, und dort wurde die Konzeption von der Einheit des russischen Landes und den Polen als seinen Feinden entwickelt.

Es ist kein Zufall, daß dem Bruder Matwej ein Dämon in Gestalt eines Lachen, eines Polen, erschien. Es wimmelte dort von Aberglauben (etwa dem Glauben an jüdische Ritualmorde), von denen die meisten bis heute überlebten…

(Vor kurzem fragte der Patriarch von Moskau und ganz Rußland bei der Generalprokuratur an, ob es sich bei der Ermordung der Zarenfamilie nicht um einen Ritualmord gehandelt habe?) Mit einem Wort, das Höhlenkloster verbreitete auf russischem Boden den wahren Glauben, aber auch Aberglauben, Ikonen und Bücher und Heilige. Und von dort nahm das seinen Weg nach Norden…

Mit der Zersplitterung Rußlands wuchs die Zahl der Klöster – in Twer, Kostroma, Jaroslawl, Nishnij Nowgorod oder Moskau –, weil jeder souveräne Fürst Mönche an seiner Seite wissen wollte, die für ihn beten, ihn beraten und in ihren Chroniken preisen konnten. Später, unter dem Joch der Tataren, überlebte Rußland in diesen Klöstern so wie seine Geschichte in den Handschriften. Im 14. Jahrhundert entstand, weitab von den Menschen, in tiefen Wäldern und undurchdringlichen Mooren, ein neuer Typus des russischen Klosters, die sogenannte *Pustin'*, die Einsiedelei, in der die Mönche lebten, die der Eitelkeiten dieser Welt überdrüssig waren. Einer von ihnen war Sergios von Radonesch, der Begründer des Dreifaltigkeits-Sergios-Klosters nicht weit von Moskau, von dem die Sammlung des russischen Landes ausging: Zuerst segnete der gottgefällige Vater den Fürsten Dimitri für den Sieg in der Schlacht gegen die Tataren, und dann begannen seine Schüler mit der Kolonisierung der nördlichen Gebiete des Moskowiter Reiches – vom Weißen See über Walaam am Ladogasee bis nach Solowki am Weißen Meer –, um dort in kommenden Jahrhunderten einen Staat im Saat zu errichten, in dem »die Brüderschaft der Mönche, so etwas wie eine Aristokratie in der Mönchskutte, über Tausende demütiger Diener herrschte…«, wie Kljutschewski schrieb, doch das ist schon ein anderes Kapitel unserer Erzählung.

6.

Der heilige Feodossij hinterließ ein »Sendschreiben an den Fürsten über den lateinischen Glauben«, so etwas wie ein geistiges Testament. Darin schrieb er:

»Ich, Fedos, ein unwürdiger Mönch und Sklave der Heiligsten Dreifaltigkeit, des Vaters und des Sohnes und des Heiligen Geistes, geboren und belehrt von rechtgläubigen Eltern, mich vom lateinischen Glauben fern zu halten, die Riten seiner Anhänger nicht nachzuahmen, ihre Kommunion nicht anzunehmen, ihren Lehren nicht zu lauschen, ihre Sitten zu verachten; ihnen meine Töchter nicht zum Weib zu geben noch ihre Töchter zum Weib zu nehmen, mich mit ihnen nicht zu verbrüdern, vor ihnen nicht zu verneigen, sie nicht zu küssen; nicht aus gemeinsamen Schüsseln zu essen und nicht mit ihnen zu trinken, und ihre Speisen nicht anzunehmen. Ihnen aber, wenn sie uns um Nahrung bitten, nur in ihren eigenen Gefäßen zu essen und zu trinken zu geben. Und wenn sie keine Gefäße besitzen, ihnen unsere zu geben, diese jedoch nachher gründlich zu waschen und darüber ein Gebet zu sprechen. Denn ihr Glaube ist schief, und sie essen unrein; sie essen mit den Hunden und Katzen, trinken den eigenen Harn und essen Eidechsen und wilde Pferde und Esel und Schlangen und Aas und Bärenfleisch und Biberschwänze. Und ihre Mönche essen Speck und fasten am Samstag, und am Abend nach dem Fasten nehmen sie Milch und Eier zu sich. Den Nachlaß der Sünden erflehen sie nicht von Gott, sondern vom Priester – für Geld. Und ihre Priester haben keine Frauen, sondern zeugen mit den Mägden Kinder. Ihre Bischöfe schlafen mit Kebsweibern und ziehen in den Krieg. Sie küssen keine Ikonen und keine heiligen Reliquien. Sie legen die

Toten mit den Füßen nach Westen. Sie taufen, indem sie einmal eintauchen – wir hingegen dreimal. Wir salben bei der Taufe mit Myrrhe und Öl, sie hingegen streuen dem Getauften Salz in den Mund. Sie sagen, der Heilige Geist stamme vom Vater und vom Sohne. Wir sagen nicht: und vom Sohne. Und solche Dinge gibt es viele bei ihnen, die nicht richtig und verkommen sind; ihr Glaube führt ins Verderben, ihre Werke sind schlimmer als jene der Juden. Daher hüte dich, mein Sohn, vor den Falschgläubigen und jeglicher Gemeinschaft mit ihnen, denn auch unser Land ist voll von ihnen. Nur wer im Rechten Glauben lebt, kann seine Seele retten, denn es gibt keinen anderen, besseren als unseren reinen und heiligen Rechten Glauben. Wenn du in diesem Glauben verharrst, hältst du dich von Sünden und den Qualen der Hölle fern und erlangst das ewige Leben, und du wirst mit den Heiligen feiern. Diejenigen aber, die in einem anderen Glauben leben: im katholischen, muselmanischen oder armenischen werden niemals das ewige Leben schauen.«

7.

Das »Sendschreiben« Feodossijs wirkt in der russischen Orthodoxie bis heute fort, vor allem in den Klöstern. Seine Thesen wurden von den gottesfürchtigen Vätern oftmals wiederholt, wir brauchen nur an Amwrosija zu denken, den Starez von Optinsk, der in seinen Briefen an die Gläubigen vor der lateinischen Häresie warnte, oder an den heiligen Joann von Kronstadt, der die Ökumene bekämpfte, weil er der Meinung war, die Idee von der Vereinigung der christlichen Glaubensrichtungen sei unserer Welt vom leibhaftigen Satan aufgedrängt worden, der auf diese Weise in den Menschen Gleichgültigkeit gegenüber dem einzigen wahren Glauben, seinen Riten und Dogmen wecken wollte. Am Vortag der Revolution erschien in Rußland das Buch des Archimandriten Ilarion (vom Dreifaltigkeitskloster) mit dem Titel »Ohne Kirche gibt es kein Christentum«, in dem einer der berühmtesten orthodoxen Theologen des 20. Jahrhunderts schreibt: »Die kirchliche Wahrheit wurde im Westen nach dem Abfall Roms von der Kirche entstellt, so daß das Königreich Gottes dort einem Königreich von dieser Welt gleicht. Mit seiner käuflichen Beziehung zu Gott, dem Aufrechnen der guten Taten und der Imitation der Erlösung hat der Katholizismus die christliche Idee der Kirche im Bewußtsein der Gläubigen verfälscht.«

Im Jahre 1925 wurde der Archimandrit Ilarion auf die Solowjezki-Inseln verbannt, wo er sich unter den Seki großer Autorität erfreute und zum Mitautor des »Sendschreibens der Solowjezker Starzen« wurde, einem geistigen Testament für die Zeit der Verfolgung.

8.

In den ersten Jahren des SLON war auf den Inseln noch die Onufrij-Kirche in Betrieb (die als einzige erhalten geblieben ist), in der die Rechtgläubigen beten konnten. Im Herbst 1925 erhielt ein unierter Geistlicher, Vater Alexandrow, von Lagerleiter Eichmans die Erlaubnis, dort eine Messe nach katholischem Ritus zu lesen. Doch leider kam es nicht zu dieser Messe, weil der Mönch Agapita, der Verwalter der Kirche, und die übrigen Brüder dagegen protestierten. Im Sommer 1993 kam Pater Professor Cekiera aus Warschau nach Solowki, um hier für die unter dem Regime des SLON auf den Inseln ums Leben gekommenen Katholiken eine Messe zu lesen. Doch auch diesmal verweigerten die Solowjezker Brüder einer katholischen Messe in ihrer Kirche ihr Einverständnis. Und Pater Professor Cekiera zelebrierte die Messe bei uns zu Hause. An meinem Schreibtisch.

VIII

Du fragst mich, womit ich mich hier in meinen freien Stunden beschäftige? Ich lese viel, mit dem Bleistift in der Hand, und notiere mir am Rand Gedanken, die ich später einmal weiter entwickeln möchte.

Joseph de Maistre

1.

Der Winter kommt jedes Jahr anders. Einmal kommt er ganz unerwartet im Oktober, wenn an den Bäumen noch ein paar Blätter hängen, mit Schnee angestürmt, schwer und klebrig wie Gerstengraupe, der den Boden bedeckt und uns hoffen läßt, daß die Wasserleitungen nicht einfrieren. Oder es herrscht bis in den Dezember Graupelwetter, kalt und finster, und ringsum Morast. In anderen Jahren packt er den nackten Boden mit eisigem Frost, so daß dieser starr wird und glashart und klingt. Dann wieder deckt er alles mit weißem Flaum zu und schmückt jeden Zweig wie mit Spitzen aus Wologda. Manchmal fegt er mit kleinen Eiskristallen daher, mit peitschenden Winden, und zeichnet Blumen auf die Fenster, die aussehen wie die Grannen von Dürer. Ein andermal schaufelt er alles mit einem Schlag bis über die Ohren zu, dann taut es Mitte Jänner, und überall beginnt es zu tropfen, und es gibt Glatteis wie Zuckerguß. Doch meist schneit es ohne Unterlaß, und wir versinken im Tiefschnee. Auch das Meer friert verschieden zu, je nach den Winden. Bei stärkeren Stürmen sammelt sich die *Schuga*, das Sulzeis, wie wir sagen, Eisgraupen, am Ufer, so daß es bei jedem Wellenschlag knirscht. Bei ruhigem Wetter wird die dünne Eistafel manchmal so hoch mit Schnee zugeschüttet, daß das Eis nicht fest zusammenfriert. Wenn du dann mit den Schiern darüber läufst, hinterläßt du eine nasse Spur ... das Wasser schlägt durch, und du sinkst ein. Am besten ist es, wenn der Frost lang anhält, es windstill ist und nicht schneit. Dann friert das Meer steinhart zu und kann so bis zum Mai bleiben. Ein Reisender des vorigen Jahrhunderts, Sergej Maximow, schrieb in »Ein Jahr im Norden«: »Zuerst kommen die Herbststürme, dann verschließt das Eis den Zugang zu den Inseln für den ganzen Herbst, den ganzen Winter und das ganze Frühjahr, und es gibt keinen Kontakt mehr mit der Welt. Dann lassen sie die Kettensträflinge aus den Kasematten, die einen spazieren im Hof herum, und andere besuchen die Kirche ...«

2.

Nach Solowki wurden seit Jahrhunderten Menschen verbannt – Dissidenten, Politische, Unbequeme. Hier saßen unter anderen: der vormalige Igumen des Dreifaltigkeitsklosters, Artemi, beschuldigt des Rationalismus, und sein Ankläger, der Protopop Silvester, ein ehemaliger Anhänger von Iwan dem Schrecklichen und Autor des »Domostroj«, und Awraamij Palizin, wegen Verrats zugunsten Polens, und der »Zar von ganz Rußland« Simeon Bekbulatowitsch, ein tatarischer Fürst, der das Pech hatte, sich in die russische Politik zu verstricken, und Graf Tolstoj, der Leiter der Straforgane, der zahlreiche Menschen auf die Inseln geschickt hatte, und Graf Musin-Puschkin, der Graf Tolstoj hierher geschickt hatte und später selber hierher verbannt wurde, und der selbsternannte Zar Iwaschka Saltikow, und der niederträchtige Skribent Wolk, für sein »diebisches Schreiben«, in dem er den Imperator Peter den Antichrist nannte, und der letzte Ataman der Zaporoger Sitsch, Piotr Kalnischewskij, der hier ein Vierteljahrhundert saß und nach seiner Entlassung, er zählte 110 Jahre, darum ersuchte, auf den Inseln bleiben zu dürfen, und der Sklave des Herren, Dimitrijew, der wegen der Häresie des Geißlertums 58 Jahre in den Kasematten verbrachte, davon 48 Jahre in Einzelhaft, und der Skopze Sosonowitsch, der hier zwei Dutzend Häftlinge und dazu noch ein paar Aufseher entmannte und in seiner Zelle eine Kommune der Verschnittenen begründete, und der Pole Jeleński, dem ich im folgenden einen Absatz widmen will, der Dekabrist Goroschanskij und Hannibal Puschkin, der Onkel des Dichters, und ... es ist unmöglich, alle aufzuzählen.

Laut Gernet, Autor der fundamentalen »Geschichte der zaristischen Tjurma« in fünf Bänden, waren die Kasematten von Solowki das älteste und härteste Gefängnis im gesamten Imperium. Die Verurteilten wurden in den Tiefen der Mauern und Bollwerke gehalten, in steinernen Nischen, die Bruder Trifon, der Erbauer der Klostermauern, als Magazine für Pulver und Kugeln für den Fall einer Belagerung gedacht hatte. Kleine Kammern (drei Arschin lang und zwei Arschin breit) mit einer steinernen Bank in der Wand als Schlafstelle und einer Öffnung im Felsen, mit dreifachen Gittern und doppelten Netzen anstelle von Fenstern. Im Inneren herrschten ewiges Halbdunkel, Feuchtigkeit und eisige Kälte. Stell dir vor, lieber Leser, daß man dich dort hineinwirft, in Ketten, mit herausgerissener Zunge, abgeschnittener Nase und … auf unbestimmte Zeit. Oder, noch besser, stell dir vor, du wirst in der *Semlana Tjurma* festgehalten, im Erdgefängnis (eine Erfindung der Solowjezker Brüder!), das heißt in einem Loch in der Erde, ausgelegt mit Ziegeln und abgedeckt mit einer hölzernen Klappe, die mit Steinen und Erde beschwert wird, Brot und Wasser lassen sie durch ein Loch hinunter, und du scheißt und pißt unter dich, bis du begreifst, daß du » … bloß Kot und Staub bist!« Erst zu Beginn des 19. Jahrhunderts wurde für die Gefangenen ein eigenes Gebäude errichtet, nicht um ihnen Erleichterung zu verschaffen, sondern um sie besser überwachen zu können. Maximow schreibt: »Die Erdgefängnisse (die Peter der Große über alle Maßen schätzte) wurden ersetzt durch spezielle Kasematten für die geheimen Häftlinge, die in den unterirdischen Gewölben des Bauwerks untergebracht waren. Dort, im tiefsten Keller, in blinden Kammern, eineinhalb Arschin im Quadrat, wo man nicht liegen und nicht einmal mit angezogenen Beinen sitzen konnte, wurden die wichtigeren Verbrecher, die zu ewigem Schweigen und immerwährender Einzelhaft verurteilt waren, mit Ketten um den Hals und eisernen Kugeln an den Beinen eingeschlossen.« Die meisten verloren den Verstand. Andere wurden zur schwersten Klosterarbeit angetrieben, unter ihnen auch Kinder … Am 11. Juni 1829 kam der zehnjährige Iwanuschko nach Solowki – für fünfzehn Jahre »harter Arbeit unter verschärften Bedingungen«. Manchen wurden nach Jahren die Ketten abgenommen, und sie durften in Buße mit den Brüdern in den Zellen wohnen.

Ein Leben in Buße – die Formel der Tjurma glich dem Leben im Kloster. Es ist daher nicht verwunderlich, daß sich Gefängnis und Kloster hier vermischten und die Klosterbrüder die Pflichten von Aufsehern übernahmen. Sie wachten über die Reinheit des Glaubens, der Riten, der Gebräuche et cetera. Weil hier vor allem Dissidenten eingesperrt waren, legte man besonderen Wert auf das Schweigen der Häftlinge. Bei der Durchsicht einer Liste von Kettensträflingen aus dem Jahre 1786 fiel mir auf, daß bei fast jedem der Zusatz stand, ihm keine Tinte, Papier oder anderes Schreibzeug zu geben. Jenen aber, die laut ihre Gedanken verkündeten, denen »... steckten sie ohne überflüssige Erklärung und moralische Erläuterung ein Holz mit Stricken in den Mund, wie man es für Tiere verwendet, die man lebendig fängt, oder wie man es Pferden ins Maul steckt, damit sie nicht beißen, und das nahmen sie nur heraus, wenn sie den Kettensträflingen zu essen gaben, und die Worte, die sie in dieser Zeit sprachen, wurden aufgeschrieben und an die geheime Kanzlei geschickt«.

3.

Unter den in Ketten gelegten Dissidenten gab es Bekenner des alten Ritus verschiedenster Schattierungen und alle möglichen Sektierer wie Chlysty, Skopzy, Schelaputy, Priguny, Beguny, Perduny... Man bräuchte ein ungeheures Wissen, um sich darin zurechtzufinden. Die Perduny, die Furzer, zum Beispiel waren eine von Gawrilow, einem Mönch vom Berg Athos, gegründete Sekte, der lehrte, daß das, was wir essen, dem uns innewohnenden Teufel als Nahrung dient, weshalb Gawrilow als Form der Reinigung rituelles Furzen empfahl, verbunden mit Gebeten... was der französische Historiker Ingerflom als ein Relikt des Perun-Kultes interpretierte, bei dem sich die Winde mit dem Donner verbinden!

Oder die Chlysty, die Geißler, »ein autonomer Ausdruck des russischen Geistes«, wie wir im »Enzyklopädischen Wörterbuch der Orthodoxie« lesen, »einerseits unter dem Einfluß des heidnischen Glaubens unserer Vorfahren entstanden, andererseits geprägt von den Ideen der Bogomilen, die bei uns durch die apokryphe Literatur Verbreitung fanden«. Diese Literatur, so kann man hinzufügen, kam mit dem Christentum (Ikonen, Bücher, Geistliche) aus Ochrid in die Rus, aus dem bulgarischen Patriarchat, wo damals die manichäische Häresie (der Bogomilen) herrschte, die von dort unter verschiedenen Namen wie Patarener, Katharer und Albigenser nach Westen vordrang, während sie in Rußland jahrhundertelang in den Klöstern vor sich hin schwelte. Erst die Reform Nikons, der die alten Bücher vernichtete, rief eine Gegenaktion hervor und trieb die Häresie aus den Klosterzellen in die Welt hinaus. Oft genug kam es dabei zu Gemetzeln und auch Scheiterhaufen.

Das Kloster von Solowki beharrte noch acht Jahre lang, in denen es von den Truppen des Zaren belagert wurde, auf dem alten Ritus. Aber auch später, nach dem Sieg der Reformen, waren die Klöster oft Brutstätten dieser oder jener Häresie, vor allem des Geißlertums. Kutjepow, Verfasser des grundlegenden Werkes »Die Sekten der Chlysty und Skopzy«, nennt ein paar Dutzend Klöster, darunter mehr als ein Dutzend allein in Moskau, die im 18. Jahrhundert vom Geißlertum heimgesucht wurden. Die Sekte wurde von Danilo Filipowitsch begründet, der 1631 die Kirchenbücher in die Wolga warf und zwölf Gebote verkündete. Das erste lautete: »Ich bin der von den Propheten verkündete Gott, welcher herabgestiegen ist auf die Erde, um die menschlichen Seelen zu erlösen. Du sollst keine anderen Götter neben mir haben.« Die »Gottesleute«, wie sich die Chlysty nannten, glaubten daran, daß sich Gott in jedem von uns verkörpert, so wie er sich einst in Jesus Christus verkörpert hat, man müsse nur *radet* und *kruschit*, sich eifrig bemühen und im Kreise drehen (es handelt sich um ein gemeinschaftliches Ritual des »Drehens«, das zu veränderten Bewußtseinszuständen führte, manchmal zu Halluzinationen, Epilepsie und ähnlichen Zuständen). Für diese Praktiken, die oft in Orgien mündeten, organisierten die Chlysty Gemeinschaften, die sie »Schiffe« nannten. Sie lehrten, daß Sex Sünde ist und behaupteten, ohne Sünde könne es keine Buße geben, und ohne Buße keine Erlösung, daher sei das eheliche Zusammenleben, das die Sünde verdecke, schlimmer als die Sünde selber. In den »Schiffen« der Chlysty war alles gemeinsam, von den Eßschüsseln bis zu den Weibern.

Ein moderner Philologe äußerte die Ansicht, das »Schiff« der Chlysty, in dem Gott bei den Ritualen gegenwärtig war und die Gläubigen einstimmig dieselben Texte wiederholten, sich in einem geschlossenen Raum drehten und gemeinsam einen Orgasmus erlebten, stelle eine der stärksten Metaphern der menschlichen Gemeinschaft dar, die Anthropologie und Geschichte kennen. Die traditionelle russische *Obschtschina*, Gemeinschaft, mit gemeinsamen Feldern, Zeremonien und Gesetzen, umfaßte nicht die Familie und Sexualität – um die kümmerte sich das Kollektiv gar nicht. Die Ideen der Chlysty hingegen, welche die Gemeinschaft zusammenschweißten, umfaßten auch Experimente mit der Familie und dem Geschlecht. Um diese Erfahrung zu stabilisieren, ist der Glaube unverzichtbar. Der wahre Kommunismus kann nur in einer erotischen und mystischen Gemeinschaft erlangt werden.

4.

Im Jahre 1772 registrierte die beunruhigte Polizei im Dorfe Bogdanowka dreizehn Muschiks »ohne Eier, es wurde Alarm geschlagen, der Schuldige floh...«. So beginnt die Geschichte einer der seltsamsten Sekten in der Weltgeschichte, der Sekte der »weißen Tauben«, in welcher der russische Radikalismus seinen tiefsten Ausdruck fand. Einzelne Fälle von Selbstbeschneidung aus religiösen Motiven hatte es schon vorher gegeben, man denke nur an den Fall von Origenes, und in Rußland kann man ein paar verschnittene Mönche unter den Brüdern des Höhlenklosters nennen, wie etwa Jefrem, den späteren Metropoliten von Kiew, oder den Inok Moisej, den eine Polin kastrierte, wie das »Väterbuch« beschreibt. Doch erst gegen Ende des 18. Jahrhunderts nahm das Skopzentum in Rußland die Form einer religiösen Sekte an, die gleichsam als neuer Orden aus den »Schiffen« der Chlysty hervorging. An der Spitze stand der Starez Seliwanow, Gott und Zar in einer Person, weil er sich als Inkarnation Gott-Vaters und gleichzeitig Zar Peter III. ausgab, Mystik und Politik miteinander vermischend. Seliwanow verkündete, das Ende der Welt sei nahe, und es genüge, 144 000 Brüder und Schwestern zu beschneiden, damit das Jüngste Gericht käme. Das Gericht werde in Moskau stattfinden, unter Seliwanows Leitung, der bis dahin auf dem Zarenthron sitzen werde. Bestraft werde man für *lepost*, das heißt für geschlechtliche Beziehungen, eine schreckliche Sünde, welche die Welt auffresse und die Menschen zu Vieh mache statt zu Engeln. Um ein Engel zu werden, müsse man die Sünde büßen, das heißt... sich beschneiden.

Das russische Wortspiel *iskuplenije/oskoplenije* (Erlösung/Beschneidung) gibt den metaphysischen Sinn des Büßens der Erbsünde durch die Verschnittenen wider. Nach der Lehre der Chlysty waren die ersten Menschen geschlechtslos, das heißt sie besaßen keine Geschlechtsorgane. Dafür besaßen sie alle Freiheiten, nur den Baum der Erkenntnis durften sie nicht berühren. Weil sie gegen dieses Gebot verstießen, wurden sie von Gott hart bestraft: Am Körper von Adam und Eva bildeten sich Organe, die Kopien des Baumes der Erkenntnis darstellten. Der Stamm wuchs zum männlichen Glied, der Apfel zu Brüsten. Nur ein chirurgischer Eingriff, das heißt das Abschneiden der sündhaften Organe, kann den Menschen von der Erbsünde erlösen. Die Operation wurde mit Hilfe glühender Eisen durchgeführt und »Feuertaufe« genannt, oder »aufs weiße Pferd Setzen«, manchmal auch »Siegel«. Man unterschied das »Kleine Siegel«, das Abtrennen der Hoden beim Mann und der Brustwarzen bei der Frau, und das »Siegel des Zaren«, das Abschneiden des Penis an der Wurzel und der Brüste »bis auf den Knochen«. Den Frauen wurden auch die Schamlippen abgetrennt, was dazu führte, daß die Scheide zusammenwuchs. Auf alten Polizeifotografien (ich habe solche vor mir liegen!) kann man bei den nackten Verschnittenen kaum unterscheiden, wer Frau und wer Mann ist. In der Tat, geschlechtslose Engel.

Die Lehren Seliwanows fanden Gehör. Bald hagelte es Denunziationen. Einmal wurden hier neue Verschnittene gemeldet, dann wieder dort. Die »Schiffe« der Verschnittenen schossen aus dem Boden wie die Pilze nach dem Regen … in den Gouvernements Orlowsk, Kalusk, Tulsk, Tambowsk, Moskau, Petersburg. Es kastrierten sich Bauern, Soldaten und Kaufleute, ländliche Klatschweiber und Bürgerfrauen. Wie sich herausstellte, war der Lebensstil der Verschnittenen, Abstinenz und Vegetarianismus, dem Geldverdienen förderlich. Die reichen »Schiffe« bestachen die Polizei, erweiterten ihre Geschäftstätigkeit, gewannen Einfluß bei Hof. Nach kurzer Verbannung in Sibirien kehrte der Starez Seliwanow im Triumphzug nach Petersburg zurück, wo er von den besseren Kreisen gehätschelt wurde, so wie hundert Jahre später ein anderer Starez – Rasputin. Dann begannen seine Aktien zu fallen, die Skopzy wurden verfolgt, in die Verbannung geschickt, drangsaliert. Seliwanow wurde im Spasso-Jefimi-Kloster in Susdal inhaftiert, wo er das »Schiff« unseres Landsmannes vorfand, doch davon später. Trotz aller Repressionen wuchs die Sekte weiter, und es bildeten sich an den unwahrscheinlichsten Orten neue »Schiffe«: in der Garnison der Marineinfanterie in Kronstadt, in der 95. Rotte im Kaukasus, in den Kasematten von Solowki ... Und hier, auf Solowki, findet man in den Archivbeständen des SLON auch die Spuren der letzten Verschnittenen.

Der zitierte Philologe schreibt: »Die Kastration verbindet den Menschen mit der Gemeinschaft fester als jede andere ökonomische oder ideologische Bindung. Die Abhängigkeit von der Gemeinschaft scheiterte stets an der Macht des Geschlechtlichen – an der Liebe zum Einzelnen und nicht zur Gemeinschaft. Die Kastration schafft dieses Problem aus der Welt. Die Kastration verschließt den Menschen für den Partner und öffnet ihn für das Kollektiv. Die Kastration ermöglicht den Kommunismus, ja sie macht ihn sogar unabdingbar.«

5.

Über den polnischen Skopzen Józef Jeleński, Autor einer theokratisch-kastratischen Utopie, der in den Jahren 1794 bis 1801 in Solowki inhaftiert war, wissen wir nicht viel, vor allem bis zu seiner Zeit in Solowki. Manche schreiben, er sei Kämmerer von König Stanisław August gewesen, andere meinen, er habe mit Kościuszko Pläne geschmiedet, und wieder andere nennen ihn verächtlich einen »heimatlosen polnischen Intelligenzler, der vergeblich versuchte, in Rußland zu Geld zu kommen«. Auch in der Einschätzung der Rolle Jeleńskis gehen die Meinungen der Historiker auseinander: Die einen sehen in dem Polen den ersten russischen Revolutionär und in seinen Traktaten »die höchste Errungenschaft des fortschrittlichen Denkens im 18. Jahrhundert« und nennen ihn einen Mystiker und Verrückten. Betrachten wir daher die wenigen Fakten, die wir kennen.

Józef Jeleński (1756 bis 1813) entstammte der verarmten Familie der Schlachta in der Nähe von Minsk. Nach dem Tod seiner Eltern verkaufte er die Reste seiner Besitzungen, verlor rasch alles Geld und fuhr nach Petersburg. Was machte er dort? Das ist schwer zu sagen. Er spekulierte ein wenig, handelte, spielte Karten... Vielleicht beteiligte er sich auch an Verschwörungen... Es kam vor, daß er zwei Tage nichts aß. Im Mai des Jahres 1794 wurde Jeleński aufgrund einer Denunziation eines gewissen Hauptmannes Cybulski festgenommen. Unter den Papieren, die bei der Haussuchung konfisziert wurden, fand sich ein Aufruf für die Aufhebung der Leibeigenschaft, herausgegeben in Krakau. Um der Todesstrafe zu entgehen, trat der Pole zur Orthodoxie über und nahm den Namen Alexej an, dann wurde er nach Solowki geschickt, zur Kerkerhaft unter verschärften Bedingungen. Hier schrieb er (in der Zelle) seinen berühmten »Blagowest« oder die »Gute Nachricht«, die dem Archimandriten Ion durch ihren arroganten Ton förmlich die Sprache verschlug. Jeleński forderte von Zarin Katharina nicht mehr und nicht weniger, als auf den Thron zu verzichten, »… andernfalls wird ganz Rußland in Blut baden«. Es ist bemerkenswert, daß der »Blagowest«, in dem er Forderungen polnischer Manifeste mit Aufrufen Pugatschows verquickt, im Stil eines altgläubigen Schriftstücks verfaßt wurde, mit einem unverkennbaren Ton von Misogynie. Und hier, auf Solowki, entmannte sich Jeleński …

(Stop! Halten wir an dieser Stelle für einen Moment inne. Verschiedene Forscher versuchten, diese Geste auf unterschiedliche Weise zu interpretieren. Frumenkow zum Beispiel, der Autor der »Häftlinge des Solowjezker Klosters«, erklärte die Handlung Jeleński damit, daß dieser bei der Nachricht vom Scheitern des Aufstandes von Kościuszko den Verstand verloren habe. Natürlich kann heute niemand mit hundertprozentiger Sicherheit sagen, wovon sich Jeleński leiten ließ. Vielleicht wollte er sich auf diesem Weg aus der Zelle seines Körpers befreien. Vielleicht hatten ihm Mithäftlinge, Skopzy, gesagt, unser Körper sei eine Tjurma, ein Gefängnis, das man »auf dem weißen Pferd« verlassen könne. Später schrieb der Pole: »… und meine Arme wurden länger und die Füße riesig, ich wuchs als Ganzes und dehnte mich aus, als hätte Gott den Himmel, die Erde und alle Geschöpfe in mir untergebracht.«)

Nach dem Tod Katharinas hatte Zar Alexander Erbarmen mit Jeleński. Mehr noch, auf Befehl Seiner Hoheit wurde Jeleński eine Wohnung im Alexander-Newski-Kloster in Petersburg angewiesen, in den Räumen des Metropoliten. Unser Landsmann war in der russischen Hauptstadt nicht untätig: Er suchte Kontakt zum berühmtesten Mystiker der Epoche, Alexander Labzin, dem Begründer der Freimaurerloge »Die sterbende Sphinx«, zu Erziehungsminister Alexander Golizyn und zum Gott der Skopzen, Seliwanow, dann setzte er eigenhändig ein paar Dutzend russischer Menschen »aufs weiße Pferd« und wurde schließlich zum wichtigsten Theoretiker der Sekte. Im Jahre 1804 ließ er dem Vertrauten des Zaren, Nowosilzew, sein »Sendschreiben« zukommen, ein Projekt für eine grundlegende Umgestaltung (Perestrojka) des Russischen Imperiums. In der Tat ein außergewöhnliches Dokument. Hier in wenigen Worten der Inhalt:

Rußland, so verkündet Jeleński, ist ein Land, ausersehen von Unserer Kirche, die Große Veränderung zu beginnen: Von hier aus wird die ganze Welt verändert werden. Die Veränderungen müssen bei der Armee und der Flotte ansetzen: Jedem Führer einer Armeeeinheit oder eines Schiffes wird ein Skopzy-Prophet zur Seite gestellt, ein Verkünder des Wortes, sowie ein geheimer Skopzy-Mönch, ein Kommentator des Wortes, der über die militärischen Operationen entscheiden, Drill und Moral überwachen und die Soldaten kastrieren soll. Dieses Kontrollsystem war für Jeleński wichtig: Der geheime Mönch kontrolliert den militärischen Führer, der Prophet (unbedingt ein Analphabet!) kontrolliert den Mönch, während der Prophet von einem höheren Mönch kontrolliert wird, den wieder ein höherer Prophet kontrolliert, und so weiter, bis hinauf zum Ersten Mönch, das heißt zu Jeleński selber, der an der Spitze des Generalstabes der russischen Armee steht und das Wort Unseres Herren, des Vaters, Sohnes und Heiligen Geistes in einer Person, Konrad Seliwanow, kommentiert, der am Hof des russischen Zaren residiert. Diese Ordnung wird auf Städte und Dörfer übertragen und soll das gesamte Imperium erfassen. Und das alles zu dem Zweck, die Menschen zu beschneiden, zu beschneiden und nochmals zu beschneiden. Die Menschheit zerfällt nach Auffassung Jeleńskis in zwei

Gruppen: die Skopzy, das heißt die geistlichen Menschen, die herrschen werden, und die übrigen, die arbeiten und sich vermehren sollen, unter strenger Aufsicht der ersten.

Der Philologe schreibt: »Es handelt sich um das totalitärste Projekt, das die Geschichte der Utopie kennt. Jeleński schlug nicht nur eine Umgestaltung des gesamten Machtsystems vor, des staatlichen ebenso wie des geistigen, und verfolgte nicht nur die Absicht, die Revolution in Armee und Flotte zu beginnen, um sie dann auf alle Ministerien, Gouvernements und Dörfer auszudehnen; und er wollte nicht nur das strengste Regime errichten, das wir uns nur vorstellen können – mit Hilfe einer persönlichen Kontrolle durch geistliche Hirten, die hierarchisch organisiert sind. Alles das hatte man bereits früher gekannt und schon vor Jeleński und auch nach ihm einzuführen versucht. Doch nur in seinem Projekt wurde die Politik des Äußeren, Inneren und Geistigen ergänzt durch eine Politik des Körpers, und zwar in ihrer radikalsten und unumkehrbaren, nämlich chirurgischen Variante. Die Idee der Beschneidung – zuerst der Kommissare, und dann, unter ihrer Kontrolle, des Volkes, stellt eine Utopie da, die an die theoretischen Grenzen des utopischen Denkens reicht. Keiner hat das Geheimnis der Utopie so präzise dechiffriert wie der Pole Jeleński.«

Am 24. August 1804 wurde Jeleński wegen »Verbreitung der skoptischen Häresie« im Spasso-Jefimi-Kloster in Susdal eingesperrt. Doch auch dort hörte der Pole nicht auf zu beschneiden, ja er organisierte sogar gemeinsam mit dem Mönch Paisij in den Kasematten ein Zentrum der Skopzy, und er beschnitt und beschnitt die Menschen … bis zu seinem Tod. Ein Jahrhundert später versuchte ein anderer Pole, in Rußland eine Utopie zu realisieren. Er nannte sich Feliks Dzierżyński.

6.

21. Oktober

Endlich fand ich die Quelle für das Gerücht, das hartnäckig in Solowki kursiert, wonach ich wegen der »Solidarność« hierher geschickt wurde. Der einstige Politruk Pantelejmonowitsch, ein bekannter Schwätzer, hat dieses Gerücht in Umlauf gesetzt. Das erzählte mir Paltus, der mir ein Büchlein mit dem Titel »Krach ›operazji Polonija‹, 1980–81« (Scheitern der »Operation Polonia«, 1980–81) brachte, das ihm Pantelejmonowitsch zu lesen gegeben hat. Das Buch trägt einen Stempel der Garnisonsbibliothek, und der frühere Politruk hat es offenbar zur Erinnerung aufbewahrt. Vielleicht diente es ihm bei seinen Politvorlesungen oder vielleicht auch als Lektüre zum Einschlafen? Auf dem Umschlag findet sich eine Notiz über den Autor: Wadim Trubnikow, Kandidat der philosophischen Wissenschaft und stellvertretender Leiter des Auslandsressorts der Monatszeitschrift *Kommunist*, erhielt 1985 für »Krach ...« den Preis des Journalistenverbandes der UdSSR für das beste publizistische Werk des Jahres. Ich blätterte das Buch durch und fand bekannte Namen: Kuroń, Wałęsa, Frasyniuk. Und die alte Zeiten: die Opposition, die Danziger Werft '80, die »Solidarność«, Kriegsrecht, Konspiration ... Ein Stück meines Lebens, plötzlich von der anderen Seite gesehen, mit den Augen von Matrosen aus Solowki, die in den Politvorlesungen von Ilja Pantelejmonowitsch vor Langeweile gähnten. Paltus war einer von ihnen.

Lesen kann man das Büchlein bei bestem Willen nicht. Der holprige Slang des Agitprop, gespickt mit Zitaten aus *Trybuna Ludu* und *Żołnierz Wolności*, im Gleichklang mit dem sowjetischen Kommentar. Was das für einen Brei in den

Köpfen der Solowjezker Matrosen erzeugt haben muß! Später hat das dann keiner mehr korrigiert. Wenn man genau hinhört, was heute in Rußland gesprochen wird, kann man im allgemeinen Gemurmel bekannte Töne vernehmen. Als Beispiel könnte Zbigniew Brzezinski dienen. In »Krach …« wurde er zum wichtigsten Regisseur der »Operation Polonia« und Intriganten gemacht, der sich sein Leben lang den Kopf zerbrach, wie man die Sowjetunion zerschlagen könnte. Zehn Jahre später wiederholte Solschenizyn im Fernsehen dieselbe These, als er von der Zerschlagung Rußlands sprach. Kein Wunder, daß Paltus und seine Kollegen aus den Politvorlesungen Pantelejmowitschs den Polen mit Mißtrauen begegnen. Bis hierher, ins tiefste Rußland, dringt das Neue nicht vor, und wenn, dann völlig verfälscht. Hier herrschen noch die alten Ansichten, oder die Leute haben überhaupt keine. Beim Durchblättern des Buches fielen mir dicke Unterstreichungen mit rotem Kugelschreiber auf. Alle bezogen sich auf die *Kultura*.

27. Oktober

À propos »Solidarność«. Ich denke dabei an die »Solidarność« der achtziger Jahre und nicht an den gegenwärtigen Ableger. Das Bild jener »Solidarność« erscheint in der heutigen polnischen Presse (die ich hier sporadisch, in nicht allzu großen Dosen lese) immer schöner – und immer weniger wahr. Manchmal ist das Nostalgie, etwa wenn vom »Flattern der Fahnen auf den Kränen der Werft« die Rede ist, manchmal ein politischer Kunstgriff oder einfach Vergessen. Oft idealisieren die Menschen, die über die »Solidarność« schreiben oder reden, die jüngste Vergangenheit, um die düstere Gegenwart zu übermalen … Zum Beispiel

Herling-Grudzinski: »Die Einführung des Kriegszustandes hat für Polen bis heute schreckliche Konsequenzen. Sie ist Ursache für das jämmerliche Dahinsiechen des öffentlichen Lebens, das sich vor dem 13. Dezember organisierte. Die Folge war ein systematisch zerstörtes, zersetztes, sogar verfaultes Leben.« Dieses Zitat entnehme ich einem Gespräch mit dem Titel »Die Pest des Kriegszustandes« (*Tygodnik Powszechny*, 12/1997), in dem der Autor von »Das Wunder« und »Die Pest in Neapel« die Wirklichkeit schwarzweiß malt: Bis zum 13. Dezember gab es das Wunder der »Solidarność«, nach dem 13. die Pest, die bis heute dauert...

Na ja, ich kenne die polnische Wirklichkeit nur aus Zeitungen und den Berichten polnischer Touristen, die nur selten bis hierher kommen, daher will ich mich dazu nicht äußern. Aber an die alten Zeiten kann ich mich gut erinnern, weil ich selber dabei war: in der Danziger Werft und auch im Komitee in der ulica Grundwaldzka, und später im Untergrund. Wunder kann ich keine bezeugen, dafür jede Menge schmutziger Geschichten. Etwa den Kampf Lech Wałęsas gegen die Sympathisanten von Gwiazda, ein Kampf, der von beiden Seiten ohne Pardon geführt wurde. Frau Ania (Walentynowicz) kam ständig in die Redaktion der Wochenzeitschrift *Solidarność* und drängte uns, Beiträge abzudrucken, in denen Wałęsa als Agent des kommunistischen Geheimdienstes entlarvt wurde. Aber auch Wałęsa war in seinen Mitteln nicht wählerisch.

Und die aggressiven »Wahrhaften« (wahrhaften Polen), die das Blut der KOR-Mitglieder und eine Säuberung des Verbandes von allen Juden forderten? Und Pater Jankowski, der geistliche Beistand der Danziger Werft und der »Solidarność«? Ich erinnere mich an eine Episode: Wir publizierten einen Artikel über Edward Abramowski, worauf wir

Besuch von einer regelrechten Kampfgruppe bekamen. Eine Delegation des Komitees für die Errichtung des Denkmals für die gefallenen Werftarbeiter kam in die Redaktion gestürmt und verlangte, ich solle mich unverzüglich in die Werft begeben und erklären, mit welchem Recht ich in der Zeitschrift der »Solidarność« jüdisch-freimaurerische Ideen vertrete. Aus diesen Gründen widerstrebt mir jede Idealisierung dieser Zeit. Die Pest zeigte schon damals ihre lähmende Wirkung, die Pest ist nämlich eine Krankheit...

...pfui, ich habe mir geschworen, mich nicht mit polnischen Themen zu befassen, und habe mein Wort nicht gehalten. Es war die Broschüre aus der kleinen Bibliothek des Solowjezker Politruks, Ilja Pantelejmonowitsch, die diese Geister geweckt hat.

IX

Als Ausländer, dem das hiesige Gezänk fremd ist,
studiere ich eifrig die Geschichte dieses Landes und betrachte
die heutigen Ereignisse aus der Distanz …
Joseph de Maistre

1.

Ondatra zibethicus. Oder die Bisamratte, die Wasserratte. Nach Solowki wurde sie zur Zeit des Lagers aus Michigan gebracht, um auf den Inseln der Langen Bucht wegen ihres kostbaren Felles gezüchtet zu werden. Die Seki nannten sie »sowjetische Schafe« und stahlen ihnen das Fleisch. Jetzt leben die Bisamratten hier wild. Sie haben sich stark vermehrt. Smirnyj erzählte mir, wie ihm im Sommer zehn Stück in sein »Maul« (eine Art Reuse) schlüpften. Sie hoben das Netz bis knapp unter die Wasseroberfläche und steckten die Schnäuzchen heraus und atmeten schwer. Die Muschiks tauchten das »Maul« mit Stangen unter. Das Wasser ist an dieser Stelle nicht tief, etwa einen halben Meter, weshalb sie ganz deutlich, wie in einem Aquarium, sehen konnten, was sich abspielte. Die Bisamratten können eine ganze Weile ohne Luft unter Wasser bleiben. Zuerst saßen sie ruhig da. Nach ein paar Minuten stürzte sich plötzlich die erste auf eine andere und biß sie in wenigen Augenblicken tot. Das war das Signal. Im »Maul« wirbelte es, und Blutblasen stiegen empor. Die Bisamratten kämpften verbissen, jede gegen jede. Nach kurzer Zeit waren alle tot... Heute sitzen die Muschiks hier wie die Bisamratten in einem »Maul«, und die Leitung drückt sie mit der Stange der Reformen hinunter. Man braucht nur zu warten, daß sie anfangen, einander zu beißen.

2.

Bis die Mönche und mit ihnen die Klosterchronisten auf die Insel kamen, wurden die Küsten des Weißen Meeres, von der Suma bis zur Warsuga, von finnischen Stämmen bewohnt, *karelskije ljudi* genannt, die sich als Besitzer dieses Landes ansahen, und von Nowgoroder Kolonisten, die sich diese Gebiete etappenweise aneigneten. Auf Solowki erhoben alle Anspruch, doch keiner wagte es, sich hier ständig niederzulassen; die Menschen gingen hier nur sporadisch, im Sommer, dem Fischfang nach und schlugen Robben, manchmal die einen, dann wieder die anderen. Ein aufmerksamer Leser des »Paterikon von Solowki« findet in den Heiligenleben, ihren Wundern und wunderbaren Visionen so manche Spuren der Konflikte mit den Pomorzen, die sich nicht gleich damit abfinden wollten, den Mönchen die reichen Fanggründe für Heringe zu überlassen. Manchmal machten die Streitigkeiten die Intervention himmlischer Kräfte erforderlich; auf der Sekirnaja Gora zum Beispiel peitschten einmal Engel einem karelischen Weib den Hintern mit Dornruten aus, um die Gottlose zu lehren, daß die Inseln den rechtgläubigen Mönchen gehörten. Selbstverständlich begnügten sich die gottesfürchtigen Brüder nicht mit der Hilfe überirdischer Kräfte, sondern verschafften sich auch die Unterstützung der weltlichen Macht. 1450 wurde die erste Urkunde unterzeichnet, in der Groß Nowgorod den Mönchen die Böden, Wälder und Seen auf Solowki und die Fischgründe im Meer ringsum übereignete. Damit, so schreibt Kljutschewski, »begann der interessante Prozeß des Sammelns großer Teile des Weißen Meeres in den Händen der Brüder von Solowki, ein Prozeß, der zweifellos die Geschichte dieses Landes beeinflußte«.

In den Anfängen, im 15. Jahrhundert, umfaßten die Schenkungen die Pomorische und die Karelische Küste des Weißen Meeres. Als eine der ersten schenkte Marfa Posadniza den Mönchen die Dörfer am Fluß Suma; im 16. Jahrhundert griff das Kloster von Solowki nach der entfernten Terischen Küste der Kola Halbinsel und ihren zwei größten Flüssen, Umba und Warsuga. Nach ihrem Sieg über Groß Nowgorod bestätigten die Moskauer Großfürsten die alten Schenkungen und fügten neue hinzu, wobei man in der Urkunde von Iwan Grosny aus dem Jahre 1539 die Einfügung beachten muß, wonach dem Igumen das Recht zustand, über die Bauern der klösterlichen Weiler Gericht zu halten. Das Kloster forderte immer neues Land, denn die wichtigste Beschäftigung der Brüder war das Salzsieden, wofür sie die Wälder an den Ufern abbrannten. So kam es, daß sich Mitte des 17. Jahrhunderts die wichtigsten russischen Siedlungen an den Mündungen der Flüsse im Besitz der Solowjezker Mönche befanden: Umba, Warsuga, Kereta, Kema, Schui, Wyg, Suma, Koleschma, Mjuchtscha, Uneschma, Ljamsi, Purnemi, Kui und Uni. Und man muß hier auch an die reichen Gaben für den Klosterschatz erinnern, in Form von Gold und anderen Kostbarkeiten, und an die Befreiung des Klosters von verschiedenen Abgaben, als Belohnung für die Wacht am Rande des Russischen Reiches und die Aufsicht über die Tjurma.

Im Jahre 1764 zog die Zarin Katharina II. die an den Ufern gelegen Güter der Mönche ein und unterstellte sie der Leitung eines Wirtschaftskollegiums, wobei sie allerdings die Solowjezker-Inseln im Eigentum der Brüder beließ, damit diese sozusagen ihre Tränen trocknen konnten. Nach Meinung heutiger Historiker ließ die Unterdrückung der Bauern an der Pomorischen Küste damit ein wenig nach. Ein Geschichtsschreiber des Klosters hingegen, Pater Meletij, kommentiert dieses Ereignis folgend: »Das Kloster verarmte zwar merkbar, doch gleichzeitig zog es moralischen Gewinn daraus, weil die Brüder sich von moralischen Konflikten frei machten, die mit der Verwaltung der Güter verbunden waren, und jenen Frieden fanden, der für das gottesfürchtige Leben der Mönche unabdingbar ist.« Über die Gottesfürchtigkeit der Mönche könnte man allerdings lang diskutieren, man braucht nur Meletij oder die Klosterregeln aufmerksam zu lesen, vor allem jene Punkte, die das Verbot angehen, Wodka und Geld in den Zellen aufzubewahren. Eines aber ist sicher: Für die Brüder brachen ein paar magere Jahre an …

3.

Ende des 19. Jahrhunderts kam der bekannte Reisende und Schriftsteller W. I. Nemirowitsch-Dantschenko auf die Inseln. Das Kloster von Solowki verblüffte den Ankömmling durch seinen Prunk. In seinem Buch über Solowki schreibt Wasilij Iwanowitsch, das Kloster verdanke seinen ungewöhnlichen Reichtum der unentgeltlichen (bitte das im Gedächtnis zu behalten) Arbeit der Pilger und großzügigen Spenden. Dafür einige Daten:

Wenn man 30 Kopeken für jeden Arbeitstag eines der vierhundert *godowiki* ansetzt, das waren freiwillige Arbeiter, die gelobten, ein Jahr zu Ehren der seligen Sosima und Sawwatij zu schuften, meist zum Dank für die Errettung aus einem Sturm, von einer Krankheit oder einem Dämon, dann sparte das Kloster 43 800 Rubel im Jahr.

Wenn man zehn Kopeken für den Arbeitstag eines jeden der hundert Jungen ansetzt, die zu Ehren der seligen Sosima und Sawwatij von ihren Eltern, die ihre Sprößlinge nicht ernähren konnten, dem Kloster übergeben wurden, bekam das Kloster 3650 Rubel im Jahr.

Wenn man acht Rubel von jedem der fünfzehntausend Pilger rechnet, die pro Kopf zehn Rubel (mindestens) zu Ehren der seligen Sosima und Sawwatij gaben, von denen zwei Rubel für ihre Unterbringung und Ernährung aufgewendet wurden, blieben dem Kloster in Summe 120 000 Rubel. Wenn man noch einmal 10 000 Rubel für die Einquartierung der Pilger im Gästehaus in Archangelsk und 15 000 Rubel für ihren Transport nach Solowki hinzurechnet, landeten 200 000 Rubel jährlich im Geldsack des Klosters. Plus 25 000 Rubel Prozent vom Kapital.

Dabei muß man bedenken, daß die Mönche von Solowki außer Mehl in Archangelsk und Kohle in England nichts einkauften, weil sie alles Nötige am Ort produzierten und die Überschüsse verkauften, wodurch das Kloster weitere 30 000 Rubel einnahm.

Wenn man dann noch den Wert aller beweglichen und unbeweglichen Güter, also der Inseln, Ländereien, Wälder und Fischgründe und auch der Kirchen, der Skity, der Wohn- und Wirtschaftsgebäude, der industriellen Einrichtungen, Schiffe, Docks, Pferdeherden, Rinderherden et cetera mit mindestens zehn Millionen Rubel veranschlagt, kann man sich eine Vorstellung vom Reichtum dieser »asketischen Arbeitskommune« zu Beginn des 20. Jahrhunderts machen, wie Nemirowitsch-Dantschenko das Kloster von Solowki nannte.

4.

Im 20. Jahrhundert änderten sich das Verwaltungssystem auf den Inseln und auch die Verwalter wie die Figuren aus buntem Glas im Kaleidoskop eines Kindes, doch der Grundsatz der kostenlosen Arbeit blieb (im Prinzip) unverändert bestehen. Es gab eine kurze Periode der Unordnung, von Revolution und Bürgerkrieg, die gerissene Gauner verschiedenster Provenienz nützten, um die Reichtümer der Mönche zu plündern; dann suchten sie das Ausmaß ihrer Diebstähle mit Hilfe von Brandlegungen zu vertuschen, und schließlich ging man an die Errichtung der Neuen Ordnung. Im Jahre 1923 ließ sich der SLON, das erste Unternehmen in der Union dieser Art, man könnte sagen, ein Experiment, auf den Inseln nieder, in dem, was von den Klostergütern noch übrig war. Nun wurden Mönche, Popen und Popenfrauen zur Arbeit getrieben, die Überbleibsel der Aristokratie, die man nicht umgebracht hatte, Burschujs, Kulaken und andere Kontras, die rechte Opposition und linke Konkurrenten um die Macht, aber auch Kokotten, dekadente Künstler, Rauschgiftsüchtige, Schmarotzer und Diebe. Daß man auf den Inseln Häftlinge zur Arbeit einsetzte, war nicht neu, man braucht nur an den Popen Simeon zu denken (Maximow hat ihn im Jahre 1856 gesehen), einen Häretiker, der in der Bäckerei mit einer Kette an die Wand geschmiedet war und ohne Unterlaß Teig für das Brot der Mönche knetete, oder auch an andere »Unglückliche in Ketten, die schwerste Klosterarbeit leisten«. Der SLON nützte die Erfahrungen der Mönche bei der Organisation und Verwaltung, aber auch ihre Werkstätten, Zünfte, Docks, Magazine und schließlich sie selber als Brigadisten. Neben den traditionellen mönchischen Beschäftigungen wie Fischfang, Gartenbau oder Waldarbeit, versuchte man sich auch auf neuen Gebieten, wie der Produktion von Agar-Agar, worin sich der Philosoph Florenski spezialisierte, der Zucht von Bisamratten, der Herausgabe von Büchern und wissenschaftlichen Arbeiten.

Es ist unmöglich, alle Zweige des SLON aufzuzählen, weil die Menschen verschwanden und sich die Zeiten veränderten, und mit ihnen auch die Nachfrage. Zu den wichtigsten Tätigkeiten zählten die Produktion von Kalk, Alabaster und Ziegeln, die Torfgewinnung, das Sammeln und Verarbeiten von Algen, die Bearbeitung von Robbenfellen, Schneider- und Schusterarbeiten; es gab eine Genossenschaft der Tischler und der Spielzeugmacher... allein bei der Produktion von Fetzenpuppen waren im SLON mehr als dreihundert Seki beschäftigt, das sind mehr als heute insgesamt auf den Inseln arbeiten! Der Selchos des Lagers, der mehr als 1500 Häftlinge bei der Pferde-, Rinder- und Schweinezucht, in der Molkerei und im Gemüsebau beschäftigte, besaß einen eigenen Klub, Lesesaal und Laden.

Im Lagerspital für hundert Patienten gab es fünf Abteilungen: für innere Medizin, Chirurgie, Tuberkulose, Nervenkrankheiten und Geburtshilfe, eine eigene Küche, Magazine und einen Kinderhort. Zu Zeiten des SLON gab es auf den Inseln auch ein Theater mit drei Bühnen und fünf Vorstellungen in der Woche, ein Kino, eine Zentralbibliothek mit wissenschaftlichen Sammlungen (30000 Bände) und Lesesaal, und einen eigenen Saal für Spiele und Unterhaltung, der den Seki den ganzen Tag über offen stand, bis 23 Uhr. (Allein im Jahre 1925 gab es 139 Theateraufführungen, 40 Konzerte und 37 Filmvorführungen, und daneben noch zahlreiche Vorlesungen, Diskussionen und literarische Abende.) Eine eigene Abteilung war damit beschäftigt, nützliche Abfälle zu sammeln, zu sortieren und nach Kemi zu schicken, während heute in der Siedlung überall Schrott, Glasscherben und ganze Blöcke aus Eisenbeton herumliegen.

5.

Ein eigenes Kapitel gebührt der editorischen und wissenschaftlichen Tätigkeiten in den Zonen des SLON. In Solowki erschien regelmäßig die Wochenzeitung *Nowoje Solowki*, die man überall in der Sowjetunion abonnieren konnte, und die *Solowjezkije ostrowa*, eine illustrierte Monatszeitschrift mit 250 bis 300 Seiten, die als unabhängigste Zeitschrift im ganzen Land galt. Neben Prosa, Essays und Gedichten erschienen dort Artikel der Solowjezker Gesellschaft für Heimatkunde, die gelehrte Seki und freie Menschen versammelte. Diese sind für Erforscher des Nordens noch heute von Nutzen, nicht nur wegen den darin enthaltenen Informationen, sondern auch als Beispiel solider Arbeit; und die wissenschaftlichen Ergebnisse, die diese Gesellschaft in ein paar Jahren zusammentrug, sind höher zu bewerten als jene der dreißigjährigen Tätigkeit des Solowjezker Museums. Wie eine Auswahl der Titel beweist, waren die wissenschaftlichen Interessen der Seki breit gestreut: Die Biologie der Fische im Weißen Meer, Fischfanggeräte am Weißen Meer, Das Klima des Weißen Meeres, Die Vögel des Weißen

Meeres, Die Archäologie des Weißen Meeres, Probleme des Tierschutzes auf den Inseln des Weißen Meeres, Die Geschichte der Region Kemi, Die Pomorzen – Ihr Leben und ihre Beschäftigung, Die Geschichte des pomorischen Dorfes, Der Torf auf den Solowjezki-Inseln, Der Einfluß des Windes auf den Solowjezker Wald, Die Erosion der Solowjezker Böden, Die klösterliche Tjurma auf Solowki, Klösterliche Erzeugnisse aus Knochen, Statistische Daten der Solowjezker Wirtschaft und so weiter und so fort.

Seit 1926 erschienen gesondert, als Beilage zur Monatszeitschrift des Lagers, die *Materialien der Solowjezker Gesellschaft für Heimatkunde.* Insgesamt dreiundzwanzig Positionen, darunter die fundamentale Arbeit Winogradows über die Labyrinthe der Samen und das erste Wörterbuch der *blatnaja musyka*...

6.

Ende 1939 wurden die letzten Seki von Solowki weggebracht und die Inseln der sowjetischen Armee übergeben, obwohl die Zonen erhalten blieben, auch die Stacheldrahtverhaue. Die Zonen änderten nur den Namen, und statt der *sona osobogo nasnatschenija* (Zone für besondere Verwendung) wurde die *sakrytaja sona* (Sperrzone) geschaffen, deren Regime bis Ende 1989 dauerte. In den Reisepässen vieler Bewohner von Solowki stehen heute noch zwei fette Buchstaben: *s. s.* Bis vor kurzem brauchte man noch eine persönliche Einladung, um eine Fahrtkarte nach Solowki kaufen zu können. Das Prinzip der kostenlosen Arbeit blieb unverändert: Die Soldaten schufteten für eine Schüssel Essen, manchmal einen halben Liter Wodka. Langsam gerieten die alte und die neue Ordnung in Vergessenheit, die meisten Handwerke, Genossenschaften und Fähigkeiten verschwanden, und die gezüchteten Bisamratten verliefen sich auf den Inseln und verwilderten. Das Militär auf Solowki kümmerte sich um sein Wohlergehen, vor allem ums Essen – um Rinder und Schweine. Außerdem beschäftigte es sich mit der Reparatur militärischen Geräts und manchmal der Wege auf Solowki; und auch der Transport, zu Wasser und in der Luft, unterstand der Armee, ebenso Nachrichtenwesen, Energiewirtschaft, das Spital und zwei Klubs. Alles im Rahmen des Dienstes, ohne Bezahlung.

Doch gleichzeitig siedelten sich auf Solowki auch Zivilisten an, zuerst als Begleitung des Militärs, als Hilfskräfte, dann sich ans Militär klammernd wie Flöhe, um die Worte des einstigen Politruks Pantelejmonowitsch zu gebrauchen, die von der Arbeit der Soldaten und den Zuwendungen aus dem Verteidigungsbudget schmarotzten und zusätzlich Lebensmittel umsonst bekamen – Lebensmittel, die in den Magazinen verdarben. Im Lauf der Zeit kamen immer mehr Zivilisten nach Solowki. Zuerst aus Schischgin, woher man in den sechziger Jahren eine Fabrik zur Produktion von Agar-Agar und ein paar Dutzend Arbeiter mit ihren Familien brachte, die früher einmal dorthin verbannt worden waren. Ihnen folgten Leute, die Algen fischten, Bitschi ohne Lebensmittelzuweisung, verkrachte Wissenschaftler, Künstler ohne Inspiration, versoffene Historiker – alle drängten sich zur Arbeit im Museum, wo sie hinter dem Ofen knotzten. Mitte der siebziger Jahre wurde das Museum in einen *Sapowednik* umgewandelt, das heißt ein reines Reservat. In den Jahren der Perestrojka, als der gesamte Archipel vom zentralen Plan für Entwicklung und Urbanisierung im Stil sowjetischer Gigantomanie erfaßt wurde, erreichte das alles seinen Höhepunkt. Nun flossen hohe Summen, die wie üblich Scharen von Müßiggängern, Schwindlern und Dieben anzogen. Schweres Baugerät wurde nach Solowki geschafft, Hunderte Tonnen von Material und eine PMK (*peredwischnaja mechanisirowannaja kolonna*, bewegliche mechanisierte Kolonne), das heißt ein paar Brigaden Hilfsarbeiter, die entweder wegen Artikel 33 (Trunkenheit während der Arbeit) entlassen oder einfach wie Sklaven der Miliz abgekauft worden waren. Die Ankömmlinge stellten rasch ein paar Baracken aus Hohlziegeln auf und begannen mit der Errichtung einer gigantischen Kläranlage, geplant für viele tausend Bewohner, und eines noch größeren Bäckereikombinats, nach dem Prinzip: Je größer der Bau, umso mehr kann man stehlen. Dann legten sie eine Betonstraße durch den Wald, an deren Rändern sie Sandgruben in den Boden wühlten, und schütteten die Meeresufer mit Unrat zu.

Bei der Gelegenheit wuchsen in der nach Florenski benannten Straße ein paar Häuser aus dem Boden. Das Lumpenpack vermehrte sich wie die Bisamratten. Im Sommer 1989 verließ das Militär die Inseln. Die alte Ordnung ging ihrem Ende entgegen, und Gerüchte über bevorstehende Reformen machten die Runde. Dann wurden alle Zuschüsse gestrichen und die Bauvorhaben mitten in der Arbeit eingestellt. Es folgte eine allgemeine *Prichwatisazja* – eine Nationalisierung in umgekehrtem Sinn. Die Menschen eigneten sich alles an, was herrenlos herumlag: Betonplatten und Telegrafenmasten, Gebäude, Werkstätten und Magazine, Masut, Pappe und Stacheldraht. Die Leute schleppten sogar die Sessel aus dem aufgelassenen Kino und rissen die Leinwand herunter. Schließlich wurde das PMK zur Gänze aufgelöst: von den Baggern bis zu den Büroklammern. Nur die Menschen blieben übrig, arbeitslos. Heute fehlen auf den

Inseln der Glaube und die Ordnungsmacht, in deren Namen man die Leute zu kostenloser Arbeit antreiben könnte: Es gibt keine Religion, kein Lager, keine Armee. Heute fragen alle nach *dengi*, nach Geld – ohne zu arbeiten. Unlängst kam ein Muschik zu mir und bat mich mit heiserer Stimme um einen Zehner, weil er nicht genug Geld hatte, um einen halben Liter zu kaufen. Hack Holz für mich, sagte ich, dann entlohne ich dich.

»Das lohnt sich nicht.«

7.

An dieser Stelle eine Abschweifung. Im Jahre 1811 schrieb de Maistre an den Grafen Rumanzew: »Wenn heute die beiden Anker Religion und Leibeigenschaft gleichzeitig aufhören, euer Schiff festzuhalten, kann dieses von Stürmen gepackt und zerschlagen werden. Man muß es sich gut überlegen, ehe man etwas zur Aufhebung der Leibeigenschaft unternimmt, manchmal reicht schon das geringste gesetzliche Nachlassen, und das Unglück nimmt seinen Lauf: zuerst wird es zur Mode, dann zur Passion und schließlich zum Wahnsinn. Und was mit einem Gesetz begonnen hat, endet im Aufstand. Die Untertanen verfallen infolge der unerwarteten Freiheit auf einmal vom Aberglauben in den Atheismus, vom dumpfen Gehorsam in schrankenlose Selbstüberhebung. Die Freiheit wirkt auf solche Naturen wie starker Wein, der ihnen, da sie ihn nicht gewöhnt sind, rasch in den Kopf steigt.«

Hier will ich daran erinnern, daß de Maistre in den Jahren 1802 bis 1817 Gesandter des sardischen Königs am Hofe von Alexander I. war, außerdem war er ein Denker, Schriftsteller und aufmerksamer Kommentator der politischen Intrigen und der europäischen Kriegsbühne. Dabei betrachtete er, wie er selber am Rande offizieller Depeschen notierte, die Welt aus der Distanz, wie eine Opera buffo. Das ist nicht erstaunlich, konnte er doch oft genug die Launen des Schicksals, die ganze Dynastien, Armeen und Städte auslöschten, die Schändlichkeiten von Helden und die Wortbrüchigkeit von Lakaien beobachten. Seine Briefe aus Sankt-Petersburg liefern ein Bild der Epoche, reich an Ereignissen, wie etwa der Marsch Napoleons nach Rußland oder der Versuch Alexanders I., Reformen einzuführen, und die dazugehörigen Kommentare, schneidend, wie mit der Peitsche geschrieben.

Die oben zitierten Worte sind den »Aufzeichnungen über die Freiheit« entnommen, die sich mit dem Projekt Speranskijs befassen, einer der ersten russischen Reformatoren, der vorschlug, alle Untertanen des Zaren vor dem Gesetz gleich zu machen und alle Institutionen der Staatsmacht, von der ländlichen Gemeinde angefangen, wählen zu lassen...

X

... denn es gibt nichts Interessanteres, als das heutige Rußland zu beobachten.

Joseph de Maistre

1.

»Sdes wlast nje sowjetskaja, a solowjetskaja«, hier ist die Macht nicht sowjetisch, sondern solowjezkisch, sagte der Leiter des SLON, Nogtew, um die Besonderheit des hiesigen Regimes zu unterstreichen. Diesen Spruch habe ich mehr als einmal gehört. Der Verwaltungsapparat der Inseln aus der Zeit nach dem Lager, ein Bastard von Partei und Militär, entstand aus einer Kreuzung der militärischen und zivilen Ordnung und bestand aus einem exekutiven und einem legislativen Organ. Die Partei schickte die Leute hierher und spielte dann mit ihnen wie mit Puppen, an deren Schnüren sie zog.

Dieses seltsame Gebilde auf drei Beinen (Militär, Museum, Siedlung) und mit überlappenden Kompetenzen lebte bis zur Perestrojka fort, in der die leitenden Funktionen beider Organe in eine Hand gelegt wurden: des *Glawa Administrazii*, des Chefs der Verwaltung. Zum Glawa wurde der Leutnant zur See Neboschenko ernannt. Im Jahre 1991 übernahm das Kloster im Kompetenzendreieck von Solowki den Platz der Armee, und der Archipel erhielt den Status eines *osobo ochrannaja territorija*, eines besonders geschützten Territoriums. Dann zerfiel, schon vor meinen Augen, die Sowjetunion, die Kommunistische Partei löste sich auf, das Parlament in Rußland wurde zweimal erneuert, in Tschetschenien brach der Krieg aus und verlöschte wieder, der Präsident wurde wiedergewählt, nur Neboschenko regierte auf Solowki selbstherrlich wie eh und je.

Sdes wlast nje moskowskaja, a swojskaja, hier geht die Macht nicht von Moskau aus, sondern von lokalen Leuten, könnte man, Nogtew paraphrasierend, sagen. Mit anderen Worten: Es regieren Seilschaften. Der Beamtenapparat auf Solowki – Frauen ehemaliger Offiziere und Kumpel Neboschenkos – zählt fünfundzwanzig Köpfe. Früher genügten drei! Während in Moskau die Verhältnisse geklärt wurden, machte man sich hier über die Reste des staatlichen Kuchens her: faule Kredite und Steuerermäßigungen für Freunde, ein Wuchern mit Geldsummen, die für Löhne und Renten bestimmt waren ... (Wodkahändler zum Beispiel zahlen nur zwanzig Prozent der Steuern, die Verkäufer anderer Lebensmittel zu entrichten haben, weshalb eine Flasche Russkaja so viel kostet wie drei Laib Brot, und der Gewinn fließt an der öffentlichen Kassa vorbei direkt in die Taschen.) Statt die Schule zu subventionieren, absolvieren die Beamten selber Fernstudien der Jurisprudenz und Verwaltung und kaufen sich für Gelder aus dem Veteranenfonds anderswo Wohnungen ... in der Folge ging alles auf den Inseln pleite, die Betriebe machten Bankrott, die Muschiks sterben wie die Fliegen, sei es vom Schnaps oder an Unterernährung, die Kinder wühlen in den Müllhalden oder stehlen, und nur Neboschenko und ein paar seiner Kumpel sitzen an der Futterkrippe und mästen sich ...

2.

5. NOVEMBER

»Doloj Neboschenko!«, Nieder mit Neboschenko! – unter dieser Losung stand eine Versammlung vor den Toren der Administration der Inseln. Dazu muß ich sagen, daß die Versammlung im Rahmen einer ganz Rußland erfassenden Protestaktion gegen die schleppende Auszahlung von Löhnen, Pensionen und Renten stattfand. Die Zahlungsunfähigkeit des Staates hatte die Geduld der Menschen über Gebühr beansprucht: Die Gemeindebediensteten hatten seit dem Winter vor zwei Jahren keine Gehälter mehr bekommen, die Ärzte und Lehrer seit Mai, die Pensionen und Renten waren zuletzt im Sommer ausbezahlt worden. Auf den Inseln machten Gerüchte die Runde, Budgetsummen, die für die Auszahlungen von Löhnen bestimmt seien, würden vom Verwaltungschef gegen hohe Zinsen verliehen. Bald würde das Meer zufrieren, es kämen keine Schiffe mehr, und die Bewohner von Solowki könnten keine Lebensmittel für den Winter einkaufen. In den Läden bekamen sie nicht einmal mehr Brot auf Kredit. Und wie sollten sie Holz zum Heizen kaufen? Dazu muß ich noch sagen, daß es in diesem Jahr weder Pilze noch Heringe gab und die Kartoffeln von einer Krankheit heimgesucht wurden, so daß sich der Leser vorstellen kann, wie groß die Verzweiflung auf Solowki ist.

Seit heute morgen fällt feuchter Schnee in großen Flocken. Und schmilzt gleich wieder. Das Weiße Meer ist seit einer Woche stürmisch. Als ich aus dem Schutz der Klostermauer auf die offene Fläche des Heiligen Sees trat, hätte mich beinahe ein böiger, eisiger Wind zu Boden geworfen. Vor dem Verwaltungsgebäude liegt klebriger, morastiger Schneematsch. Im Sommer haben sie hier einen Graben ausgehoben und dann die Arbeit unvollendet liegen gelassen. Vor der Tür des Verwaltungschefs stehen dicht gedrängt Menschen, etwa hundert Personen, die den Matsch mit ihren Füßen kneten. Solowjezker Alte, schief, gebückt, verkrümmt wie Gliederpuppen. Ich entdecke bekannte Gesichter. Das Spital ist komplett angetreten, die Oberärztin, zwei Schwestern und die Putzfrau, daneben die kleine Gruppe der Lehrer, das Veteranenkomitee in Reih' und Glied, ein paar Arbeiter aus dem Elektrizitätswerk, Nadeschda Kirillowna von der Bibliothek, die Aufwartefrau von der Banja, der Radioreporter, der Förster, Foka und Scheiß-Soße, wie sie den Besitzer des Müllwagens nennen. In einiger Entfernung, unter einer grünen Tribüne aus morschen Brettern, einem Relikt aus der »Zeit des Stillstands« unter Breschnew, stehen Muschiks in wattierten Jacken, Filzstiefeln und Mützen mit Ohrenklappen, alle schwer verkatert. Solowjezker Arbeitslose. Das Volk ist empört und schreit aus Leibeskräften. Keiner weiß, wie es weitergehen soll. Sie warten auf Neboschenko, der versprochen hat zu kommen. Angeblich telefoniert er mit Archangelsk, um zu klären, wann das Geld geschickt wird. Als hätte er das nicht schon früher tun können.

»Nieder mit Neboschenko!« tönt es heiser unter der Tribüne hervor.

In der Tür zur Verwaltung erscheint Walentin Wiktorowitsch. Wuchtig, mit Lederjacke, aufgedunsenem Gesicht und hervorquellenden Augen, halb verdeckt durch den Schirm der karierten Schlägermütze. Die Menge verstummt, drängt jedoch erregt näher. Neboschenko weicht zurück und erstarrt.

»Also, was wollt Ihr?«

Geschrei erhebt sich. Weiber kreischen schrill, eine übertönt die andere: Sie hätten genug, sie könnten nicht mehr, sie würden zum Äußersten getrieben, sogar in Zeiten des Krieges sei es besser gewesen, damals hätte man wenigstens Brotrationen verteilt, jetzt aber müßten sie Hunde und Katzen essen, nicht einmal mehr Bretter für Särge seien zu bekommen, während sich die Leute in der Verwaltung die Wänste vollschlügen ...

»So ist das also«, brüllt Neboschenko und läuft rot an. Die Weiber verstummen, der Schnee rieselt, und Neboschenko droht, er könne sie ins Gefängnis werfen lassen wegen Beleidigung eines Beamten, denn jetzt herrschten in Rußland Recht und Ordnung, und wehe, wenn sich einer an der Staatsmacht vergreife, das seien alles Intrigen vor den Wahlen, sie würden wohl gern einen Sündenbock finden, aber er, Neboschenko, stehe dafür nicht zur Verfügung. Er bitte um Fragen, sagt er schon etwas ruhiger, die er alle der Reihe nach beantworten werde. Aber keine Beleidigungen, kein Geschrei und keine Demagogie.

Nun tritt die Oberärztin vor, Lina C. Im Spital gibt es sechsundzwanzig Pritschen, aber Essen nur für vier Patienten, es mangelt an Medikamenten, die Nadeln sind ausgegangen, und der ganze Spiritus ist gestohlen worden. Mit der Kohle ist es ein Elend, die reicht gerade noch eine Woche, dabei heizen sie ohnehin nur so viel, daß die Tropfinfusionen nicht einfrieren. Gestern ist eine der Schwestern vor Unterernährung in Ohnmacht gefallen. Aber ein Flugticket kann sich heutzutage nicht jeder leisten, wenn sie also das Spital in Solowki schließen müssen, dann ist das für die Alten das Todesurteil. Aus Archangelsk hat man angerufen, das Geld sei schon weggeschickt, doch im Spital ist kein einziger Rubel angekommen. Wo ist das Geld hingeraten?

Der Chef schickt um Unterlagen, um ihnen das schwarz auf weiß vorzurechnen, in der Zwischenzeit treten die Leute vom Elektrizitätswerk vor. Die Generatoren pfeifen aus dem letzten Loch, das kleinste Gebrechen, und alles ist im Eimer. Ohne Strom friert aber das Wasser in den Leitungen, und dann geht das ganze Leitungssystem flöten. Die Leute kochen vor Zorn und sind jederzeit bereit, die Arbeit niederzulegen, und dann soll keiner sagen, es sei ungesetzlich, daß Elektrizitätsarbeiter streikten, denn sie werden das nicht Streik nennen, sondern einfach aus Hunger nicht zur Arbeit gehen.

Dann werden die Unterlagen gebracht. Dem Chef zittern die Hände, und die Seiten rascheln. Er sucht und liest und zitiert Zahlen …

»Aufhängen soll man euch, ihr Hundesöhne!« beginnt plötzlich ein betrunkener Bomsch zu kreischen, der unter der Tribüne hervorkommt und schwankenden Schrittes auf Neboschenko zusteuert. Zum Glück für den Trunkenbold halten ihn seine Genossen an den Rockschößen zurück, wobei sie ihm ein wenig die Kleider zerreißen, und einer versetzt ihm mit dem Knie einen Stoß ins Gesicht, so daß er aus der Nase zu bluten beginnt, worauf er sich wieder ein wenig beruhigt. Er murmelt noch etwas und schluchzt in den Ärmel, daß sie alle, Hurerei, von oben bis unten, von Moskau bis Solowki, ausnahmslos davongejagt gehörten. Neboschenko tut so, als hätte er nichts bemerkt, und liest weiter.

Es wird langweilig. Wen interessieren die Zahlen auf dem Papier? Die Leute machen sich langsam davon. Der Wind weht stärker, der Schnee fällt dichter. Auf dem kleinen Platz vor dem Verwaltungsgebäude bleibt eine Handvoll Leute zurück, der Platz unter der Tribüne leert sich. Der Chef kommt schließlich zum Ende, ohne Ergebnis, und zieht den Schluß:

»Geld gibt es keines!«

Einer versetzt einem vorbeilaufenden Hund einen mächtigen Tritt, worauf der aufheult, den Schwanz einzieht und sich unter der Tribüne verkriecht. Das Volk versickert wie der Schnee, die Leute verschwinden im Nebel. Ich erinnere mich an den Zorn des verstorbenen Locha Rudy, der oft sagte, man müsse endlich Ordnung schaffen und alle am Schw... aufhängen, Mönche, Beamte und die Schmarotzer im Museum. Der russische Muschik ist geduldig, doch wenn ihn einmal der Zorn packt, dann kriecht er heran wie der Rauch eines Kartoffelfeuers und kratzt einem die Augen aus.

3.

Gegenwärtig stürzt sich ganz Rußland in Wahlen, auf russische Art: bis zum Überdruß. Im Fernsehen, in der Presse, in der Siedlung gibt es Wahlen, überall reden die Leute davon, in jeder Küche und Badestube. Kaum ist die Schlacht um die Duma geschlagen, kommt es zu einem hitzigen Kampf um den Präsidentensessel, und der Präsident hat sich von dieser Kampagne noch nicht richtig erholt, da werden schon die Pferde um den Einsatz der russischen Provinz ins Rennen geschickt. Zeitungen, Radio und Fernsehen stoßen ins selbe Horn, man müsse endlich, erstmals in der Geschichte und überhaupt – ein einmaliges Ereignis! Das Volk stürmt mit Hurra zu den Urnen, jedes Kaff möchte seine eigene Duma haben. Da werden Präsidenten, Gouverneure, Bürgermeister und Leiter jeglicher Art gewählt: von Tschukotka bis Klin, von Magadan bis Solowki. Es lohnt aus zwei Gründen, sich die Wahlen in Solowki näher anzuschauen, erstens sind sie ein historisches Ereignis auf den Inseln, wo es seit Beginn ihrer Geschichte noch nie so etwas gegeben hat, und zweitens treten hier zahlreiche Erscheinungen und Probleme zutage, die typisch für die russische Provinz sind.

4.

8. Dezember

Wahlen auf Solowki. Ich habe mich vorgestern akkreditiert, offiziell, was sonst. Als internationaler Beobachter, für die Monatszeitschrift *Kultura*. Ludmila Michajlowna von der Wahlkommission, dick und ehrbar, schlug vor Erstaunen die Hände zusammen und rief: Na Blin!

Auf den Inseln sieht man jeden wie unter einem Vergrößerungsglas. Daher bekommt man auch einen genauen Einblick ins Innere der russischen Demokratie, wie in einem Laboratorium. Als Unbeteiligter und Fremder ohne Wahlrecht, gleichzeitig aber hier Ansässiger, der mit allen lokalen Angelegenheiten und Tratschereien vertraut ist, nehme ich eine besondere Stellung ein: Ich halte mit keinem und kenne doch jeden. Wie alle Insulaner sind auch die Bewohner von Solowki in Streitigkeiten untereinander verbissen, Fremden gegenüber jedoch offen und jederzeit bereit, zu plaudern und offen ihre Meinung zu äußern. Maximow spricht sogar von einer besonderen Krankheit, genannt *goworucha*, Schwatzhaftigkeit, an der die Menschen im Norden leiden. Während sie im Alltag für gewöhnlich sehr wortkarg sind, weil es an Gelegenheiten für Gespräche mangelt, kann man sie, wenn sie einmal zu reden beginnen, gar nicht mehr zum Schweigen bringen …

Diesen Umstand nützte ich und beobachtete den Wahlkampf auf Solowki aus der Perspektive der Küche, in der ich Tee und manchmal auch Schilo trank und mir dabei die diversen Anwärter auf die Macht, ihre Programme, Klagen und Biografien anhörte. Ich suchte sie alle, der Reihe nach, zu Hause auf, um zu sehen, wie sie lebten, was sie besaßen und was ihnen noch fehlte. Ich ging zu Meetings und diversen Sitzungen, zu Begegnungen mit den Kandidaten für das Amt des Bürgermeisters von Solowki in den Betrieben (im Museum, im Betrieb für die öffentlichen Dienste, in der Agar-Agar Fabrik, im Spital, im Leschos, bei der Miliz und am Flugplatz) und nahm an Versammlungen in der Banja und an Diskussionen am »runden Tisch« im Kulturklub der Siedlung teil. Und nach dem Abendessen besuchte ich täglich Wasilitsch, den ehemaligen Parteisekretär von Solowki, der alle und alles kennt: von der jeweiligen Kragenweite bis zur kleinsten Denunziation. Wasilitsch wohnt seit Jahren auf der Insel, hat viel gesehen und gehört und kann erzählen, was die Leute, die heute ganz anders daherreden, früher gemacht haben.

Auf diese Weise bekam ich die Demokratie auf Solowki in ihren Windeln zu sehen. Und ich will nicht verhehlen, daß so ein Knirps, wenn er sich schmutzig macht, nicht gerade nach Veilchen duftet. Je näher die Wahlen rückten, umso mehr Schmutz kam zum Vorschein. Das Volk gärte wie Maische. Die Muschiks intrigierten an ihrem Samstag in der Banja, die Weiber hielten im Laden, während sie auf Brot warteten, Versammlungen ab, die Beamten rückten enger zusammen und übten den Schulterschluß, die »neuen Russen« von Solowki kauften sich Stimmen für je einen halben Liter, die Veteranen krakeelten und fuhren einander an die Gurgel, und jeder heckte etwas aus, sogar die Alten, die schon mit einem Fuß im Grab standen, wurden mit einemmal vom bösen Geist der Politik gepackt. Nur den Bomschi und Bitschi war wie immer alles egal. Und auch die Jugend hatte keinen Bock, wie üblich.

Sechs Kandidaten stellen sich zum Kampf: Walenti N., bereits erfahren in Auseinandersetzungen (auf meine Frage, mit welcher Partei er sympathisiere, antwortete er, mit keiner, schließlich sei er jetzt ein *Chosajstvennik*, ein Wirtschaftstreibender), Sascha B., der Leiter des Elektrizitätswerks, der einzige Kandidat ohne höhere Bildung, eine Mischung zwischen Lebed und Sjuganow und Kumpel der hiesigen Muschiks (die Attraktion seines Programmes ist die Forderung, Jelzin den Prozeß zu machen), dann folgen, in der Reihenfolge ihrer Notierung, Ljuba G. und Lew R., zwei Haie der Tourismusbranche, sie als Besitzerin des Hotels (das sie *po blatu*, mit linken Methoden, privatisierte), und er als Leiter der Sozialhilfe auf Solowki und Chef einer Ausflugsfirma (ebenfalls *po blatu*), die einander hassen und gnadenlos bekämpfen, weil jeder eine *krischa* braucht, ein Dach, um sein Business zu schützen und den Konkurrenten abzuwürgen; und schließlich sind da noch Lina C., die Oberärztin des Solowjezker Spitals, und Swjeta S., eine arbeitslose Rechtsanwältin (die erste liebt die Kommunisten, die zweite die Demokraten), die beide von ihren Männern verlassen wurden, beide häßlich sind und nach Macht gieren, um ihre Einsamkeit zu betäuben und Rache zu nehmen.

Ihre Wahlprogramme? Der reine Witz. Einer hat vom anderen abgeschrieben, und alle schreiben sie dasselbe, mit denselben Fehlern, wiedergekäute Phrasen, nichts weiter. Über die Entwicklung der Wirtschaft und über Sozialhilfe, über ihre Sorge um die Ökologie und über die Obstruktion der Finanzen, über den Fremdenverkehr und über die göttliche Fürsorge, über Subventionen, Steuern und Verantwortung. Nur leere Versprechungen. Von konkreten Projekten sind mir noch die unterschiedlichen Auffassungen der beiden wichtigsten Kandidaten, N. und B., zum Thema Stromversorgung in Erinnerung. Das Solowjezker Kraftwerk pfeift aus dem letzten Loch und droht jeden Moment zusammenzubrechen, ganz zu schweigen davon, daß Tonnen Masut aus den lecken Rohren fließen und die herrliche Natur der Insel zerstören. Für eine Generalreparatur des Elektrizitätswerks braucht es ungeheure Summen, die völlig unerschwinglich erscheinen. In vielen Häusern, darunter auch im Spital, gibt es keine Öfen. Im Winter werden sie durch eine zentrale Anlage beheizt, bei der das heiße Wasser mittels elektrischen Pumpen in Umlauf gesetzt wird.

Es genügt, für ein paar Tage den Strom abzuschalten, und die Rohre bersten, das Wasser überschwemmt die Wohnungen und gefriert dort zu Eis... Strommangel bedeutet im Norden den Tod. N. macht den Vorschlag, Windräder zu bauen. Die seien ökologisch sauber und zukunftsträchtig, und vielleicht bekomme man ja auch Dollar dafür? Von wem? Keine Ahnung, vielleicht von den Norwegern, von Solschenizyn oder von der orthodoxen Kirche? (Übrigens versucht N., die Mönche mit Steuernachlässen und kostenlosem Boden zu bewegen, für ihn zu stimmen, und neuerdings geht er sogar in die Kirche und schlägt sich vor den Ikonen die Stirn wund, und bei den Versammlungen schreit er etwas von Sühne herum!) B. hingegen verspricht uns einen *Malisch*, einen Kleinen, das heißt einen kleinen Atomreaktor (und keinerlei Vergünstigung für die »Schwarzen«). Schon Lenin sagte, Kommunismus ist Sowjetmacht plus Elektrifizierung. Heute wollen sie hier nach dieser Formel den Kapitalismus errichten.

Die Solowjezker haben allerdings mit dem Kapitalismus nichts im Sinn. Sie wollen sich nur satt essen und Holz kaufen können. Sie sehnen sich zurück nach den Zeiten, als die Löhne ohne Verzögerung ausbezahlt wurden, die Renten und Pensionen zu fixen Terminen einlangten und die Ersparnisse ein sicheres Leben im Alter garantierten. Und heute? Heute gibt es keinen Verdienst, keine Renten, keine Pensionen, und die Ersparnisse (oft eines ganzen Lebens!) hat schon unter Gajdar der Teufel geholt. Heute fehlen jedem die Rubel!

Das ist es, was die Solowjezker schmerzt. Ohne Rubel verliert der Mensch seine Würde. Als N. bei einer Wahlveranstaltung den Rentnern einen einmaligen Kredit (in der Höhe von hunderttausend Rubel, das sind ungefähr zwanzig Dollar) im Laden für Lebensmittel, mit Ausnahme von Alkohol, versprach, schlugen die Alten Krach, und Großmütterchen Wala begann zu kreischen, das sei eine Demütigung für sie, obwohl sie nicht trinke. Im Saal war es kalt, aus den Mündern schlugen Dampfwolken, das Volk saß in Filzstiefeln da und stampfte mit den Füßen. Ich schaute mich um. Ringsum alte, verbrauchte Menschen. Wehrlos. Kraftlos. Sie sind ihr ganzes Leben lang von der Staatsmacht abhängig gewesen, die für sie gedacht, ihnen Arbeit und Brot gegeben hat.

Und jetzt? Jetzt wollen sie nur mehr so leben, bis es zum Sterben kommt. N. träumt von Windmühlen, die Menschen jedoch träumen von einem Zaun um den Friedhof, damit die Kühe nicht auf den Gräbern weiden können. Ihm gehen Pläne von einem neuen Spital durch den Kopf, und sie jammern, daß sie keine Medikamente bekommen. Er spricht von einer Erweiterung des Flughafens, und die alten Frauen ersuchen darum, die *Poloskalka* zu reparieren (eine Holzhütte am Heiligen See, in der die Frauen im Winter die Wäsche spülen), weil in der alten Hütte die Bretter morsch sind und es erbärmlich zieht …

Andere Versammlungen sahen ähnlich aus.

Im Klub aber, wo ein »runder Tisch« für alle Kandidaten gleichzeitig organisiert wurde, nahm sich das Volk kein Blatt mehr vor den Mund. Alles, worüber man bisher in Ecken und Winkeln geflüstert hatte, schwappte jetzt heraus, wie Spülicht aus dem Fenster. Mit welchem Recht verbindet Lew R. die Arbeit in der Verwaltung mit seinem privaten Business? Wer hat Ljuba G. das Gemeindehotel und die Blöcke aus Eisenbeton von der nicht fertiggestellten Kläranlage zur Privatisierung überlassen? Warum hat sich N. aus Fondsmitteln für die Veteranen ein Haus in Orlo gekauft, wo er doch in Solowki eine Wohnung und ein Häuschen für die Schwiegereltern besitzt? Wohin sind die Milliarden der Subventionen geflossen? Und so weiter und so fort … Die Kandidaten blieben die Antworten nicht schuldig. Am besten schnitt B. ab, weil er am wenigsten sagte. Er gewann am Ende die Wahlen.

Die Wahlen gingen ohne Ausschreitungen über die Bühne. Achtzig Prozent gingen zur Urne. Zum ersten Mal gab es im Wahllokal weder Buffet noch Musik. Die Ergebnisse wurden am nächsten Morgen verkündet. Und so haben wir jetzt einen neuen Chef und eine neue Duma. Die Räte, na ja … eine Baba, die in der Nacht illegal Wodka verkauft, ein Alkasch »auf Torpedo«, ein Muschik, der nicht weiß, was eine Verfassung ist … Dafür sind sie alle Solowjezker Kumpel. Und was wird weiter sein?

»Wir werden leben und sehen«, wie die Russen sagen.

5·

Weihnachten

Vor dem Fenster flackern die Sterne, im Haus ein Duft von Fichtenholz, Honig und Mohn. Auf dem Tisch eine Oblate aus Polen, Borschtsch mit Teigtaschen, Kutia und statt Karpfen auf jüdische Art eine Fischsuppe aus Aalquappe. Eine dicke, duftende Suppe von einer grünen Aalquappe, die wir gestern beim Donnerhügel unter dem Eis herausholten.

Wir fuhren im ersten Morgengrauen los, auf Schlitten, die von einem Traktor gezogen wurden. Smirnyj, Maxi und ich. Über den Inseln hing eine schmutzige Wolkendecke, wie ausgeschwitzt von einem schlüpfrigen Traum. Es schneite lautlos. Die Seen lagen schlafend in der schneebedeckten Landschaft. Nach sechs Werst klaubten wir ein paar Muschiks auf: Sie hatten sich aufgemacht, um Aalquappen zu fangen, hatten unterwegs einiges getrunken und waren in Isakowo vom Schlitten gefallen und sofort eingeschlafen, mitten im Schnee … Bis zum Donnersee kann man nicht fahren, weshalb wir die letzte Werst durch den Wald stapften, durch lockeren, leichten Schnee, so tief, als hätte ihn jemand hemmungslos vom Himmel geschaufelt. Von den Fichten fielen uns weiße Batzen geradewegs in die Krägen, von wo der Schnee in eiskalten Bächen über den Rücken rieselte. Maximka ging voran und war bald verschwunden, Smirnyj blieb weit zurück, so daß ich mich allein durch die Stille des Waldes und der weißen Nässe wühlen mußte.

Wir kamen nur langsam vorwärts, so wie es einem manchmal vor einem weißen Blatt Papier ergeht: dasselbe Weiß, dieselbe Stille, dasselbe sich Eingraben. Plötzlich öffnete sich der Wald weit zum See hin, auf dem Inseln wie

Rabatten in einem winterlichen Park vor sich hindösten; unten die kleine Silhouette Maxims, eine tiefe Spur und hier und da dunkle Flecken, wo das Wasser durchs Eis schlug. Nach einer Weile schnaufte Smirnyj heran, und wir begannen zu fischen. Zuerst schnitten wir einen »Jordan« ins Eis, das ist ein ziemlich großes Eisloch, aus dem man das Netz ziehen kann. Smirny bohrte Löcher ins Eis, ich schlug mit dem Brecheisen die Stücke dazwischen weg, und Maximka verknüpfte die Leinen. Die Eisschollen drückten wir mit Schaufel und Brecheisen hinunter, bis sie unter der Eisdecke verschwanden. Dann säuberten wir den Jordan vom letzten Sulzeis und gingen daran, die Netze einzuholen, die wir drei Tage zuvor ausgelegt hatten. Sie glitten wie Haare aus der dunklen Öffnung des Eislochs, besetzt mit silbernen Nadeln kleiner Maränen.

Wir nahmen die Fische vorsichtig herunter, um die Leiber nicht durch die Maschen zu verletzen; sie zappelten noch einen Moment auf dem Eis, bis sie die kalte Luft für immer einschläferte. Manchmal hatte sich auch eine Aalquappe verfangen, dunkelgrün, glitschig und fett. Auf diese Weise zogen wir aus fünf Jordans zwei Dutzend Netze und legten zehn neue aus. Das Auslegen eines Netzes unter dem Eis verlangt große Fertigkeit und erinnert ein wenig an das Nähen mit einer Ahle. Zuerst bohrt man eine *Lunka* (eine Öffnung im Eis), dann eine zweite, im Abstand von einem Meter. In die erste läßt man die Schnur mit einem Gewicht hinunter und in die nächste eine lange, seltsam gebogene Rute. Solange man an dem Loch bohrt, darf man die Schnur in der ersten Lunka nicht berühren. Dann zieht man die Schnur unterm Eis durch, bohrt die nächste Lunka und wiederholt den Vorgang. Für ein Netz muß man etwa dreißig Löcher bohren, in Eis so hart wie Diamant. Und wehe man trifft auf eine Wurzel, dann muß man seitlich bohren, das Netz durchziehen … und aufs neue beginnen. Wir kehrten in der Dämmerung zurück, schweißtriefend wie nach einem Dampfbad. Immer noch schneite es dicht. Der Wald versank in Schlaf. Unterwegs klaubten wir ein paar Fischer auf, die aus der Dunkelheit traten wie Mönche oder Seki. In die Siedlung kamen wir mit Schlitten voller Muschiks. Ein jeder hatte einen *Majdan* (eine große Blechbüchse mit Riemen, die man am Rücken tragen kann), einen Eisbohrer und Wald-Schi dabei. Beim Kreml gingen sie schweigend auseinander. Das Volk rettet sich jetzt mit Fischen vor dem Hungertod.

6.

Der alte Wasilitsch brachte eine Zeitung, in der eine greise Hellseherin aus Archangelsk, Wera Saschuchina, die im ganzen Norden für ihre Prophezeiungen und Wunderheilungen berühmt ist, den Solowki-Inseln die Vernichtung voraussagt: »Ich habe einen Ausbruch in Solowki gesehen, einem schrecklichen Erdbeben gleich, der Meeresgrund stürzte ein, und das Meer überflutete die Inseln, und eine riesige Wasserwand brach über Archangelsk herein und begrub die Stadt unter sich, und es gab zahllose Opfer, und das Wehklagen fand kein Ende.«

Auf die Frage des Journalisten, ob man die Katastrophe verhindern könne, antwortete die Saschuchina: »Heutzutage herrschen Rechtlosigkeit und Gemeinheit, denn die Menschen haben Gott vergessen. Und wenn schon jemand an ihn denkt, dann nur nach außen hin, weil das heute Mode ist. Wir müssen unseren Glauben an den Erlöser mit guten

Taten messen, damit unser Herrgott nicht nur in der Kirche wohnt, sondern im Herzen eines jeden. Vergeßt nicht den Herren, denn in seiner Macht liegt alles.« Die Zeitung mit dieser Prophezeiung wurde auch auf den Inseln gelesen und richtete große Verwirrung an. Die Weiber reden von nichts anderem mehr, jemand hat sogar schon heimlich das Datum der Zerstörung genannt, und die Leute sagen, daß uns das Meer im Jahre 1999 verschlingen wird …

XI

Zum einen liebe ich das Heidekraut
Und das Meer bis zum Horizont weit.
Und will auch demjenigen vertrauen,
Der zum Sterben ist immer bereit.

Antonina Melnik (Melniza)

1.

Das Leben endet wie in dem schönen Gedicht Julkas: Dort werden die Blätter im Alter verrückt, weil der Winter naht, und mit ihm der erste Ball – der Ball der letzten Hoffnung – und deshalb beeilen sie sich, reißen sich los und wirbeln durch die Luft, ohne zu wissen, daß ihr buntes Kleid … der Todeskuß ist.

2.

Die Melniza ist in Archangelsk im fünften Stock aus dem Fenster gesprungen. Beim Aufprall zerplatzte ihr Schädel. Dubrawa erzählte nachher, sie sei vor dem Ende traurig gewesen, habe oft von den Inseln gesprochen und leere, abwesende Augen gehabt. An jenem Unglückstag ging er, wie gewöhnlich, nach dem Abendessen in sein Zimmer, um noch ein wenig zu arbeiten, und sie blieb in der Küche, um das Geschirr abzuwaschen. Plötzlich roch es in der Wohnung nach frischer Luft. Von böser Vorahnung gepackt, rannte er aus seinem Kabinett. Das Küchenfenster stand sperrangelweit offen, der Wind bauschte die Vorhänge, und unten, vor dem Haus, lag im weißen Schnee eine dunkle, formlose Gestalt ... wie eine Puppe aus Werg. Auf dem Tisch ließ sie ein Gedicht, ein Wiegenlied, zurück. Es handelt davon, daß sie über die Inseln fliegt, ihre einzige Heimat, die sie nicht mit den Händen berühren kann, weil sie vom Nordwind gepackt und auseinander gewirbelt wird: Er sät sie ins Meer, gießt sie über die Dünen, schüttet sie in den Wald, verliert sie unterwegs, und die Reste verteilt er an die Bitschi in der Siedlung, als Gebet zum Gedenken. Und es werden keine vierzig Tage vergehen, und der Himmel, der in den Augen erstarrt ist, wird wieder rein sein ...

3.

Vier Tage später wurde Melnizas Leiche mit dem Flugzeug nach Solowki gebracht. Zuerst wollten sie sie in die Aufbahrungshalle bringen, doch dann entschied man sich, sie im Petersburger Hotel aufzubahren, in den Räumlichkeiten des Museums. Das Museumskollektiv übernahm das Begräbnis, weil sie doch früher einmal dort gearbeitet hat. Die Leute vom Kollektiv verteilten die Aufgaben unter sich: Wer die Speisen für das Totenmahl besorgt, wer die Leichenwache hält, wer das Grab aushebt. Der Sarg wurde im Raucherzimmer auf zwei lange Tische aus der Kanzlei gestellt, im abgestandenen Geruch billigen Tabaks. An den Wänden Stühle, jeweils vier in einer Reihe, mit heruntergeklappten Sitzen, wie im Kino. Im Dunkeln wird geflüstert, geraschelt, geschluchzt. Der Sarg ist offen: der Kopf mit Bandagen umwickelt, die Stirn eingedrückt, das Gesicht aufgequollen, fremd. Ich setze mich zwischen die schwarzen Weiber. Das Geflüster verstummt. Die Kerzen flackern, ich sehe bei geschlossenen Lidern vor meinen Augen einen Film abrollen. Der erste Tag in Solowki. Anfang Oktober. Ich war geradewegs aus Abchasien gekommen, aus dem Krieg. Der Schlamm leuchtete gelb, die Espen waren schon rot und das Meer dunkelgrün, wie Flaschenglas. In der Luft hing der Geruch von Salzheringen und verfaulenden Algen. Die Siedlung schien ausgestorben, nur Hunde und Ziegen streunten herum. Das Hotel stand leer. Das Mädchen an der Rezeption konnte sich vor Erstaunen nicht fassen, daß ein Korrespondent gekommen war, noch dazu aus dem Ausland.

»Warum sind Sie gekommen?« fragte sie. »Aha, um etwas zu sehen. Schauen Sie in die Redaktion, in den *Solowjezkij Westnik*. Dort sitzt der Chefredakteur, eine ehrbare Frau, die wird Ihnen alles zeigen und alles erzählen.«

In der Tat. Das war Tonja.

Die Stufen im Vorhaus knarren, neue Weiber kommen herein, Trinkerinnen. Sie starren gierig, machen es sich geruhsam bequem, schimpfen auf die Kälte. (Wegen der Schulden wurde dem Museum die Heizung abgedreht.) Wir sitzen eingehüllt in Pelzjacken und Filzstiefeln. Die Alten verstummen langsam, sacken in sich zusammen, manchmal schluchzt eine auf, wie im Traum …

… sie erhob sich langsam vom Redaktionspult: Zuerst waren da der massige Klumpen ihres Leibes – wie eine Mühle (daher Melniza) – und das Gesicht eines erstaunten Mädchens, dann die gütigen Augen hinter dicken Brillengläsern, ein leichter Duft von Alkohol, warme Hände, ein schüchternes Lächeln. Sie hatte gerade die Nummer umbrochen und machte sich auf den Weg in den Wald, wenn ich Lust hätte, könnten wir zusammen gehen, wir könnten uns unterwegs unterhalten. Wir ließen die Siedlung hinter uns. Es war Nachmittag, Altweibersommer; rötliche Birken. Heißer Sand, heißes Moos. Wir plauderten träg über dieses und jenes. Über nichts und alles zugleich. So gelangten wir zum Friedhof. Dort, hinter dem Tor, ganz am Rand, lag Julka. Eine Dichterin und Freundin Tonjas. Sie hatte sich im Wald erhängt und einen Band Gedichte hinterlassen, vier Kinder und einen Mann, ebenfalls ein Dichter. Sie war fünfundzwanzig Jahre alt geworden. Auf dem eisernen Kreuz ein großes Bild, und in dem Bild große, schwarze Augen.

»Hast du darüber nachgedacht, irgendwann einmal, wo sie dich begraben werden?«

Etwas weiter – Gestrüpp und das Grab des Unbekannten Seka. Das war Tonjas Idee: Ein Hügel aus Steinen, zusammengetragen von Kindern und Enkeln der Opfer des SLON. Denn in den Steinen leben, wie in den Worten, unsere Ahnen und ihre Seelen weiter. Das haben schon die Samen gewußt... Wir gingen zwischen den Gräbern herum, Blätter raschelten, Sonnenstrahlen sickerten durch das Laub auf den Boden, hier ein orthodoxes Kreuz, dort ein roter Stern, und auf jedem Grab ein Wodkaglas. Man kann herkommen, sich setzen, etwas trinken...

Im Korridor wird es wieder laut. Alte Weiber poltern herein. Die eine flucht saftig auf die Obrigkeit und die ganze Welt. Die anderen husten, wie zur Begleitung. Petja-Osluschnik, Petja der Aufsässige, ist gekommen, völlig betrunken. Er soll die Psalmen lesen. (Die Mönche haben das verweigert, weil es sich um eine Selbstmörderin handelt.) Er beginnt leise, *mormorando*, monoton tief drinnen brummend, wird dann lauter, wiegt sich im Takt. Ich grabe mich in meinen Schafpelz. Die Kerzen zittern. Der Psalm läuft dahin wie ein Weg am Ufer des Meeres: *Tschelovek, jako trawa dnije jego, jaki zwet sel'nyj, tako ozwetjot …*

… wir erreichten das Kap der Labyrinthe. Wir setzten uns auf die Steine und rauchten.

»Wenn du von hier weg willst, schau nicht in die Labyrinthe der Samen, sonst verlierst du dich. So wie ich …«

Das Meer plätscherte, die Möwen kreischten. Wir gingen weiter. Über den harten Sand, in Haufen von Algen einsinkend. Ahnfeltia, Fucus, Laminaria. Überraschend begann sie, von sich zu erzählen, ungeordnet. Der Urgroßvater war Pole (angeblich hieß er Przegodzki), der in den Ural verbannt wurde, der Vater – ein Alkasch und Sänger. Sie vergötterte ihn. Die Mutter hat sie gehaßt – seit der Kindheit – und davon geträumt, ihr mit der Schere die Fut abzuschneiden. Papa kam nur selten nach Hause, meist betrunken. Sie zog ihm die Schuhe aus, half ihm, sich auszuziehen, und hörte sich seine gestammelten Gedichte und Erzählungen an, verworren wie das Leben, Fabeln nicht von dieser Welt. Dann nahm sich die Mutter das Leben, und der Vater verschwand. Später waren da Tanten, ein Internat, die Schule, ein Junge. Der erste Wodka, die ersten Gedichte. Sie fand ihren Vater, er lag in R. im Sterben. Versoffen und verzweifelt, so starb er … sie verstummte.

Das Ufer lief in Windungen dahin, schweifte in Buchten ab, wie ihre Geschichte. Mit einemmal tauchten aus einer Luftspiegelung, ganz unerwartet, die Haseninseln. Die Sonne wurde von dort so stark reflektiert, daß das Hinsehen schmerzte. Nach einer Weile nahm sie den Faden der Erzählung wieder auf, wobei sie ein paar Kapitel übersprang. Nach Solowki war sie vor zwanzig Jahren gekommen. Mit ihrem Mann und Aljoschka. Saschka, ihr Jüngerer, war hier zur Welt gekommen. Sie hatte sofort gespürt, daß das ihre Heimat war. Daß sie hier bleiben würde. Ihr Mann hatte es nicht ausgehalten, er war fortgegangen und hatte den Älteren mitgenommen. Später war er noch ein paar Mal zurückgekehrt, doch dann kam es zur Scheidung, und er schrieb nicht mehr. Anfangs war es schwer so allein, vor allem im Winter: Immer ist es finster, immer die Sehnsucht. Der niedrige Himmel drückte einen zu Boden, der Wind wehte einem die Seele davon. Schließlich gewöhnte sie sich, begann zu trinken. Sie arbeitete im Museum, beschäftigte sich mit dem SLON. Das wurde damals nicht gern gesehen, die Mode mit den Lagern hatte noch nicht eingesetzt. Aber sie machten eine Ausstellung, die erste in der Sowjetunion, und eine Karte der Zonen für die Organisation »Memorial«, und einen Film mit der Goldowska, *Wlast solowjezkaja*, die Obrigkeit auf Solowki (sie las darin, aus dem Off, Briefe von Seki, die sie auf der Sekirnaja Gora gefunden hatte, zwischen Ziegeln).

Im Sommer führte sie Exkursionen, und im Winter schrieb sie Gedichte. Und Saschka wuchs heran, ein Jahr löste das andere ab, so wie die Männer einander im Bett: einmal einprägsam, dann wieder unbestimmt. Schließlich begriff sie, daß das Museum nichts für sie war, dort balsamierten sie bloß die Erinnerung ein und wollten von den Touristen leben. Sie begann den *Solowjezkij Westnik* herauszugeben, die Zeiten waren günstig. Neboschenko gab Geld, jemand organisierte den Druck, und es war wie unter dem SLON: Die Solowjezker hatten wieder ihre eigene Zeitung. Eine Zeitung, mit deren Hilfe das Gestern auflebte und das Heute existierte: Gedichte von Seki und von Julka in einer gemeinsamen Rubrik, Reportagen aus dem SLON und Skizzen aus der Siedlung, die Lebensläufe von Verstorbenen neben denen von Lebenden. Sie arbeitete wie in Trance.

Und trank immer mehr, denn ohne Wodka hältst du es hier nicht lange aus – die Schreckensbilder erdrücken dich. Hier weinen die Mauern, die Pilze sprießen aus Leichen, und die Landschaft paßt nicht zum Leben, wirkt wie eine Dekoration zum falschen Stück. Im Sommer ist es halb so schlimm, da gibt es Touristen, Gäste und Trubel. Doch im Winter, wenn die Solowjezker allein sind, im Winter kann man hier um den Verstand kommen. Gleichzeitig ist der Winter auf Solowki eine besondere Jahreszeit, etwas für Auserwählte: Im Winter kann man sich in der schneebedeckten Einsamkeit selber begegnen.

»Mar, du mußt im Winter auf die Inseln kommen ...«

Petja bleibt im halben Psalm stecken, er ist eingenickt ... Plötzlich ist es so still geworden, daß man hören kann, wie das Eis im Meer zerbricht, wie die Schollen ächzen. Es ist schon halb zwei. Vor dem Fenster steht der Vollmond, die Welt liegt wie mit Zucker übergossen da, hier glitzert sie, dort räkelt sie sich im Schatten. Irgendwo habe ich gelesen, daß die Samojeden die Jännernächte »weiß« nennen, weil der Mond dann so tief hängt wie ein Lampion und Schnee und Eis fahles Licht ausstrahlen ...

»... im Winter kann man hier das Innere der Welt sehen. Pawel Florenski hat geschrieben, daß die Wirklichkeit im Norden dünner ist als anderswo, wie ein an den Ellbogen abgewetzter Pullover, und daß hier die andere Welt durchschimmert. Es genügt das Polarlicht, um den Kosmos im Nacken zu spüren, und die Stille einer weißen Nacht, um zu hören ...«, sie sprach den Satz nicht zu Ende, als hätte sie Angst, zu viel zu sagen.

Wir kehrten über eine schmale Nehrung, die das Meer von der Sauren Bucht trennt, zur Siedlung zurück. Die Sonne ging hinter der Psja Luda unter und goß purpurnes Licht über das Ufer. Das Moos auf den Dünen sah aus wie weinroter Plüsch. Der Sand knirschte. Tonja sprach weiter. Ein paar Mal hatte sie versucht, von hier zu fliehen, einmal hatte es sie sogar bis nach Kolyma verschlagen. Doch sie war immer zurückgekehrt, ohne Solowki konnte sie nicht mehr leben. Sie wußte selber nicht mehr, wann sie gespürt hatte, daß die Inseln und sie eins waren, daß der Boden der Inseln ihre Haut war (in der man die Leichen vergraben hatte), und ihre Geschichte ihr Leben. Hier hatte sie jeden Weg mit einem eigenen Gedicht abgeschritten, hatte sich mit den Steinen verbrüdert. Zum Beispiel der hier... sie machte ein paar Schritte und holte aus einer kleinen Ausspülung unter Wasser, ohne richtig hinzuschauen, einen mit Granaten besetzten Stein heraus: ein großer, grauer Granitbrocken, wie gesprenkelt mit Blutstropfen. Sie hatte ihn selber dort versteckt. Er war wirklich schön. Und geheimnisvoll, wie ein zur Hälfte verwischter Text...

Ich werde vom Geruch von Pirogi mit Kraut und von Stimmen geweckt. Im ersten Augenblick weiß ich nicht, wo ich bin. Von wo ertönen diese Stimmen, wo sind die Pirogi hergekommen? Wo ist der Stein, wo ist Tonja? Wer schnarcht da neben mir? Das ist Petja. Und Tonja... lebt nicht mehr! In der Kanzlei des Museums wird der Tisch fürs Totenmahl gedeckt. Die Frauen tragen das Essen auf. Es ist schon sieben, Zeit, das Grab zu schaufeln.

4.

Es begann gerade zu dämmern, als wir atemlos, bis zum Gürtel im bläulichen Schnee, ankamen. Im Osten hellte es auf, und hinter dem Wald krochen zerzauste, rosa beleuchtete

Wolken hervor. Auf dem Friedhof war es noch dunkel, nur an manchen Stellen, an höher gelegenen Zweigen, blitzte der Rauhreif. Es herrschte tiefer Frost. Nicht weit vom Tor entzündeten wir ein Feuer – ein paar trockene Scheiter, ein wenig Benzin, und schon stoben die Funken. Dann Schilo, jeder ein Glas, dazu Speck, damit die Arbeit besser von der Hand ging. Die eisige Flüssigkeit, dick wie Öl, rann wie weißes Licht hinunter und entfachte im Inneren ein Feuer und schärfte den Blick. Der Speck war hart und salzig. Die Welt trat deutlicher hervor, die Menschen rückten näher. Mischa, Schenja, Morosow, Motyl …

… sie alle hatte ich durch Melniza kennengelernt. Damals, an jenem Abend, nach der Rückkehr von unserem Spaziergang am Meer, hatte sie uns zu sich eingeladen, zu einer Geburtstagsfeier. Sie wurde fünfundvierzig Jahre alt. Sie wohnte in Schmutz und Unordnung, in zwei Zimmern mit Küche, in der Saosernaja. Am Tisch sah ich ihre Freunde: den Holzschnitzer Galinski, ein Buddhist, mit dem sie damals schlief, Wasja, der Mann Julkas, ein Dichter und Sänger, der Fotograf Mischa Werwald, ein Este aus den Sajanischen Bergen, der Journalist Dejsan, der es nicht bis zum Mönch gebracht hatte, die schizophrene Poetesse Nina, der Philosoph und Deliriker Sergej Morosow, der taube Kritski, Historiker und Kommunist, ihr Nachbar, Jura der Fischer, der Buchhalter und Päderast Ditschkow, Schenka der Schmied mit dem Wolfsrachen, Sascha der Dieb, Locha von den Algen, der Bomsch Motyl und der Bitsch Rudi, die Hure und Syphilitikerin Inka, die lahme Katja und noch ein paar unvergeßliche Gesichter wie von Bosch oder Memling gemalt, wie mir damals nach ein paar Gläsern schien. Wie ein Gericht, das Jüngste vielleicht, oder jemandes private Hölle. Als am nächsten Morgen das erste

Licht in die Küche fiel und den Schmutz und die Unordnung aus dem Halbdunkel holte – Fischköpfe, Zigarettenkippen im Teig, ein paar übriggebliebene Gäste –, konnte ich nicht verstehen, worum es ging. Worüber sprachen sie? Aus dem Greinen hörte ich einzelne Worte heraus, etwas von Äpfeln, die dort in den Gärten wuchsen. War das Nostalgie? Na klar, sie sehnten sich nach wärmeren Zonen, einem gemäßigten Klima …

Dann lernte ich, dank Tonja, ihre Geschichten kennen, ihre verschlungenen Schicksale – es waren die verschiedenen Fäden ein und derselben Geschichte; den Rest – ihre Gesichtszüge, die Details ihrer Existenz – konnte ich später, als ich unter ihnen lebte, selber ergänzen. Heute sind nicht mehr viele der damaligen Gäste unter uns, der eine ist von eigener Hand zu Tod gekommen, dem anderen haben Freunde geholfen oder vielleicht auch der Schilo. Jurka wurde im Rausch aus dem Boot gestoßen, Rudi hat das Herz den Dienst versagt, Saschka hat sich aufgehängt, Katjuscha wurde erstochen, und Locha haben sie in einer der Zonen fertig gemacht, diese Hundesöhne. Und dann stürzte Tonja selber aus der Erzählung von Solowki, wie aus dem Fenster …

Mischa wollte auf dem neuen Friedhof graben, wo es viel Platz gibt und der Weg ausgetreten ist. Motyl beharrte darauf, es müsse neben dem Zaun sein, immerhin buddelten wir eine Selbstmörderin ein. Ich sagte, neben Julka sei noch ein wenig Platz, gerade genug für eine Leiche, und der Zaun sei nahe und das Meer gleich nebenan. Wir einigten uns auf meinen Vorschlag. Wir schoben den Schnee weg und warfen glimmende Scheiter auf den gefrorenen Boden, in der Hoffnung, daß er von selber auftaute. Doch er dachte gar nicht daran … wir mußten ihn mit Brechstangen aufschlagen. Ein halber Meter fest gefrorener Kruste, wie Eisenbeton. Wir hauten abwechselnd drauf, bis wir Funken vor den Augen sahen und die Hände nicht mehr spürten. Julka schaute uns von dem Bild auf dem Kreuz mit ironischem Lächeln zu. In der Zwischenzeit ging die Sonne auf, eine goldene Garbe im milchigen Nebel, wie ein Flakscheinwerfer, eine senkrechte Lichtsäule. So etwas bekommt man nur im Winter zu sehen. Die Brecheisen klirrten, sprangen vom pickelharten Boden ab, die Menschen dampften. Endlich stießen wir auf Sand, jetzt sollte es leichter gehen, Zeit für eine Zigarettenpause. Wieder ein Schluck Schilo, wieder Speck von den Sajanischen Bergen (den hat Mischas Mama geschickt). Das Feuer prasselte, Schenka hatte ein Scheit hineingeworfen. Schenja, Mischa, Motyl, Morosow …

… die Melniza hatte Solowki oft *swalka ljudej* genannt, einen menschlichen Abfallhaufen. So wie früher einmal der Gletscher die Steine hergebracht hat, so setzt nun das Leben hier allen menschlichen Müll ab: Träumer und Narren, Dichter, Outsider und Versager, Entgleiste, Mystiker, Schmarotzer und Flüchtlinge. Das Leben hat sie redlich gebeutelt, schlecht behandelt und abgetrieben, immer weiter und weiter vom Hauptstrom, in dem die anderen schwimmen, bis sie endlich hängenblieben … hier, an diesen aus dem Weißen Meer ragenden Felsen. Und mit Verwunderung sahen sie, daß sie nicht weiter abtreiben konnten, daß sie den äußersten Rand erreicht hatten. Die einen wurden von Furcht gepackt, die anderen begannen zu saufen, und manche verloren still und heimlich den Verstand. Die Melniza verspürte mit allen Mitleid (vielleicht sollte man besser sagen: Sie hat mit jedem mitgelitten?), so tief, daß sich die Grenzen zwischen fremdem und eigenem Leid auflösten. Sie identifizierte sich mit den Helden ihrer Erzählungen. Ja, ja, ihrer Erzählungen, denn Tonja erzählte von den Menschen von Solowki, in Prosa und Versen. Und dabei bemerkte sie nicht, daß sie ihr eigenes Leben in einen Roman verwandelte, in einen Roman, dessen Fabel ihr unter der Feder entglitt. Seit ich mich auf den Inseln niedergelassen hatte, konnte ich die Fortsetzung von Tonjas Geschichte beobachten, die damals, an jenem ersten Tag am Meer, ihren Anfang genommen hatte.

Manchmal kam sie zu uns, weil sie einen verwandten Geist spürte, wie sie selber sagte, einmal mit einer Flasche, dann schon betrunken, und sie weinte und spann ihre Geschichten weiter und heulte manchmal Rotz und Wasser, auch das kam vor. Entweder gab es einen neuen Muschik und Liebeskummer, Zänkereien und blau geschlagene Augen, oder sie wurde von Gewissensbissen geplagt, weil sie ihre Söhne verloren hatte, denn Loscha war seit geraumer Zeit spurlos verschwunden und wurde von den Uniformierten gesucht, und den Jüngeren, Sascha, hatten sie wie einen Dieb in eine Anstalt für Minderjährige gesteckt. Auch mit der Zeitung hatte sie Probleme, sie gaben ihr kein Geld, diese Ratten. Sie wurde immer aufgedunsener, schlampiger, vulgärer. Sie begann die Menschen zu meiden, vor allem die angeblich ordentlichen, vielleicht aus Scham oder aus reiner Paranoia. Sie gab sich lieber mit Bomschi ab, mit degenerierten Typen, mit Alkaschen. Im Sommer trieb sie sich bei den Fischgründen herum, wo sie sich mit Bitschi einließ und mit Schilo betäubte, und im Winter wohnte sie, wo es sich gerade ergab, einmal bei Inka, dann bei Katja im »Shanghai«, und sie spuckte Gedichte wie Galle.

Jetzt bin ich an der Reihe. Die Grube wird immer tiefer, im Sand geht es schneller. Wir graben einzeln, abwechselnd, um einander nicht mit der Schaufel zu behindern. Im Grab ist es eng und eisig. Vom Sand schlägt einem Kälte entgegen.

Je tiefer man gräbt, umso einsamer wird es. Die Stimmen von oben dringen nur mehr gedämpft herunter. Hier herunten herrscht Stille, nur der Sand knistert, und manchmal schlägt die Schaufel gegen einen Stein. Der Sand hat keinen Geruch. Wenn man die Wände des Grabes glättet, fällt er in schmutzigbraunen, gefrorenen Platten herab. Ich würde gern wissen, ob im Sommer die Wärme bis herunter dringt, um den Leib Tonjas zu zersetzen, oder ob sie hier im gefrorenen Sand liegen bleibt wie in einem Kühlraum, bis ans Ende der Welt? Es ist unheimlich hier herunten. Unwillkürlich denkt man über sich selber, über den eigenen Körper nach. Ich habe schon oft an Begräbnissen teilgenommen, doch immer stand ich oben, am Grab, unter den Lebenden. Aus der Grube sieht das anders aus: ein Stück Blau in den Wipfeln der Bäume, auf den Ästen Rauhreif und manchmal ein Gesicht, das sich über die Öffnung beugt – einmal das von Motyl, dann von Mischa, von Morosow, von Schenja …

… die Helden von Melnizas Gedichten und Teil ihres Lebens. Denn Tonja, Tonjucha, ein echtes russisches Weib, war großzügig. Sie spaltete in ihrem Leib die Schmerzen der anderen auf, maß deren Ängste an der eigenen Furcht, trank mit ihnen, schlief mit ihnen, und nur wenn sie über sie schrieb, entfernte sie sich für einen Moment von ihnen. Es kam so weit, daß sie Leichen wusch, um einen Blick in einen fremden Tod zu werfen. Ich erinnere mich an das letzte Mal, ich glaube damals wurde Großmutter Gala gewaschen, als sie am Morgen zu uns kam, schon angetrunken, mit einer Flasche. Sie war rührselig, verschluckte die Worte und stammelte etwas von Guttapercha, während sie Wodka einschenkte. Dann sang sie über die »Schwarze Krähe«, den Arrestantenwagen, und heulte dabei. Bis ihr Tränen und Rotz herunter flossen. Schon im Gehen, sagte sie, wieder etwas ruhiger, jeder sollte zumindest einmal eine Leiche waschen, um das Leben zu spüren, bis ans Ende … Seit damals habe ich sie nicht mehr gesehen, denn wenig später floh sie, um erst wieder im Sarg zurückzukehren.

Die Arbeit ist getan. Nur noch ein paar Tannenreiser auf den Boden und zwei Bretter quer, damit man den Strick besser unterm Sarg durchziehen kann. Und jeder noch ein Gläschen, zum Abschied. Wir packen die Brecheisen und Schaufeln zusammen. Löschen das Feuer. Auf den Ästen ringsum versammeln sich Raben. Der Kondukt bahnt sich den Weg durch den Schnee – eine Menschenmenge. Die Leute liebten Tonjucha. Dann wird es noch viele Reden geben, eine Menge Tränen und eine Warteschlange vor dem Grab, weil jeder eine Handvoll Erde hineinwerfen möchte. Dann werden sie es zuschaufeln, die Erde feststampfen, Kränze drauflegen. Die alten Weiber werden Brotkrumen streuen. Dann werden sie auseinandergehen.

Leere ringsum. Nur die Raben werden das Brot aufpicken.

5.

Leichenschmaus im Museum. Man hat Tische für hundert Personen aufgestellt, doch es sind mehr gekommen. Viele suchen eine Sitzgelegenheit, es herrscht ein Gewühl und Durcheinander. Die Trauernden sitzen dicht gedrängt, Ellbogen an Ellbogen. Vor jedem ein kleiner Teller mit Kutja aus Reis und Rosinen, ein Blin. Das ist der Brauch. Dann gibt es Schüsseln mit dampfenden Kartoffeln, gesalzene Heringe, Berge russischen Salats, Dorschterrine, gebratenen Barsch, Fischsuppe aus Aalquappen, Fischkoteletts, Pirogi mit Topfen, Pirogi mit Kraut, Sauerkraut, Pasteten. Und natürlich Wodka, klaren. Dazu das zufriedene Brummen der Alkaschy: Man bekommt gratis zu trinken. Ich schaue mich um. Die Leute vom Museum sitzen beisammen, in der Nähe des Direktors, in der Mitte Dubrawa, der letzte Mann der Melniza, neben ihm ihre ehemaligen Geliebten und Bekannten, die Boheme von Solowki, alte Weiber, Nachbarn und Muschiks von den Fischgründen, Algenfischer und der örtliche Abschaum, das heißt die Bitschi und Bomschi und alles erdenkliche Hurenpack.

Unter Getöse wird Wodka eingeschenkt. Alle erheben sich. Direktor Martynow wartet einen Moment, bis Ruhe eintritt, dann ergreift er das Wort. Er spricht lang, voll Emphase, scheint jedes einzelne Wort auszukosten: über die Verdienste der Verstorbenen, von der Ausstellung über den SLON, die Aufklärung weißer Flecken in der Geschichte, beglichene Schuld, unsere Dankbarkeit...

... über unsere Dankbarkeit, ja natürlich, denn immerhin habe ich es Melniza zu verdanken, daß ich hier bin. Damals, bei unserem ersten Spaziergang, war mir plötzlich der Gedanke gekommen: Warum soll ich nicht hierher ziehen? Wenigstens für ein paar Jahre, um den Winter im Norden und das Polarlicht zu sehen und um mich selber zu finden. Ich hatte schon überall gewohnt: in Mitteleuropa und in Nordamerika, in den Goldenen Bergen bei Kłodzko und auf der Fifth Avenue in New York, in der Danziger Werft, zur Zeit des Streiks im August, und an der Berliner Mauer, als sie niedergerissen wurde, im Weißen Haus in Moskau in den Tagen des Putsches, und auf einem leeren Strand in Suchumi, während des Krieges der Abchasen gegen die Georgier. In diesem Gewirr von Ereignissen, ständig unter Menschen, war es mir schwergefallen, mich zu konzentrieren (auf einen Punkt), während hier sogar die Natur dank ihrer asketischen Formen und Farben die Abgeschiedenheit und Konzentration fördert. Dort herrschen das Dröhnen der Massenmedien und Lärm, das Klirren von Glas und Hurrapatriotismus, während es hier den Wald gibt, das Schweigen der Felsen, die Leere des Horizonts. Innehalten, jedenfalls für einen Moment – warum nicht? Und Tonja war uns behilflich gewesen, sie hatte die Wohnung in der Biostation gefunden, hatte in Moskau angerufen, uns am Flughafen willkommen geheißen, als wir im Dezember nach Solowki gekommen waren, sie hatte Brennholz aufgetrieben … endlich hat Martynow ein Ende gefunden. Alle trinken aus. Setzen sich. Greifen zu.

Es wird laut, der Alkohol beginnt zu wirken. Die Augen werden feucht, die Gesichter tauen auf, beleben sich, und das Essen nimmt alle in Anspruch, ausnahmslos. Hände langen zu, Kiefer malmen, Schüsseln kreisen. Das ist nicht verwunderlich, denn die meisten Solowjezker können sich für gewöhnlich nicht satt essen. Vor allem die Bomschi. Eine neue Runde. Swjeta und Ljuba gießen Wodka in die *Stopki.* Werwald schlägt mit der Gabel gegen das Glas, und es werden hundert Stopki gehoben, um Tonja zu ehren. Mischa ist ein wortreicher Mann, die Gläser erstarren in der Luft. Es ist die Rede von den Verdiensten der Verstorbenen für die lokale Zeitung. Daß sie eine Journalistin erster Klasse war und ganz allein die ganze Zeitung gemacht hat, vom Leitartikel bis zum Umbruch der Nummer, und daß ihr *Westnik* überall gelesen wurde, in ganz Rußland, von Tschukotka bis Kurska Kosa, und auch im Ausland, in Europa, in den Staaten, ja in Australien, und daß sie auch eine Dichterin war, und zwar nicht irgendeine, und daß sie ihr Leben in Versen geschrieben hat, und ihre Verse – mit ihrem Leben …

...ja, ja, ich erinnere mich an unsere endlosen Streitgespräche über das Schreiben und das Leben und wie sich das eine zum anderen verhält. Und darüber, was man über die Menschen sagen und nicht sagen kann, über die man schreibt. Über das Recht, die Wirklichkeit dichterisch zu gestalten, und über die Ansprüche der Helden dokumentarischer Prosa, und über die Prosa Schalamows, die er wie ein Dokument erlebt hat, und über die Dichtung Rubsows, der in der Nacht zu Dreikönig (am 19. Jänner) von der Heldin seiner Gedichte, der Frau, die seine Gattin werden sollte, totgeschlagen wurde. Im Verlauf eines dieser Gespräche, es war eines der letzten, schenkte mir Tonja ihr geliebtes »Nördliches Tagebuch« von Kasakow, mit einem eigenen Epitaph, den sie wie ein Motto auf den Umschlag gekritzelt hatte... und Werwald schließt mit dem Wunsch, die Erde möge Tonja federleicht sein. Die Gläser werden geleert.

Und so weiter. Weitere Runden Wodka, weitere Reden, immer undeutlicher. Über die Güte Tonjas, darüber, daß sie immer mit einem Rubel ausgeholfen, die Leute an ihr Herz gedrückt, mit ihnen geweint, sie getätschelt hat. Natascha rinnt die Tusche über die Wangen. Dubrawa und Dejsan umarmen einander. Motyl betatscht Inka. Plötzlich schreit Schenja, jemand habe die Messer gestohlen. Die Burzewa schwört Stein und Bein, sie habe sie nicht genommen. Die Bitschi nützen die Verwirrung und trinken den Wodka der anderen aus. Irgendjemand hat sich in der Toilette erbrochen, einer liegt schlafend in der Schneewächte neben dem Eingang und... vielleicht hat die Melniza zu Recht gesagt, ich sei unter ihnen *otreschonnyj* (abwesend, losgelöst).

»Du beobachtest uns wie Versuchskaninchen«, sagte sie manchmal, während sie ihr Glas leerte.

XII

Ich ende mit dem, Eure Hoheit, womit ich begonnen habe: Rußland ist ein großes Schauspiel, das ich immer mit Bewunderung und Schauder gleicherweise betrachten werde.

Joseph de Maistre

1.

Früher waren auf dem Hügel bei der Saosernaja der Klosterfriedhof und eine Kirche. Später, in den Zeiten des SLON, wurden dort die Seki in Scharen erschossen und in Massengräbern verscharrt, wobei man die frischen Leichen zu alten Skeletten warf. In den dreißiger Jahren wurde die Kirche niedergerissen und mit dem Bau des Lagerspitals begonnen. Das Fundament wurde auf Knochen errichtet. Nicht weit davon wurden immer noch Häftlinge erschossen und eingescharrt. Der Bau des Spitals wurde 1939 vollendet – ein steinernes Bauwerk mit Arkaden und Säulen, halb Gutshof, halb Amtsgebäude. Dann wurden die Seki von den Inseln weggeschafft, und die Armee übernahm das Spital. Die ältesten Solowjezker erinnern sich voll Nostalgie ans Militär: an hervorragende Ärzte, eine sachkundige Behandlung, kostenlose Medikamente. Im Jahre 1953, nach dem Tod Stalins, wurde das Spital modernisiert, und bei der Gelegenheit wurde ein Haufen Knochen ausgegraben. Später kamen bei verschiedenen Grabungsarbeiten noch öfter menschliche Gebeine zum Vorschein. Ende der achtziger

Jahre verließ das Militär im Rahmen der Perestrojka die Inseln. Das Spital wurde von der Zivilverwaltung übernommen. Es fehlte an Ärzten, das Gebäude erforderte eine Renovierung, doch es gab kein Geld, der Röntgenapparat ging kaputt, die Laborantin wurde entlassen ... Heute findet man dort keinen Dentisten, keinen Chirurgen, keine Hebamme, nicht einmal eine ordentliche Krankenschwester. Nur die Oberärztin, Lina C., ist geblieben. Das einzige, was sie versteht, ist, einen Muschik aus seinem Vollrausch zu holen und an den Tropf zu hängen. Das Gebäude zerfällt, die Wände verrotten, die Rohre lecken, und auf den Pritschen sterben die Solowjezker Alten, die zu Hause niemanden haben, der sich um sie kümmert. Dafür gibt es Licht, und es ist warm, obwohl das Spital in Schulden versinkt, aber sie können ihm den Strom nicht abdrehen, weil sonst die Alten erfrieren würden. (Anderen Schuldnern haben sie längst den Strom abgedreht – dem Museum ebenso wie dem Kulturhaus, der Feuerwehr und sogar der Administration.) In dieser Situation erließ der Glawa ein Dekret und verlegte den Sitz der Administration ins Spital. Die Beamten belegten das ganze Parterre: Das Sozialamt sitzt in der Zahnklinik, das Sekretariat im Kreißsaal und der Glawa in der Röntgenabteilung. Die lokalen Alten sterben wie früher im ersten Stock, während sich die Beamten bei ihnen wärmen.

2.

21. MÄRZ

»Dobro poschalowat w Solowjezkij lager golodnogo reschima!« (Willkommen im Lager des Solowjezker Hungerregimes!), stand krakelig auf die Tafel geschrieben, mit der die Solow-

jezker den Vizegouverneur mit seinem Troß begrüßten. Am Tor des Flughafens warteten Arbeiter der kommunalen Betriebe, bis zu den Knien im nassen Schnee, seit dem frühen Morgen auf die Delegierten aus Archangelsk. Die Arbeiter warteten auf die Auszahlung, die sie seit dem Winter vor zwei Jahren nicht mehr gesehen hatten. Steif vor Kälte, weil »nicht einmal das Blut einen mehr wärmt«, und bereit, jederzeit auf die Rollbahn zu laufen, um die Delegation nur ja nicht aus Solowki fortzulassen, falls sich herausstellen sollte, daß sie ohne Geld gekommen war.

»Dann sollen sie mit uns hier hocken«, spottete Pinagorski, der die Muschiks aufhetzen wollte, »mindestens einen Monat, ohne Brot…«

Das Flugzeug hatte kaum aufgesetzt, da rannten sie schon aufs Rollfeld, ohne auf das Geschrei des Flughafenleiters zu achten, das sei verboten. Doch für mehr fehlte ihnen die Courage! Beim Anblick der Staatsbeamten blieben sie wie angewurzelt stehen und verstummten. Ein paar nahmen sogar die Mütze ab. Die Delegierten schritten hurtig an ihnen vorbei zum Autobus.

»Und unser Geld«, brüllte Kola Arkatian, ein Solowjezker Armenier, ein riesiger Kerl mit blutunterlaufenen Augen.

»Nur kein Geschrei«, bellte der Oberst des MWD zurück, der die Delegierten eskortierte. »Wer bist du?«

Kola wurde auf der Stelle weich und begann zu jammern, er habe drei hungrige Kinder, die Frau sei schwanger, sie lebten in einer Lagerbaracke mit durchgefaultem Dach, der Schnee falle ihnen in die leeren Töpfe…

»Das werden wir später klären«, schnitt ihm der Oberst das Wort ab, als er sah, daß die Gäste eingestiegen waren. Die Reifen spritzten Dreck hoch, aus dem Auspuff qualmte und stank es, und sie fuhren zur Administration (das heißt zum Spital). Und das Volk folgte ihnen, zu Fuß.

Vor dem Gebäude der Administration (dem Spital) gab es einen Tumult, wildes Fluchen, Matsch. Der Rauch von Zigaretten der Marke Bialomory biß in den Augen. Sascha Pinagorski macht die Leute wieder nervös mit seinem Gerede, es werde kein Geld geben, die Gäste würden sich bei Anantschenko (einem ehemaligen KGB-Funktionär und jetzt Besitzer des Hotels im ehemaligen Gefängnis des SLON) den Bauch vollschlagen und dann ohne ein Wort abfahren, und unsereiner werde zurückbleiben mit der Hand in der Sch…

»Ach, wenn sie uns wenigstens ein wenig geben würden«, sagte Motyl träumerisch, »dann könnte man ein Stück Speck und eine Flasche kaufen und hinausfahren zum Fischen.«

»Eher wirst du deine eigenen Ohren sehen als dein Geld«, versetzte ihm Pinagorski einen Dämpfer.

»Hundesöhne, Huren…«, fluchte einer und verschluckte das halbe Wort, weil in dem Moment ein Bote heraustrat und sie aufforderte, hineinzukommen. Das Volk stürmte in den Sitzungssaal der Administration (das heißt den Operationssaal), nahm Platz und harrte ruhig der Dinge. Die Luft wurde immer dicker. Der Vizegouverneur begann trocken, als gelte es, Erbsen zu zählen. Daß es kein Geld gebe und keines geben werde, solange wir das nicht selber erarbeiten. Daß es jetzt Reformen gebe und Marktwirtschaft, und daß man auf keinen Menschen Rücksicht nehmen dürfe. Im Elektrizitätswerk zum Beispiel arbeiteten zweiunddreißig Leute, dabei reichten vier. Die Erhaltung eines Bettes in unserem Spital koste hundertzwanzig Millionen jährlich, in Mesen hingegen nur dreißig. Über achtzig Prozent der

Bewohner von Solowki bekämen diverse Zahlungsnachlässe für Leistungen, es sei daher nicht erstaunlich, daß es an allem fehlt. Weiter sprach er von der kommunalen Reform, über die in Rußland jetzt so viel geredet wurde. Daß jeder selber für seine Wohnung zahlen müsse, und zwar zur Gänze und nicht wie bisher bloß fünfundzwanzig Prozent. Und daß es bei Dienstleistungsbetrieben Konkurrenz brauche, damit nicht irgendein Installateur den Leuten für ein Stück Rohr das Fell über die Ohren ziehen könne…

An dieser Stelle konnte sich die neue Leiterin der kommunalen Arbeiter, Galawanicha, nicht mehr beherrschen und sagte, das sei ein Blödsinn, weil die Leute schon jetzt den Zins nicht bezahlten, wie sollten sie ihn auch bezahlen, wenn sie keine Löhne bekämen. Was aber die Konkurrenz angehe, ha, ha… in Solowki gebe es nicht einmal genug Material für eine einzige Firma, und keiner habe Geld, um etwas zu kaufen, weil die Leute nicht zahlten, weil sie nämlich nichts bezahlt bekämen, und so weiter, und so fort… Plötzlich fiel ein Stück Verputz vom Plafond, direkt auf den Tisch des Präsidiums. Gelächter. In diesem Moment wurde das Treffen abgebrochen, damit sich die Gäste mit eigenen Augen überzeugen könnten, wie die Menschen auf den Inseln lebten. Die Kommunalarbeiter riefen einen Wasserstreik aus, das heißt, sie wollten das Wasser in der Siedlung so lange absperren, bis sie ihre Löhne ausbezahlt bekämen. Und wirklich, zuerst rauschte es in den Kränen, und es floß eine braune Brühe heraus, von der Farbe schmutzigen Blutes, darauf röchelte es in den Rohren, und es kam noch ein wenig Rost… dann war Schluß.

Die Besichtigung begann mit dem Elektrizitätswerk, das aus dem letzten Loch pfeift und zwei Milliarden für Reparaturen benötigt. Überall leere Fässer, ein Sumpf von Masut.

Die Gäste machten sich die Schuhe dreckig. Sie wollten auch die Kläranlage sehen, doch die Straße war verschneit, und im übrigen gab es dort nichts zu sehen – die Kläranlage war nicht fertiggestellt und die Baustelle dann geplündert worden. Dafür zeigten sie ihnen das Wasserwerk, aus der Entfernung. Die fehlenden Filter bemerkten sie nicht. Dafür regten sie sich mächtig auf über die undichten Hydranten.

»Das ist eine sträfliche Verschwendung«, bemerkte der Vizegouverneur, »so viel Wasser ins Meer zu gießen.«

Die Mitglieder der Delegation wußten offenbar nicht, daß, wenn man die Hähne zudreht, das Wasser im Winter einfriert und im Sommer rostig aus der Leitung kommt. Vor dem Mittagessen schafften sie es noch, einen Blick in die Schule und in die Schulkantine zu werfen, wo die Kleinen einmal pro Tag eine Mahlzeit erhalten, oft die einzige für die Kinder auf Solowki. Weil vom Essen die Rede war, verspürten die Gäste plötzlich Hunger. Daher wurden sie zum Mittagessen zu Anantschenko gebracht: Dort gab es schwarzen Kaviar und Fischsuppe vom Lachs, und gebratene Haselhühner und Gurkensalat, und frische Birnen und Weintrauben, und Wein und eine Nußtorte, und Kaffee und Amaretto-Likör.

Nach dem Essen stand eine Begegnung mit den Solowjezker Räten auf dem Programm. Man sprach über die territoriale Selbstverwaltung. Früher einmal hatte es auf den Inseln einen Selsowjet gegeben, und für die Verwaltung hatten drei Personen gereicht, heute sitzen zwei Dutzend Beamte in der Administration und immer neue kommen dazu. Auf den Inseln gibt es kein Gericht, keinen Notar und kein Finanzamt. Und, noch wichtiger, sie haben auch kein eigenes Budget. Ohne eigenes Geld ist eine Selbstverwaltung aber sinnlos! Eine territoriale Selbstverwaltung hat nur eine Existenzberechtigung, wenn sie ihre Beamten ernähren kann, sonst wird sie zur Fiktion, die das Bundesbudget belastet. Heute kann man sagen, daß das Experiment mit der Selbstverwaltung in Rußland verfrüht war. Solange die Menschen nicht lernen, selbständig Geld zu verdienen und nicht auf eine *Polutschka* (vom Wort *polutschat:* etwas bekommen) zu warten, sind sie nicht imstande, sich selber zu regieren (was sich gegenwärtig darauf beschränkt, die vom Staat geschickten Summen zu verteilen). Die Begegnung mit den Räten verlief seltsamerweise friedlich, vielleicht wirkte die Aussicht auf eine baldige Liquidierung der Selbstverwaltung auf Solowki auf unsere Räte dämpfend. Nur Pinagorski brummte halblaut, dann werde er endlich seine Ruhe haben, denn diese Duma vergälle ihm das Leben. In diesem Augenblick sagte jemand, im Klub habe sich das Volk versammelt und warte auf die Gäste, und das schon seit über einer Stunde. Leider sprang der Autobus nicht an, und die Gäste mußten zu Fuß marschieren, durch Schnee und Matsch.

Im Klub saß das Volk dicht gedrängt, trotz der Kälte. Die einen waren aus Neugierde gekommen, die anderen aus Langeweile. Die alten Weiber wollten bei der Staatsmacht ihre Klagen vorbringen, die Veteranen wollten sich mit ihren Orden zeigen, die Intelligenzler in der Öffentlichkeit mit Worten glänzen, und die übrigen wollten einfach gaffen wie im Kino. Im Saal sah es aus wie in den sechziger Jahren, ein Vorhang, scharlachrote Tücher, überall Staub … Am Podium saß vollzählig die Delegation. Der Vizegouverneur begann ohne Umschweife, es sei an der Zeit, die Frage zu stellen: Was ist dieses Solowki eigentlich? Die einen wollen die Inseln den Mönchen zurückgeben, andere meinen, man solle hier einen Nationalpark errichten, und wieder andere glauben, das Geschäft mit dem Tourismus könne alle Probleme lösen. Gleichzeitig will keiner arbeiten, und jeder wartet auf eine Entlohnung. Die Wege versinken im Schnee, überall Matsch und Schlamm, die Wärme entweicht aus lecken Rohren in die Luft, statt die Häuser zu heizen, Hektoliter Wasser fließen ins Meer, die Kanalisation ist undicht, die überquellenden Müllhalden stinken, und Kommunalarbeiter gibt es auf Solowki… dreiundsiebzig! Und alle beschweren sich, daß sie kein Geld bekommen, aber wofür sollen sie etwas bekommen, wenn sie nichts tun? So kann es nicht weitergehen, man muß diesen Teufelskreis durchbrechen! Er, der Vizegouverneur, meint daher, seinen kurzen Aufenthalt auf den Inseln resümmierend, daß es folgendes braucht: Erstens muß die territoriale Selbstverwaltung aufgelöst werden, zweitens muß man Leute von hier wegschaffen, vor allem jene, die keiner braucht, weil ihre Erhaltung auf Solowki dreimal so teuer kommt wie auf dem Festland, und drittens muß man den Verbliebenen gestatten, die Zugvögel und die Rentiere auf der Insel Anser abzuschießen und den Wald für Brennholz zu schlagen, denn der Naturschutz ergibt keinen Sinn, wenn die Menschen verhungern.

An dieser Stelle legte der Vizegouverneur eine Pause ein, damit das Volk das Gesagte verdauen konnte. O je, wie dieses Volk aufbegehrte… Großmütterchen Sina begann zu schreien, sie lebe seit 1937 hier, habe hier ihren Mann begraben und wolle hier selber begraben werden, und keiner werde sie lebend von den Inseln wegschaffen! Koschewin sagte mit Feuer in der Stimme, freiwillig würden nur diejenigen wegfahren, die sich auch auf dem Festland zu helfen wüßten, die Bomschi und Säufer hingegen würden bleiben, denn wer brauche die schon dort? Nadja Tsch., die hiesige Ökologin, brach beinahe in Tränen aus, wie könne man erlauben, die Rentiere abzuschießen oder den Wald auf den Inseln zu schlagen, dadurch würde man eine einmalige Naturlandschaft, die im Verlauf von Jahrhunderten entstand, in einem einzigen Jahr zugrunde richten. Soja B. fragte, ob die ehrenwerten Gäste unsere Läden besucht hätten? Es stellte sich heraus, daß sie das nicht getan hatten.

»Ja«, rief sie, »sie sind überall gewesen, doch das Wichtigste haben sie nicht gesehen. Die Lebensmittel bei uns sind dreimal teurer als anderswo und alle mit abgelaufenem Verbrauchsdatum ...«

»Es wäre wohl besser, wieder das Lager einzuführen,« zischte von hinten Rykusow, »in dem hat man wenigstens eine Häftlingssuppe bekommen ...«

Nur um die Selbstverwaltung war keinem leid, im Gegenteil, alle schimpften über die Räte, obwohl sie diese vor gar nicht so langer Zeit selber gewählt hatten. Am Ende versprach der Vizegouverneur zu tun, was in seiner Macht stand.

Gegen Abend flogen die Gäste ab. Am Zaun des Flughafens lag, vom Wind zerbrochen, die Tafel, mit der sie am Morgen den Vizegouverneur begrüßt hatten: »Willkommen im Solowjezker Lager des Hungerregimes!«

3.

Der Herausgeber der *Kultura*, Jerzy Giedroyc, schickte mir die Zeitschrift *Russkaja mysl* mit einem Gespräch mit Solschenizyn. Der Herausgeber schrieb, die Aussagen von Alexander Issajewitsch hätten ihn erschreckt, und das weckte meine Neugierde. Ich las das Gespräch einmal, dann noch einmal. Doch es regte mich nicht auf. Offenbar hatte ich mich an die hiesigen Schrecken gewöhnt.

Solschenizyn spricht von der tiefen Kluft in der russischen Gesellschaft, die in das verelendete Volk und ein Grüppchen von Plünderern zerfällt, denen er die Staatsmacht und auch die Neureichen zurechnet, die er mit Epitheta wie Raubtiere und Dreckpfoten belegt. Nach Meinung von Alexander Issajewitsch ist die Kluft heute tiefer als vor der Februarrevolution, und alle »Pakte der Einigung und Verständigung« zwischen Staatsmacht und Opposition würden angesichts des Zorns der Massen von Habenichtsen bedeutungslos bleiben. Wer glaubt, es genüge, daß sich die Partei der Staatsmacht mit den Oppositionsparteien einigt, um den Konflikt zu überwinden, der unterschätzt die Gefährlichkeit der Situation. Den Kollaps kann nur eine Einigung zwischen den Beraubten und den Räubern verhindern, und diese Einigung kann man nur erreichen, wenn die Räuber das Geraubte wieder herausrücken. Werden sie das aber tun? Niemals...

Im weiteren spricht Solschenizyn vom »Bewahren der Nation« als einzige nationale Idee in den nächsten zwanzig bis dreißig Jahren, die imstande ist, alle Völker Rußlands und alle sozialen Schichten, mit Ausnahme natürlich der Raubtiere und der Dreckpfoten, zu vereinen. Das Prinzip des »Bewahrens der Nation« – ihrer Gesundheit, Bildung, Kultur und Tradition – müsse das wichtigste Kriterium für alle öffentlichen Entscheidungen sein: ein Gesetz, das über der Verfassung steht. Diese Idee ist nicht neu, sie wurde vor 250 Jahren von Piotr Iwanowitsch Schuwalow formuliert, aber weder von den späteren Zaren noch den Bolschewiki verwirklicht. Alexander Issajewitsch weist in seiner Broschüre »Wie soll man Rußland organisieren?«, die in einer Auflage von 27 Millionen Exemplaren erschien, auf diese Idee hin. Leider ohne Reaktion…

Solschenizyn berichtet auch von den »Regionen«, wie man heute die russische Provinz nennt. Ihr Hauptproblem ist das Fehlen einer Selbstverwaltung. Solange die Regionen keine eigenen Budgetmittel haben, wird die Selbstverwaltung Fiktion bleiben. Die Abhängigkeit von *dengi*, vom Geld, das von oben zugeteilt wird, macht jede selbständige Initiative an der Basis unmöglich. Die Duma erläßt immer neue Gesetze betreffend die territoriale Selbstverwaltung, doch die bewirken nicht viel. Alexander Issajewitsch hat 26 Gouvernements bereist und überall Menschen mit Initiative getroffen, doch leider verpufft ihre Energie im Kampf gegen die Mauern der Administration…

Und schließlich beklagt sich Solschenizyn noch über das russische Fernsehen, das ihn blockiere…

Als ich das alles gelesen hatte, begriff ich, warum mich das nicht aufregte. Die Dinge, über die Solschenizyn spricht, kenne ich aus eigener Anschauung, aus dem Alltag. Bei jedem Gemeinplatz des großen Schriftstellers sehe ich konkrete Dinge vor meinem Fenster. Und man kann mir glauben: Die Welt vor dem Fenster bewegt einen mehr als die Überlegungen des Autors, und sie ist auch viel komplizierter. Das Bild Solschenizyns ist, wie das Bild jedes Propheten, häufig tendenziös und leidenschaftlich und manchmal einseitig auf die jeweilige These zugeschnitten. Etwa das Bild von der Spaltung in die ausgeplünderte Nation und das Grüppchen von Plünderern. Warum dieser Diminutiv? Man sieht doch mit freiem Auge, daß es sich nicht um ein Grüppchen handelt, sondern um eine riesige Horde von Betrügern, Schwindlern, Kombinatoren, Korruptionisten und gewöhnlichen Dieben, die überall ihr Unwesen treiben, von der Metropole bis ins letzte Kaff, landauf, landab. Die Trennungslinien zwischen Armen und Neureichen zerstückeln das Land, in jedem Nest lauert eine lokale Mafia. Der Prozeß der *Prichwatisazja*, der Privatisierung in die eigenen Taschen, hat Siedlungen, Kolchosen und Fischgründe erfaßt. Dort wird alles weggeschleppt: von den Ziegeln, Rohren und Parketten bis zum Holz im Wald. Illegal werden Tonnen von Fischen aus dem Meer gezogen, Rentiere abgeschlachtet, Algen vom Meeresboden gefischt, und dann versaufen die einen alles, während die anderen das Geld in Business investieren, das heißt in die sogenannte *Kommerzija*. Alexander Issajewitsch meint, daß man etwas zurückgeben müsse, sagt aber nicht, wie das geschehen soll... Oder die Idee vom »Bewahren der Nation«. Die ist gewiß richtig, nur, ... was soll man vom Bewahren der Nation halten, wenn es nicht einmal Särge gibt, in denen man das Volk bestatten kann?

Der alte Nil lag eine Woche in der Totenkammer, weil es keine Bretter für seinen Sarg gab. Auf den Inseln sterben mehr Menschen, als geboren werden. Um zu überleben, muß man nämlich essen, nicht trinken. Als ich vor sechs Jahren hierher kam, kostete Wodka dreizehn Rubel und ein Laib Brot zwanzig Kopeken, das heißt, für einen halben Liter konnte man einen ganzen Berg Brote kaufen, heute kostet eine Flasche soviel wie drei Laibe. Über die Schule, das Gesundheitswesen oder die Kultur wollen wir lieber kein Wort verlieren... Oder die Provinz. Steht dort wirklich das Problem der Selbstverwaltungen an oberster Stelle? Ich würde das bezweifeln. Zwar habe ich nicht 26 Gouvernements bereist, doch mir genügen ein paar Dutzend pomorische Dörfer, die ich jedes Jahr mit Wasja mit der Jacht aufsuche, wenn wir an der Küste des Weißen Meeres entlang segeln. Dort gibt es keine Eisenbahn, keine Straßen und keine Flughäfen, dorthin kommen keine Schriftsteller. Und die Menschen dort denken nicht über die Selbstverwaltung nach, sondern wollen nur weg, so weit weg wie möglich. Ich habe auch die Gelegenheit hier, die territoriale Selbstverwaltung zu beobachten, weil man auf den Inseln gerade eine neue Duma gewählt hat, deren Sitzungen ich oft besuche. In der ersten Sitzung wurden ein neuer Etat für einen Sekretär der Duma und zwei weitere Etats für die Administration beschlossen …

Und schließlich das Fernsehen. Solschenizyn beschwert sich, er werde boykottiert. Im Jahre 1995 trat Alexander Issajewitsch im ORT auf, dem Hauptkanal des russischen Fernsehens, jede zweite Woche fünfzehn Minuten. Die Sendung wurde gestrichen, schwer zu sagen, ob deshalb, weil sie so langweilig war, wie viele sagen, oder weil sie so kritisch war, wie der Autor selber behauptet. Ich halte das Buch »Eine Minute pro Tag«, eine Aufzeichnung jener Ausführungen in Händen, und sehe, daß Solschenizyn in dem Interview für *Russkaja mysl* nichts Neues sagt. Gewiß sind die Dinge, die er hier und dort anspricht, wichtig, sogar fundamental, und sie müssen immer gesagt werden, aber das Publikum sieht lieber die Geburtstagsfeier von Alla Pugatschowa oder das Teleturnier »Feld der Wunder«. Keiner liebt eine Kassandra im Fernsehen …

4.

Appendix. Das Motiv des Spiegels und das Konzept des Labyrinthes finden sich seit der Frühgeschichte der Inseln in Erzählungen von Solowki und sind untrennbar mit dem

Thema des Todes verbunden. Denn die ältesten Spuren der Menschen auf Solowki, die steinernen Labyrinthe der Samen (tausend bis zweitausend Jahre vor unserer Zeitrechnung) sind nichts anderes als Überreste von Pfaden in die jenseitige Welt, die nach dem Glauben der Samen ein Spiegelbild dieser Welt darstellt, so daß die rechte Seite die linke ist. Die westlich vom Festland liegenden Inseln markierten in der Mythologie der Samen die Hälfte des Weges ins Jenseits, sie waren Stationen auf halbem Weg aus dem Grab. Aus diesem Grund bestatteten sie ihre Toten hier auf den Inseln, vor allem Schamanen und Führer, und errichteten Labyrinthe aus Steinen, damit die Seelen der Toten nicht in die Welt der Lebenden zurückkehren konnten.

Die orthodoxen Mönche nannten die Bauten der Samen »Babylons«, weil sie darin Symbole für das Herumirren der Menschen in den Abgründen der Sünde sahen, sie selber errichteten hingegen große Mauern aus Stein, um dahinter über die eigenen Sünden nachzudenken. In der Welt, der sie entsagt hatten, lag ihrer Ansicht nach der Ursprung für den geistigen Tod des Menschen, der körperliche Tod hingegen, den man nie vergessen dürfe, war für sie der Beginn des ewigen Lebens. Mit anderen Worten, sie starben im Leben, um nach dem Tod wieder zum Leben zu erwachen…

Dann kam der SLON, ein Labyrinth aus Stacheldraht. Die sowjetische Wirklichkeit zeigte im Spiegel von Solowki ihre häßliche Fratze und verwischte die Grenzen zwischen der Welt und dem Jenseits…

Heute, am Ende des zweiten Jahrtausends unserer Ära, klauben die Bewohner der Inseln die Splitter dieser Spiegel zusammen und suchen nach einem Ausweg von hier.

XIII

Da ich in diesem riesigen Land lebe, spüre ich, daß ich selber gewissermaßen … riesiger werde.

Joseph de Maistre

1.

Das Frühjahr schlägt einem hier wie mit der Peitsche über die Lichter. Nach einem düsteren, harten Winter blinzle ich wie ein Wolfsrüde, der aus dem Halbdunkel seines Lagers gekrochen kommt. Von allen Seiten blitzt es: Schneestaub tanzt in Funken durch die Luft, auf den steifen Wiesen glänzt der Rauhreif, von den Eiszapfen hängen feurige Tropfen, und die Welt ringsum glitzert, als hätte jemand Hände voll Brillanten in die Sonne gestreut. Andererseits: Bläuliche Schatten zeichnen scharf das Negativ der Welt in den Schnee, Eis schimmert im Halbdunkel, Dampf schlägt aus dem Mund, und vom Schatten her weht es kühl. Das Meer schlummert noch unter einem dicken Eispanzer, in den hier und da Robben Löcher gehaucht haben, um sich zu sonnen. Wenn man mit den Schiern über das Packeis läuft, muß man darauf achten, nicht in ein vom Schnee zugewehtes Loch zu stürzen. Weiter draußen, an der Grenze zwischen dem Eispanzer und dem offenen Wasser, zittert der Horizont wie verschüttetes Quecksilber. Dort schlichten die Stürme die Eisschollen übereinander, errichten Traumbauten aus Eisplatten und Licht; Gemächer ohne Dächer, ins

Leere ragende Mauern, Bastionen ohne Sinn und weit klaffende Tore, Sackgassen, blinde Winkel à la Piranesi. In diesen Schollen zerfließen die Sonnenstrahlen wie in Kristallblöcken, blaßgrün, dunkelblau, rosa –, wenn man sich vom Licht wegwendet. Wenn man jedoch ins Licht schaut, kommen einem Tränen, in denen kalte Feuer spielen. Nach einer mehrstündigen Wanderung über das Meer kehre ich wie aus einer anderen Welt nach Hause zurück.

2.

Masleniza oder Fasching, wie man bei uns sagt. Die letzte Woche vor der Fastenzeit, fleischlos schon, dafür darf man Butter, Käse und Fisch essen, so viel man mag. Eines der ältesten Feste in Rußland, noch aus heidnischen Zeiten, verbunden mit Sonnenkult und Winterende, Marzanna genannt, die später in den orthodoxen Kalender Aufnahme fand. Meist fällt Masleniza in den März, wenn der Schnee in der Sonne *maslitsja* (glänzt) und die Waldwege *samaslilis'* (erstrahlen) – wie Iwan Schmeljow schrieb, der die Faschingszeit mit dem Tauwetter in einem Wort verknüpfte. Früher tollten die Menschen eine Woche lang herum: auf Pferden, auf Schlitten, auf dem Hintern von jedem sich bietenden Hügel rutschend, bei Tisch, unter dem Tisch, bis sie nicht mehr konnten. Und auch heute wird der Fasching mit Begeisterung gefeiert, am wichtigsten ist, daß es zu trinken gibt.

Masleniza, das bedeutet vor allem Blini. Eigentlich sind das Pfannkuchen, aber auch mehr, denn man kann sich »in einen Blin einwickeln« und jemanden verfluchen: »Blin!« Das Totenmahl beginnt mit Blini, und die Hochzeit endet damit. Es gibt Blini aus Weizenmehl und Buchweizenmehl, für gewöhnlich sind sie aus Germteig, aber ich habe auch welche aus ungesäuertem Teig gegessen. Ich will hier für alle Fälle ein Rezept nennen, vielleicht kommt es einem Leser zugute. Also, man siebt das Mehl in ein irdenes Gefäß, gibt Hefe, Milch und Eier dazu, Salz, Pfeffer und eine Messerspitze Zucker, je nach Geschmack, vermischt das Ganze, bis es die Konsistenz von dicker Sahne hat, und stellt es an einen warmen Platz, damit der Teig aufgehen kann. Sobald der Teig aus dem Gefäß zu quellen beginnt, läßt man ihn zweimal zusammenfallen. Nach drei bis vier Stunden macht man Fett in einer Pfanne heiß, verdünnt den Teig mit heißer Milch und schüttet etwas in die Pfanne – ganz, ganz dünn, so dünn wie möglich. Der Blin sollte durchscheinend sein! Durchsichtig! Man legt sie übereinander und bestreicht sie mit Butter, damit sie nicht aneinander kleben. Man reicht sie mit allem, was das Herz begehrt. Wir essen sie gern scharf: mit schwarzem oder rotem Fischrogen, mit Obers und Ziegentopfen mit Knoblauch, mit der Leber von Aalquappen, mit Heringshappen, mit faschiertem Barsch und gesalzenen Pfeffermilchlingen, aber auch süß: mit dicker Milch, eingelegten Heidelbeeren, Moosbeerengelee, mit Konfitüren … Nimm einen Blin, wickle einen Heringshappen hinein oder bestreiche den Blin mit Rogen, tauche ihn in Obers (oder zerlassene Butter) und steck ihn in den Mund. Man kann zwei übereinander tun, oder noch besser drei, wie Tschitschikow.

Masleniza endet am Vergebungssonntag. Die Rechtgläubigen bitten einander um Vergebung, fallen einander zu Füßen und schlagen mit der Stirn auf den Boden. Die übrigen schauen zu, unsicher, mißtrauisch, weil sie nicht wissen, was das zu bedeuten hat. Fremde um Vergebung bitten?

Manche Menschen gehen weiter ihrem Vergnügen nach, weil sie Gottes Welt vergessen haben, oder vielleicht Gottes Welt sie vergessen hat? Von denen sagte man früher in Rußland, sie begingen eine »deutsche Masleniza«, das heißt: Sie saufen in der Fastenzeit.

3.

»Mich weckt ein grelles Licht im Zimmer: Es ist irgendwie fremd, kühl und bedrückend. Ja richtig, heute ist der Beginn der Fastenzeit. Die rosa Vorhänge mit den Jägern und Enten wurden abgenommen, während ich schlief, daher diese Fremdheit und Niedergedrücktheit im Zimmer. Heute ist der Reine Montag, und im Haus wird alles gereinigt...«

So beginnt »Das Jahr des Herren« von Schmeljow, eines der schönsten Bücher der russischen Emigration. Vor ein paar Jahren, ich glaube es war vor meiner ersten Osterfastenzeit auf Solowki, gab mir Vater Josif das Buch, damit ich kennenlerne, wie man früher in Rußland gefastet hat. Er hat es auch daraus erfahren, und auch jetzt liest er es manchmal zur Fastenzeit, in seiner Zelle. Denn Iwan Sergejewitsch verstand es wie kein zweiter, dem alten Rußland ein Denkmal zu setzen. Der Philosoph Iljin hatte recht, als er über Schmeljow schrieb, daß man nur in der Mönchszelle *(Kelja)* so etwas schaffen könne, schweigend und hellsichtig, weil nur der Eremit in der Zelle alles sieht – sowohl in der Ferne als auch in der Tiefe.

»... im Hausflur stehen Schüsseln mit gelben Salzgurken, zwischen denen Dill steckt, und mit Sauerkraut, dick bestreut mit Anis – ein Genuß. Ich probiere ein wenig – es knirscht richtig! Warum soll man das Fasten brechen –

denke ich mir – und seine Seele verderben, wenn man so schmackhaft fasten kann? Es gibt doch Kompotte und Kartoffelkoteletts mit getrockneten Pflaumen und Marillen, und Brot mit Mohn, und rosa Kringel, und zu *Krestopoklonnoj*, dem dritten Sonntag der Großen Fastenzeit, gibt es »Kreuzchen«, gefrorene Moosbeeren und Nüsse in Honig, und Zuckermandeln, eingelegte Erbsen und Brezeln, Rosinenbrötchen, Vogelbeerplätzchen, Zitronat und Chalwa. Und Buchweizengrütze, mit Zwiebel gebraten, und dazu Kwaß! Und Fastenpirogi mit Brachsen, und samstags Buchweizenblini mit Knoblauch, und Kutia mit kandierten Früchten! Und Mandelmilch mit weißem Gelee oder Moosbeerengelee mit Vanille, und große gebackene Pasteten zu *Blagoweschtschenije*, Maria Verkündigung, mit einer Fülle vom Stör! Und Kalja, eine herrliche dicke Suppe, mit blauem Kaviar und sauren Gurken, und jeden Sonntag eingelegte Äpfel, und Hobelscharten, mit Hanföl herausgebacken, mit rescher Kruste und im Inneren heiße Luft! Wird es dort, wohin wir nach unserem Tod gelangen, solche Fastenzeiten geben?«

Der Philosoph Iljin nannte das Schaffen Schmeljows eine Mönchszelle, in der sich der Autor in Paris einschloß, um jenes Rußland in Sätzen zu ziselieren. Ein halbes Jahrhundert später liest ein Solowjezker Mönch Schmeljow in seiner Zelle, um jenes Rußland zu sehen.

4.

Ausländische Reisende wunderten sich über die Strenge der russischen Fastenzeiten. Der Dominikaner Johannes Fabri schrieb: »Als wir von ihrem Fasten hörten, waren wir tief betroffen, weil ein Vergleich unserer Sitten mit den ihren in Sachen der christlichen Religion einen für uns äußerst ungünstigen Eindruck hervorrief.« Paulus aus Aleppo, der Sohn des Patriarchen von Antiochia, der im Jahre 1656 mit seinem Vater wegen der Reform der Riten in der russischen Kirche nach Moskau kam, klagte: »Wir hatten Pech, daß wir zur Fastenzeit hierher kamen: Da wir uns davon nicht ausschließen wollten, aßen wir jeden Tag einen gräßlichen Brei aus verkochten Pferdebohnen ohne Öl, was uns große Pein bereitete.« Und der Jesuit Neuville bemerkte spitz, die Russen würden am liebsten in den Himmel kommen, indem sie sich durch Hunger kasteien. Aus den Berichten der Ausländer ist zu ersehen, daß keiner versuchte, den Sinn des hiesigen Fastens und seine Grundregeln zu begreifen. Nehmen wir Masson, der nach acht Jahren, die er unter den Russen lebte, solchen Unsinn schrieb, wie die Feststellung, daß ihr Fastenmenü generell Fisch erlaubte … Noch heute wissen wir nicht viel über das Fasten der Rechtgläubigen, ja sogar die Russen selber geraten sich über die Details der Regeln in die Haare, weil sie so viele Jahre nicht gefastet haben. Vielleicht sollte man daher ein paar Worte über dieses Thema verlieren.

In früheren Zeiten wurde in Rußland streng und eifrig gefastet. Neben dem Großen Fasten gab es drei mehrwöchige Fastenzeiten: Petrow zum heiligen Peter und Paul, Uspenskij bis zu Mariä Entschlafung und Filipow (Roschdestwenskij) vor Weihnachten, ein paar einzelne Fasttage und dann noch die Mittwoche und Freitage. Der Archimandrit Joann, Autor der Dissertation »Die Bußdisziplin im Alten Rußland«, schreibt von einer zunehmenden Verschärfung des Fastens, »bis sich dieses so tief in der russischen Mentalität festsetzte, daß es zur Grundlage des religiösen

Lebens des Volkes wurde«. Die Fastenvorschriften wurden im *Ustaw Jerusalimskij*, in der Jerusalemer Ordnung, des heiligen Sawwa festgelegt, wonach man einmal pro Tag, am Nachmittag, essen durfte, und samstags und sonntags zwei Mal. In der ersten und dritten Fastenwoche war *suchojadenije* verpflichtend, das sind ungekochte Speisen ohne Öl – Brot, getrocknete Früchte, rohes Gemüse, und statt Wein ein Gebräu aus Pfeffer, Kümmel und Pimpernelle oder Kwaß. In den übrigen Wochen (außer mittwochs und freitags) gekochte Speisen, samstags und sonntags mit Öl. Weißbrot war verboten. Fisch gab es bloß zu Maria Verkündigung, außer dieser Feiertag fiel in die Karwoche, in der nur trockene Speisen erlaubt waren; am Karfreitag wurde überhaupt nichts gegessen. Die Fastenregeln verboten auch den Genuß von Alkohol, Tabak und den Geschlechtsverkehr. Den Quellen zufolge fiel es den Russen am schwersten, ohne Wodka auszukommen. Großfürst Wladimir sagte: »Die Menschen der Rus trinken gern, ohne das können wir nicht sein.« Neben der Enthaltsamkeit im Essen, Trinken und Geschlechtsverkehr vollführte man auch tiefe Verneigungen. Der Regel zufolge 240 Mal pro Tag: am Morgen – 60, zu Mittag – 100, und abends – 80.

Es gab auch Menschen, die sich öfter verbeugten – 300 oder 400 Mal. Paulus aus Aleppo zählte tausend Verneigungen, die Gläubige in einer Moskauer Kirche während der Verlesung des Kanons des heiligen Andrej Kritski am Mittwoch der fünften Fastenwoche machten, wobei er betont, die Verneigungen vor und nach dem Kanon habe er nicht gezählt.

Moskau war in dieser Zeit wie ausgestorben: Die Kneipen wurden auf Befehl des Zaren geschlossen und versiegelt, die Menschen gingen nur selten aus dem Haus, die prächtigen Roben und Kutschen verschwanden aus den Straßen. Zar Alexej Michailowitsch fastete selber sehr streng: Er empfing niemanden und ging nirgends hin, an den ersten Tagen aß er nichts und verbrachte die meiste Zeit in der Kirche, am Mittwoch aß er zu Abend ein süßes Kompott, das er auch den Bojaren schickte, am Donnerstag und Freitag aß er wieder nichts, am Samstag empfing er die Heilige Kommunion, und in den übrigen Wochen der Fastenzeit aß er Kraut, Pilze und Beeren, ohne Öl, trank nur Kwaß, und montags, mittwochs und freitags aß er überhaupt nichts ... Das Volk nahm sich am Zaren ein Beispiel, von den Mächtigen bis zu den Leibeigenen, und sogar die kleinen Kinder fasteten, »... denn das rechtgläubige Volk gab sich mit Feuereifer dem Fasten hin«, schreibt der Archimandrit Joann.

Natürlich bemerkt man am ehesten die Äußerlichkeiten: die Maße, Regeln, Häufigkeit ... Dinge, die nicht greifbar sind, bleiben isoliert im Inneren. Früher, in den Klöstern Ägyptens und Syriens, gingen die Mönche in die Wüste, um zu fasten, jeder für sich. Der heilige Feodossij, der Vater des Mönchswesens in Rußland, übernahm diese Gewohnheit und sperrte sich für die Fastenzeit in einer Felsenhöhle ein, und zu den Brüdern kehrte er erst »am Lazarus-Samstag zurück, weil dann die vierzigtägige Fastenzeit endet«, wie die Chronik erklärt. Auf den Ikonen hält der Starez des Höhlenklosters eine Rolle in der Hand mit der Inschrift: »Mit Fasten und Gebet erflehen wir die Erlösung der Seelen«, zum Andenken daran, daß auch unser Herr mit Fasten und Gebet in der Wüste den Satan besiegt und uns damit ein Beispiel gegeben hat, wie wir unsere eigenen Dämonen austreiben können ... Später wurde im Verlauf der Jahrhunderte in den russischen Klöstern ein kompliziertes Ritual der Sühne durch das Große Fasten entwickelt, in dem neben der Enthaltsamkeit und der Abtötung des Körpers auch geistige Übungen, Schweigen und Meditationen eine wichtige Rolle spielten. Paisij Welitschkowskij, Feofan Satwornik, Ignatij Brantschaninow und andere rechtgläubige Starzen schrieben ganze Anleitungen mit geistigen Belehrungen, die sich durch eine ungewöhnliche Kenntnis der menschlichen Psychologie auszeichneten. Für die Zeit des Großen Fastens zog es auch weltliche Menschen in die Klöster, Herrscher, Kaufleute und auch Dichter, um in der Stille der Mönchszelle, weit ab von den Dingen des Alltags, in sich selber den »inneren Menschen« zu finden, wie Vater German zu sagen pflegt.

Und zu guter Letzt das Fasten in der Kunst: Kein Autor von Heiligenviten und kein Maler heiliger Ikonen machte sich in Rußland ans Werk, ohne zu fasten. Und Alexander Sergejewitsch Puschkin flocht in eines seiner letzten Gedichte das Gebet des heiligen Ephräm des Syrers ein, das die Solowjezker Brüder in der Großen Fastenzeit jeden Tag beim Morgengrauen in der Kirche sprechen, im Halbdunkel, während sie sich tief verneigen ...

»Gib nicht, o Herr, den Geist der Herrschsucht, jener
 Schlange,
Die lauert im Versteck, den Geist, der töricht spricht,
Verzagter Trägheit Geist gib meiner Seele nicht!
Doch meine Sünden laß, o Gott, mich immer sehen,
Mit meinem Bruder laß nie ins Gericht mich gehen,
Und es belebe mir im Herzen Deine Huld
Den Geist der Demut, Lieb und Keuschheit und
 Geduld.«

5.

Das geschah am Karfreitag vor ein paar Jahren … Nach vielen Tagen des Fastens, in seiner schärfsten, klösterlichen Form, beobachtete ich unter den Gläubigen – Novizen, Pilger und Kirchenweiber – eine Spannung, die mit jedem Tag wuchs, gewiß hervorgerufen durch den Hunger und die viele Stunden dauernden Zeremonien, in Wolken von Weihrauch, kollektiver Ekstase und halb mystischen Halluzinationen. Rosanow schrieb über dieses Phänomen und stellte fest, es genügten ein paar Wochen eines klösterlichen Regimes, um einen Stier von einem Mann in einen Neurastheniker zu verwandeln.

Gegen Ende der Fastenzeit hatten alle die Grenze jenes »dünnen Schlafes« erreicht, in dem den Mönchen Heilige, die Muttergottes oder auch der Teufel erscheinen. So kam der Karfreitag … Die Frühmesse. Die Ekstase erreichte ihren Höhepunkt, es kam zu einem Ausbruch von Hysterie! Und plötzlich brach der Haß hervor – fanatischer, bedrohlicher Haß. Gegen die Juden, die Ihn gekreuzigt haben. Wutausbrüche, Schreie, Schluchzen.

»Juden, eine Ansammlung von Gottesmördern, Juden, eine Masse von Gottesmördern …«, »Gib's ihnen, Herr, für ihre Taten, da sie Deine Gnade nicht begreifen …«

… ich konnte das nicht weiter anhören und verließ die Kirche. Um nie mehr dorthin zurückzukehren. Ich weiß nicht, was stärker wirkte: der kollektive Irrsinn, dessen Zeuge ich geworden war, oder meine Solidarität mit Veronika. Am nächsten Tag, es war Karsamstag, gingen wir zur Filipow-Einsiedelei, um uns zu sonnen. Der Tag war klar wie der Ton einer Glocke, die Sonne brannte herunter, der Schnee schmolz, von den Dächern tropfte es. In der Luft roch es nach frischem Fichtenholz, Harz und Frühling. Und es war so still, daß man das Rauschen des eigenen Blutes in den Adern hören konnte. Nach diesem Geschrei diese Stille – etwas Heiliges. Nach diesen dumpfen Gerüchen dieser Duft des Waldes – eine wahre Wonne. Nach der Kirche diese Welt – ein wahrer Tempel.

6.

Ich sitze auf der Hausbank meiner Solowki, den Rücken an den Polarkreis gelehnt, und erinnere mich an die Worte de Maistres: »Langsam beginne ich die Erdkugel geringschätzig zu sehen – das sind doch nur knapp neuntausend *Lie* im Umfang. Ha, wie eine Orange.«

Kap Kanin
(1995)

Am 2. August des Jahres 1553 passierten drei englische Fregatten das Nordkap – den Zipfel, mit dem Europa am weitesten nach Norden reicht – und nahmen Kurs nach Osten. Das waren die »Edward Bonaventura«, die »Bona Speranza« und die »Bona Confidentia«. Die Fregatten gehörten einer Gesellschaft englischer Kaufleute, die Interesse hatten, einen nordöstlichen Seeweg nach China zu finden. An der Spitze der Expedition standen Hugh Willoughby und Kapitän Richard Chancellor, die ersten Seefahrer, die Spuren ihrer Wanderungen entlang der nördlichen Gestade Rußlands hinterließen: Karten, Berichte, Briefe, Reisetagebücher.

Früher waren dort Nowgoroder herumgezogen, doch sie hatten keinerlei Zeugnisse hinterlassen, wenn man von den Erzählungen aus drittem Munde absieht, wie bei Nestor, der in seiner »Erzählung von den vergangenen Jahren« unter dem Datum 1096 schreibt, daß ihm vier Jahre vorher ein Nowgoroder, ein gewisser Guriata Rogowitsch, vom Besuch seines Jungen in Petschora erzählt habe. Der Bericht Nestors, voller phantastischer Details, erinnert eher an ein mythisches Märchen als an den Bericht einer konkreten Reise, ein Märchen, das von Mund zu Mund geht und immer mehr an Realem einbüßt und dafür an Sensationen und Schnelligkeit der Fabel gewinnt. Der Ferne Norden ist nach Nowgoroder Berichten »… das Ende der sichtbaren Welt, der Vorhof zur Hölle, wo man nur das Schnauben des Meeres, Weinen und Zähneknirschen hört …«, wie im zwölften Jahrhundert der Erzbischof Wassilij an den Wladika Fjodor schrieb.

Erst Ausländer, englische Seefahrer des 16. Jahrhunderts, begaben sich selber dorthin und schrieben darüber in der ersten Person: Ich bin selber dort gewesen. Die Tagebücher der Engländer sind nicht so farbig wie die Berichte aus dritter Hand, oft wird die Lektüre durch topographische Details und Beschreibungen der Küsten und Windrichtungen langweilig, aber die Verfasser geben ihr Leben für das, was sie schreiben. Manchmal im wörtlichen Sinn, wie Willoughby, der von der Fahrt nicht nach Hause zurückkehrte. Das Nordkap umschifften sie noch gemeinsam. Dann kam ein Sturm auf, der Wind trieb die Schiffe auseinander, und sie verloren den Sichtkontakt. In den Hafen Wardhouse fuhr nur Chancellor ein, auf der »Edward Bonaventura«. Die übrigen Fregatten irrten eineinhalb Monate durch das Eismeer, bis sie vom Eis eingeschlossen wurden, nicht weit von Kap Kanin, wo das Weiße Meer ins Eismeer mündet.

»Am 21. September«, notierte Willoughby im Bordtagebuch, »liefen wir in eine Bucht ein, die zwei Meilen weit ins Land hinein reicht. In der Bucht schwammen Robben und riesige Fische, und an Land sahen wir Eisbären, Rentiere, wilde Schwäne und andere, uns unbekannte Geschöpfe. Wir hatten eine Woche voller Stürme hinter uns, und weil wir sahen, daß es spät im Jahr und das Wetter schlecht war – nur Frost, Schnee und Hagel – beschlossen wir, zu überwintern. Wir schickten also ein paar von uns nach Südwesten, um zu sehen, ob sie dort Menschen fanden. Sie gingen drei Tage, begegneten jedoch keiner Seele. Also schickten wir welche nach Westen aus, doch auch sie kehrten mit leeren Händen zurück. Dann schickten wir Leute in südöstlicher Richtung, aber auch sie kehrten zurück, ohne Menschen oder irgendwelche menschlichen Spuren gefunden zu haben …«

Aus dem Tagebuch von Hugh Willoughby geht hervor, daß sie im Jänner noch am Leben waren. Die Samen fanden sie ein Jahr später, im darauffolgenden Winter. Die Schiffe lagen im Eis vor Anker. Die Wanten waren überzogen von Federbuschen aus Reif, die Menschen waren tot, es gab eine Menge Waren.

In der Zwischenzeit war Chancellor, der vergeblich auf seine

Reisegefährten gewartet hatte, allein weitergesegelt, auf eigene Faust. Und er schreibt, er sei so weit gefahren, bis er eine Stelle erreichte, wo es überhaupt keine Nacht mehr gab und die Sonne die ganze Zeit am Himmel stand, über einem schrecklichen und mächtigen Meer. Dank des ununterbrochenen Lichtes segelten sie ohne Aufenthalt weiter und kamen nach ein paar Tagen, mit Gottes Hilfe, zu einer großen Bucht, hundert Meilen lang oder vielleicht noch länger. Dort warfen sie den Anker aus. Die lokalen Fischer erschraken über den seltsamen Anblick und die Größe der Fregatte und flohen. Als Chancellor sie einholte, erstarrten sie vor Angst und fielen vor ihm zu Boden, um ihm die Füße zu küssen.

Das war Rußland, oder Moscovia …

Weiter lesen wir im Bericht von Kapitän Chancellor von seiner Reise über Land nach Moskau, auf Einladung von Zar Grosny: über die Preise, die Waren, die Sitten. Der Kapitän lenkt unsere Aufmerksamkeit auf das Mißtrauen der Russen, vor allem Ausländern gegenüber; er ist erstaunt über die Eigentumsverhältnisse, wonach der russische Mensch nichts sein Eigen nennt, weil alles, was er besitzt, dem Zaren gehört; und schließlich ist er entsetzt über die die russische Trunksucht, den tiefen Aberglauben und die Korruption.

»Ich hörte, wie ein Russe sagte, er habe in der Tjurma besser gelebt als in Freiheit, wenn sie dort nur nicht so fest schlagen würden …«

Grosny empfing Chancellor nach Zarenbrauch. Er bereitete sich damals auf den Krieg gegen die Kreuzritter vor, weshalb er sich um die Gunst der Engländer bemühte. Der Kapitän beschreibt eingehend ein Bankett im Kreml: die Etikette bei Tisch, die prächtigen Kleider der Gäste, die Speisen, vor allem das Schwanenfleisch, die Lieblingsspeise von Iwan Wasilitsch.

»Es wurde in Stücken gereicht, mit Beeren, jeder Schwan in einer eigenen Schüssel …«

Als Chancellor nach England zurückkehrte, schenkte man ihm jedoch keinen Glauben. Gelehrte und auch einfache Menschen zogen seine Glaubwürdigkeit in Zweifel, wobei sie sich auf den damaligen Wissensstand über den Norden und die darüber umgehenden Gerüchte beriefen. Chancellor antwortete den einen wie den anderen im Vorwort zu seinem Bericht: »Ihr kennt diese Länder aus den Worten anderer Menschen, ich – aus der eigenen Erfahrung, ihr – aus fremden Büchern, ich – aus der eigenen Beobachtung, ihr wiederholt Allgemeinplätze, ich aber bin selber dort gewesen.«

I

Die Expeditionsteilnehmer, die des Schreibens mächtig sind, sollen täglich Aufzeichnungen machen, um jeden Tag der Reise festzuhalten und Bemerkungen über die neuen Länder und die dort lebenden Menschen, über die Flut und Ebbe des Meeres, über die Windrichtungen, die Höhe der Sonne, die Bewegungen des Mondes und der Sterne zu notieren.

Aus den Instruktionen für die Expedition von Hugh Willoughby und Richard Chancellor, 1553

Solowki

Wir laufen am Samstag aus, abends, nach der Banja. Die Sonne steht hoch, allerdings seitlich, wie ein Scheinwerfer über einer Bühne. Ihr Licht fällt flackernd übers Wasser, einmal ein glänzender Streifen, dann wieder Milliarden Funken. In den weißen Nächten hat das Weiße Meer weiße Augen. Wie am Rande des Wahnsinns…

Wir gehen in den höchsten Norden: über den Polarkreis hinaus. Wir gehen, weil man übers Meer geht – nur die Scheiße schwimmt im Faß, sagt Wassja. Unser Ziel heißt Kap Kanin.

Kap Kanin ist das Ende des Weißen Meeres im Norden. Weiter ist dann das Eismeer. Die Grenze wird markiert durch eine einfache Linie, die man auf der Karte einzeichnen kann, wenn man zwei Kaps miteinander verbindet: Kap Kanin und Swjatoj Nos. In Wirklichkeit gibt es keine Grenze, so wie man auf dem Meer nicht zeichnen oder schreiben kann. Über das Meer kann man nur gehen und mit dem Kiel für einen Moment eine Furche im Wasser hinterlassen. In Wirklichkeit endet das Weiße Meer nicht, sondern beginnt im Eismeer.

Das Eismeer atmet alle zwölf Stunden aus und gießt Massen von Wasser ins Weiße Meer. Anfangs wie durch einen Trichter (daher *Woronka*, Trichter), in dem sich das Wasser sammelt und tosend auf elf Meter zusammendrängt; dann fließt es in den Gorlo (die Kehle), wo es noch enger wird, weshalb das Wasser dahinschießt, mit bis zu fünf Knoten in der Stunde; und am Ende fließt es nach Süden im Becken auseinander, in dessen Mitte Solowki liegt, von wo wir aufbrechen. In Richtung Eismeer …

Schischgin

Eine kleine Insel. 60 Werst weiter in Richtung Nordosten. Ein Sturm. Wir suchen Schutz in einer kleinen Bucht voller *tjuleni*, Robben, oder zärtlich *tjuli*. Eine klettert aus Neugierde fast aus dem Wasser, indem sie sich mit den Flossen auf die Leiter der »Antur« stützt. Zur Zeit des SLON war das hier Zone und Ort der Verbannung. Die Seki sammelten Algen. Jetzt ist es hier leer. Vor einem Jahr ist der letzte Mensch mit dem letzten Pferd von hier weggefahren. Nur die Soldaten sind zurückgeblieben und der *majak* (Leuchtturm).

Ich will die Pause, bis sich der Sturm legt, nützen, um die Besatzung der »Antur« vorzustellen.

Da ist einmal Wasja – Wassili Dimitrow – 36 Jahre alt. Er baut selber Jachten, vom Schwert bis zum Segel, mit eigenen Händen. Die »Antur« ist sein drittes Boot. Das hat er vom Vater gelernt. Sie lebten am Ladogasee, schon der Großvater und Urgroßvater. Sie hatten das Meer in den Adern. Und den Wald. Fischen, eine Flinte. Die erste Doppelläufige bekam er zu seinem elften Geburtstag. Er nimmt es allein mit einem Eisbären auf, hat (tatsächlich) acht auf seinem Konto. Die Elche zählt er gar nicht, weil er die für den Winter schlachtet wie Schweine. Marinka macht Tuschonka, eingemachtes Fleisch, daraus. Eine Tuschonka, nach der man sich die Finger lecken kann. Ich weiß, was ich schreibe, ich hab' sie mir selber geleckt. Marinka hat Wasja ans Weiße Meer geholt. Hat ihn hergelockt. Sie leben in Sum-Posada, nicht weit vom Weißmeerkanal, in einer ehemaligen Lagerbaracke. Wasja arbeitet bei der Eisenbahn: Sie legen Schienen durch den Wald, machen Reparaturen. Wasjas Hände sind hart wie Eisenbahnschienen. Man kann sich auf sie verlassen. Dazu kommt, daß Wasja nur wenig trinkt. Und selten. Das ist im Norden eine Ausnahme.

Dann ist da Loscha – unser Matrose – 23 Jahre alt. Ein jugendlicher *alkasch*, das bedeutet im Slang Alkoholiker. Obwohl er noch ein Junge ist, ist er schon zweimal »vom Torpedo geflogen«, das heißt, er hat den Entzug abgebrochen. Wir haben ihn mitgenommen, weil schade um den Rotzjungen ist. Vielleicht kann das Meer ihn heilen, auf jeden Fall macht er sich nützlich: zieht den Anker hoch, rollt die Segel ein, hebt das Kielschwert und läßt es hinunter.

Und ich – von meinen Freunden Mar genannt – 40 Jahre alt. Ausländer, ohne Genehmigung. Kein richtiger Korrespondent, kein richtiger Schriftsteller, manchmal Gelehrter, dann wieder Trottel (je nachdem, wer fragt und warum), für gewöhnlich stumm, vor allem beim ersten Kontakt, um nicht durch den ausländischen Akzent die Aufmerksamkeit auf mich zu lenken.

Jetzt hat sich der Sturm gelegt. Wir können weiter …

Strelna

Halbinsel Kola. Tersche Küste. Wir kreuzten zehn Stunden durch das Becken, von Südwesten nach Nordosten. Wir kamen in die Johannisnacht hinein, die kürzeste Nacht des Sommers. Die Sonne ging langsam, ganz langsam unter und verschwand für einen Moment, als wäre sie hinter den Horizont gelaufen, um ihre Notdurft zu verrichten, doch ich hatte meine Zigarette noch nicht zu Ende geraucht … da ging sie schon wieder auf. An derselben Stelle, wo sie untergegangen war – im Norden. Hinter dem Polarkreis verschwindet die Sonne viele Tage überhaupt nicht vom Horizont und verändert nur vor den Blicken des staunenden Publikums ihre Farben, von einem Himbeer- zu einem Goldton. Hier, am äußersten Rand der sichtbaren Welt, bedeutet die Sonne das Licht des Lebens. Sogar die *Oleni* folgen ihr auf ihren Weidezügen. Oleni sind Rentiere, mit denen die Samojeden herumziehen: im Winter nach Süden, im Sommer nach Norden. Immer der Sonne nach. In den Märchen der Samojeden sind die ersten Oleni auf Sonnenstrahlen zur Erde herabgestiegen. Die Oleni sind Kinder der Sonne. Und so wie die Menschen des Nordens sehnen sie sich nach ihr. Vor allem im Winter.

Die Tersche Küste bekommen wir um vier Uhr morgens zu Gesicht. Gegen das Licht, nur Konturen; das Meer tut in den Augen weh. Auf der Suche nach einer Einfahrt in den Fluß segeln wir am Ufer entlang. Da, das Wasser flimmert, blinkt und vibriert. Die Augen schmerzen vom grellen Licht. Wir versuchen hineinzukommen. Es ist seicht. Immer wieder schrammen wir über den Grund. Der besteht zum Glück aus Lehm und Sand. Plötzlich ein *bar* – eine Sandbank unter Wasser, in der Flußmündung. Wir sitzen auf. Loscha springt ans Kielschwert, und wir machen uns an die Stangen, das heißt, wir versuchen, uns mit langen Stangen von der Untiefe abzustoßen. Die Stangen versinken im lehmigen Grund, die Strömung legt uns auf die Seite. Nur gut, daß es Loscha geschafft hat, das Schwert zu heben. Wir sind auf Strelna.

Ein paar Häuser am Fluß, Reste einer Kirche. Auf den Dünen Kreuze, ein Friedhof im Sand. Ein hohes Steilufer, kaum sichtbar mit Grün überzogen, obwohl wir schon Ende Juni haben. Alles was Beine hat, kommt ans Ufer gelaufen. Sonderbar, aus der Ferne glaubt man, nur Frauen zu sehen. Dann stellt sich heraus, das sind Muschiks in Kopftüchern. Gegen die Mücken. Laut Sergej Maximow haben sie die schon vor eineinhalb Jahrhunderten getragen. Sie nannten sie *kukoli*, was in der Sprache der Rechtgläubigen die Kopfbedeckung eines Mönches in strenger Askese bezeichnet. Sie kommen gelaufen, gestikulieren, rufen etwas. Ein paar stürzen sich in ein Boot. Sie paddeln zu uns herüber und fragen nach *gorjutscheje*, nach Sprit: Ob wir etwas dabei haben, wohl genug?

»Nur Schilo, Muschiks.«

»Her damit. Bekommt Sjomga dafür.«

Sjomga! Sjomuschka! Der Fisch des Zaren, aus der Familie der Lachse. Sein Fleisch, von der Farbe überreifer Mandarinen, mit weißen Fettstreifen durchzogen, zergeht auf der Zunge. Am besten schmeckt er mit Weißbrot und Butter. Eine Wonne… Ein Festschmaus… vor allem frisch gesalzen (wie schwach gesalzene Gurken), mit einem Glas Schilo ganz früh am Morgen, nach einer langen Fahrt durchs Weiße Meer, in der Johannisnacht. So fahren wir manchmal nach Norden, den Rhythmus der Sätze mit Gläsern von Schilo messend, Glas um Glas, Schritt um Schritt, ein wenig unsicher schon, nur um ans Ende des Kapitels zu gelangen: Schilo, Sjomga, Sjomga, Schilo, Hurerei, Sjomga, Schilo … Blin, ein Schalonnik kommt auf.

*

Manchmal muß man achten, sich nicht in die Fabel zu verstricken. Denn die Welt jedes Schreibenden zerfällt, früher oder später, in zwei Teile: den der Fabel und den der Leser. Eine einfühlsame Feder muß an der Grenze dieser beiden Welten entlang gleiten, ohne allzu sehr auf die eine oder andere Seite abzuweichen. Es genügt nämlich, daß du ein wenig zu tief in die Welt der Fabel gerätst, und gleich schenkst du der Sprache nicht mehr genügend Beachtung, beginnst zu faseln, wirr daherzureden, und sogar dem ausdauerndsten Leser, der dein Schreiben aufmerksam verfolgt, Wort für Wort, Strich um Komma, sogar diesem Leser kommt das Verständnis für die Welt abhanden, die er betritt, wenn er deinen Spuren folgt …

Daher muß man, wenn man das Maß überschritten hat, manchmal einen Schritt zurück machen, um Verzeihung bitten. Man muß erklären, daß das russische Gorjutscheje ein Brennstoff ist, flüssiger Treibstoff, und daß dieses Wort hier im Norden seine semantische Bedeutung erweitert hat und alle Flüssigkeiten benennt, die Alkohol enthalten. Daß man Schilo hier den Industriespiritus nennt, den man bei der Eisenbahn im Winter zum Reinigen von Schienen verwendet, und daß man achtgeben muß, diesen nicht aus einem schmutzigen Faß zu schöpfen, in dem vorher Benzin oder Öl waren, weil das einen üblen Geschmack im

Mund hinterläßt. Und schließlich, daß Sjomga das einzige Nahrungsmittel darstellt, von dem die Bevölkerung an der Terschen Küste lebt, und daß der Tausch von Schilo gegen Sjomga vom Grad des Pochmelje abhängt, das heißt vom Grad des Katzenjammers der Einheimischen: Je schlimmer der Kater, umso billiger der Fisch. Zum Beispiel: Am Morgen bezahlten wir für einen fünf Kilo schweren Sjomga zwei Flaschen Schilo, am Abend hingegen brachten sie uns für eine Flasche drei Fische, nur um sich wieder einen ordentlichen Kater antrinken zu können. Bleibt hinzuzufügen, daß Schalonnik ein Wind aus Südwesten ist.

*

Die Winde im Norden haben ihre Namen – *Schalonnik*, *Moriana*, *Objednik*, *Polunoschnik* – und Eigenheiten. Die Moriana zum Beispiel, ein Nordwind, ist der schwere Atem des Ozeans, der einem ins Gesicht sticht, als würde er Eis spucken. Die Winde ändern sich häufig und unerwartet. Wenn sie mit der Sonne wehen, ist das nicht so schlimm, doch wehe, sie drehen gegen die Sonne. Dann kommt mit Sicherheit ein Sturm auf. So wie ein paar Zeilen vorher, als eine Moriana rascher in einen Schalonnik umschlug, als einem der Schilo zu Kopf steigen konnte. Das Wasser begann zu kochen und zu tosen. Wir schafften es gerade noch, den zweiten Anker auszuwerfen. Dann begann es ordentlich zu schaukeln …

Wir liegen in Strelna und warten, bis sich der Sturm gelegt hat. Aus Langeweile streifen wir am Ufer umher. Zuerst zum Friedhof in den Dünen, Gräber im Sand. Auf den Gräbern brüten Vögel. Bei unserem Anblick beginnen sie zu schreien. Ein entsetzliches Kreischen. Angeblich schlüpfen im Sand keine Würmer, so daß die Leichen vertrocknen, ohne zu faulen. Die Pomorzen liegen nach dem

Tod gern so, wie sie leben: mit dem Gesicht zum Meer. Und es gräbt sich auch leichter, meint Wasja, der Sand friert nicht so tief wie Erde.

Daneben die Rest einer Kirche: Spuren einer Axt, von Feuer. Das Zarentor der Ikonostase zerbrochen, Vogelkot, Gestank, Löcher im Boden, an den Wänden Spuren von Fresken, abgekratzte Gesichter, Augen, wie lebendig…

Darüber, im Gestrüpp der Zwergbirken, ein verlassenes Lager für reiche »Hemingwejs«, Onkeln aus Amerika, die hier Sjomga mit der Spinnrute fangen, für Dollar. Ein paar Campinghütten im norwegischen Stil, bis auf die nackten Bretter geplündert. Nur der Wegweiser ist übrig, mitten auf dem kleinen Platz – ein Appellplatz? Auf dem Wegweiser Pfeile mit Entfernungen: Nach Paris sind es 4100 Werst. Ein betrunkener Wächter erklärt, die Firma habe Bankrott gemacht, weil die Teilnehmer einander gegenseitig beklauten, dann seien sie abgehauen. Die Tersche Küste ist ein Klondike für Geschäftemacher aller Kaliber: von der Murmansker Mafia bis zum lokalen Reket. Sjomga wird hier tonnenweise gefangen. Zwischen einer und hundert Tonnen pro Saison. Die ertragreichsten Flüsse werden überwacht. Die Warsuga zum Beispiel von der Sonderpolizei OMON, im Auftrag einer Genossenschaft aus Murmansk, die den Fisch des Zaren in die Niederlande exportiert. Die Strelna gehört nicht zu den fischreichen Flüssen, deshalb gibt es hier kein Reket. Nach dem Abgang der Sowjets (so nennen sie hier die Miliz!) fischt hier jeder ohne Kontrolle: Was du herausholst, gehört dir. Das kannst du versaufen. Die Kolchose ist pleite, die Siedlung ausgestorben, und die Muschiks kommen nur über den Sommer her, wie in eine Datscha: um ein wenig zu fischen, zu trinken und Gottes schöne Welt zu vergessen.

Drei Tage lang *kukujem* (stehen und warten wir) in Strelna. Übers Weiße Meer zu fahren bedeutet zu drei Viertel, auf günstiges Wetter zu warten. Es gleicht einer Tour durchs Hochgebirge: bei der klettert man von einem Lager zum nächsten, und hier schaut man, daß man so rasch wie möglich von einem Fluß zum nächsten kommt. Weil man nur in einer Flußmündung Schutz finden, ein Unwetter abwarten kann. Das Weiße Meer, auch »Banditenmeer« genannt, ist die stürmischste Region in der ganzen Union. Hier gibt es oft vier oder fünf Stürme pro Tag. Die Watten erstrecken sich bei Ebbe über viele Werst. Und unter Wasser lauern Felsen: Korgi, Baklische, Poliwuchy, Tschury. Oft gibt es dichten Nebel, begleitet von Sturm. Das alles macht das Segeln nicht leichter. Im Vorjahr kamen wir gerade bis Konuschin und brauchten dafür zweieinhalb Wochen, obwohl man diese Strecke bei gutem Wetter in drei Tagen schaffen kann. Damals segelten wir durch den Gorlo an der Winterküste entlang, heuer versuchen wir es an der Terschen Küste.

Tschapoma

Anfang des Gorlo. Zwölf Werst weiter, nach Nordosten. Wir legten nur diese kurze Strecke zurück, bis wieder ein Sturm aufkam. Mit voller Wucht, als wollte er uns mit einem Schlag aus dem Meer werfen. Wir schafften es gerade noch, in die Tschapoma hinein zu steuern. Die ist ein schwieriger Fluß: Dicht nebeneinander ragen Baklische aus dem Wasser, wie die Köpfe von Tjuli, und die Nehrung ist so hoch, daß sie nicht einmal bei hohem Wasser überflutet wird.

Am Fluß eine alte Fischersiedlung, keine Spur einer Kirche, dafür wieder ein Friedhof im Sand. Es fällt sofort auf, daß das Dorf in zwei Teile zerfällt: näher zum Meer hin gepflegte Holzhäuser, Brennholz zu Klaftern geschichtet, die gegen den Wind schützen, daneben Küchengärten, Kartoffeln, Frühbeete, saubere Höfe mit Gras, das den Sand hält, und etwas weiter, auf dem lehmigen Abhang, ein paar Baracken aus Betonplatten, für fünf, sechs Familien, ringsum Scheiße, ein einziger stinkender Abfallhaufen. Marfa, eine Alte, die sich für die Ankömmlinge interessiert, erklärt mir das. Sie ist aus einem der ordentlichen Häuser getreten, hat sich auf die Bank davor gesetzt und mich angesprochen.

»Siehst du, junger Mann, hier herunten am Meer leben die alten Leute, und dort oben, am Hang, die Jungen, für die die Kolchose diese *Obschtscheschitija*, Wohnheime, gebaut hat. Sie leben dort wild durcheinander. Leben durcheinander und saufen ohne Unterlaß. Unsere Muschiks haben früher auch getrunken, aber selten, zu den Feiertagen. Zum Beispiel wenn sie Holz für den Winter gemacht haben, dann sind sie zu einer Gemeinschaft von Muschiks zusammengekommen, die Weiber haben Blini gebacken, mit Sjomuschka-Matjuschka, damit sie was zum Beißen haben, die Mädchen haben getanzt und für die Männer gesungen, und die Muschiks haben getrunken, manchmal drei oder auch vier Tage lang. Aber sie haben nur *Braschka* getrunken, Bier aus Moltebeeren. Heute jedoch trinken die Leute »Russkaja« und pinkeln, wo sie gerade stehen, weil sie in ihrem Rausch alle Scham verlieren.

Was sind das heute noch für Traditionen, was für Feiertage, was für Sitten? Heute setzt sich keiner mehr mit dem anderen an den Tisch, die Leute saufen, wo sie gehen und stehen, und dann wälzen sie sich im Graben. Daran ist der

Krieg schuld, in dem sie die Jungen an die Front geholt haben. Von unseren Leuten haben sie 36 mitgenommen. Und kein einziger ist zurückgekehrt. Sechs Familien wurden ausgelöscht, sechs Dynastien, die Tschapoma aufgebaut haben. Nur die alten Männer sind geblieben, und die Weiber. Dann sind Fremde gekommen, haben sich Mädel aus Tschapoma genommen, einige sind geblieben, aber das ist nicht mehr dasselbe. Ein richtiger Muschik lebt nicht als Fremder auf fremdem Boden. Solange hier die Sowjets regierten, haben sie die Menschen kurz gehalten. Jetzt aber stehlen die Leute alles, was sich gegen Wodka eintauschen läßt, und leben von einem Glas zum nächsten. In diesem Jahr haben sie noch Kinder auf die Insel gebracht, *Bezprisornije*, Straßenkinder, damit wir's noch lustiger haben. Haben in Tschapoma ein Sommerlager für sie eingerichtet. Die Aufseher trinken mit den Muschiks, und die Kinder, blöd vom Benzin, das sie schnüffeln wie Rauschgift, lungern im Dorf herum und zerschlagen die Schlösser an den Türen. Was soll aus uns werden, junger Mann, sag mir das?«

Die glanzlosen Augen der Alten sind leer. Gegen Abend kommen zwei Mädchen auf die »Antur«, Besprisornije. Zwölf, dreizehn Jahre alt. Hübsche Gesichtchen, dünne, schlanke Körper. Sie bewegen sich vulgär wie Huren. Sie wollen Schilo haben. Am nächsten Morgen verlassen wir Tschapoma …

Konuschin

28 Stunden weiter, in Richtung Nordosten. Wir passierten den Polarkreis. 330 Werst aufs freie Meer hinaus. Unterwegs zwei Stürme, ein paar Mal schlug der Wind um, wir

bekamen genug Salz ins Maul, und dann ein reiner Morgen, der anbrach, so rein wie nur die Einsamkeit sein kann. Doch der Reihe nach.

Von Tschapoma segelten wir die Tersche Küste entlang. Hinein in den Gorlo. Je weiter wir nach Norden kamen, umso weniger Grün war zu sehen, umso mehr Schnee. Er lag in Spalten und Schluchten, und manchmal leckte er mit seiner schmutzigen Zunge bis herunter ans Ufer. Auch das Ufer veränderte sich: statt Lehm und Sand – massive Felsen. Es war gar nicht daran zu denken, sich zu nähern, nicht zuletzt, weil der Wind schärfer wurde und die See immer höher ging. Das Wasser schlug gegen die Felsen am Ufer und sprühte Gischt hoch, die in Flocken durch die Luft flog. In die Flüsse, die wir passierten, konnten wir nicht einlaufen: einmal waren sie zu seicht, dann wieder mit Netzen verstellt. Auch die Insel Sosnowez, unsere letzte Hoffnung an der Terschen Küste, erwies sich beim Näherkommen als unzugänglich: Fels an Fels, auf allen Seiten vom Wind umtost. In dieser Situation nahmen wir Kurs auf die Winterküste, quer durch den Gorlo. Geradewegs in den Rachen des Sturmes. Auf der anderen Seite kannten wir jeden Wasserlauf, und das Ufer ist dort leichter zugänglich, sanfter. Leider drehte der Sturm mitten im Gorlo um 180 Grad, und noch bevor wir die Winterküste erreichten, peitschte er die Brandung so hoch, daß es auch hier aussichtslos war. Uns blieb nichts anderes übrig, als weiter zu fahren. Wenn es stürmt und man keinen Unterschlupf findet, muß man das Unwetter im Fahren übertauchen.

Wir ließen den Gorlo hinter uns und kreuzten durch die Mesen-Bucht. Vor uns lagen 120 Werst offenen Meeres. Das »faulste« Stück des Weißen Meeres. Hier tobt das Wasser mit entsetzlicher Kraft. Zum Glück beruhigte es sich plötzlich. Der Himmel leuchtete azurblau. In der Ferne Luftspiegelungen. Endlich konnten wir ein wenig schlafen, immerhin waren wir schon zwanzig Stunden unterwegs. Ich hatte Wache, die Jungen dösten vor sich hin. Ich stellte den Motor ab. Stille. Die Segel knatterten. Eine leichte Brise. Linker Hand, in einem Nebel dünn wie der Traum eines Mönches, die Insel Morsowa. Also lag der Polarkreis schon hinter uns. Ich legte »Visible World« von Jan Garbarek ein. Ich war. Allein.

Am Nachmittag erblickten wir das Ufer von Konuschin. Land der Samojeden. Sperrzone, Manövergebiet der Spezialtruppen. Dort fallen ausgebrannte Raketenteile von der Basis Plisezk nieder, dorthin schießen sie ballistische Raketen aus dem Fernen Osten. Um die Zielgenauigkeit zu üben. Die ganze Tundra ist gespickt mit Trümmern von Raketen, manche riesengroß, so daß man sie schon von weitem sieht. Wie in einem Science-Fiction-Film. Voriges Jahr haben sie uns in Konuschin geschnappt. Ein Kommandotrupp mit Helikopter: zehn *bojci*, Kämpfer, darunter eine Frau, alle bis an die Zähne bewaffnet …

II

Es ist jedermann verboten, wer immer das auch sei, etwas über unsere Religion und unsere Überzeugung zu erzählen, auf Fragen über diese Dinge soll jeder mit Schweigen antworten, und er soll so tun, als hätten wir dieselben Gesetze und Sitten, die in dem Land herrschen, in dem wir uns zum gegebenen Zeitpunkt gerade befinden.

Aus den Instruktionen für die Expedition von Hugh Willoughby und Richard Chancellor, 1553

Konuschin

Das Ufer von Konuschin sieht von weitem aus wie eine Torte. Mit dicken Schneeflocken und Eiszapfen überzogen, wie mit Zuckerguß. Die Sonne spielt mit dem Licht, alles glitzert. Das Meer schlägt das Wasser an Land und zerstäubt es. Am Strand liegen schwarze Blöcke, die aus der Ferne an Tortenstücke erinnern. Aus der Nähe wird aus ihnen Torf: große Teile, die das Meer vom Ufer gebissen hat. Aus der Nähe glänzen Eis und Schnee nicht mehr. Sie sind schmutzig, vermischt mit Lehm, den jede Welle aus den Uferrändern spült. Erst von da erkennt man die Kraft des Meeres. Seine zerstörerische Kraft. Das Meer zerfrißt das Ufer von Konuschin, Stück um Stück.

Das Haus der Scharapows steht am Rand eines Abbruchs. Noch ein Jahr, vielleicht zwei, dann stürzt es in die Brandung. Ich möchte wissen, ob Scharapow es schafft, bis dahin nüchtern zu werden? Nicht weit vom Haus ragt ein schmaler

Zipfel aus Sand und Steinen ins Meer hinaus, gekrümmt wie eine Hand in einer obszönen Geste. Die Korga Konuschinska, hinter der man Schutz finden kann. Früher standen am Rand des Uferwalls die Häuser einer kleinen Fischereigenossenschaft. Das ist gar nicht so lange her, weil es noch im »Seehandbuch des Weißen Meeres« von 1964 verzeichnet steht. Heute kocht dort die See, und man muß die Korga weit umfahren – hier hat es schon einmal ein Unglück gegeben, bei dem das Meer ein Schiff mit acht Fischern hineingerissen und nur einen von ihnen wieder ausgespien hat. Mit zerschmettertem Rückgrat. Scharapow lacht, wenn er das erzählt. Er hat Galgenhumor und sagt über das Leben:

»Blja!«

In der Küche der Scharapows duftet es nach Blini und *Samogon*, Selbstgebranntem. Wir sitzen am Tisch, verschwitzt von der Banja. Wir trinken Samogon, versetzt mit *marganzowka* (Kaliumpermanganat reinigt den Samogon von Rückständen!) und essen dazu Blini mit Rogen vom Pinagor. Der Rogen ist rosig, grobkörnig und knirscht zwischen den Zähnen. Der Samogon ist stark, rinnt weich hinunter und heizt einem ein. Scharapow gibt den Rhythmus vor, schenkt ein und hebt das Glas: auf das Treffen, auf den vergangenen Winter, auf den gestrigen Sturm. Tanka wuselt herum, bringt das Essen, legt vor: kaltes Rentierfleisch, Elchzunge mit wildem Kren, geräucherte Garbuscha, gepökelter Saibling. Vor dem Fenster schüttelt der Wind die Salweiden und rauft das Gras. Die See geht höher, Brecher rollen heran, nagen am Ufer. Regen setzt ein und trommelt seitlich gegen die Scheiben. Nebel hüllt den Uferwall ein, die Küche verschwimmt, Lord schläft bei der Tür. Es scheint, als hätte es dieses Jahr nicht gegeben. Als wäre es unter den Tisch gefallen.

Scharapow ist 48, hat eine häßliche Frau und trinkt gern. Ein ehemaliger Offizier einer Kommandotruppe, Teilnehmer an ein paar sowjetischen Abenteuern in Afrika. Dann fuhr er als Maschinist auf verschiedenen Trawlern um die ganze Welt, immer betrunken. Bis sie ihn wegen dem Sprit von der See verjagten. Bis nach Korga Konuschinska, möglichst weit weg von den Menschen. 16 Jahre lebt er schon hier. Gemeinsam mit Tanka. Sie bedienen die meteorologische Station des Militärs auf dem Manövergelände. Bis zur nächsten Garnison ist es eine ganz schöne Strecke durch die Tundra, Leere, so weit das Auge reicht. Nur die Polarfüchse heulen, und das Meer tobt.

Scharapows Leben dreht sich ums Faß, so wie einst das Leben von Diogenes. Das Faß steht in der Küche auf dem Herd und blubbert. Es ist aus Spezialstahl: Raketenstahl, rostfrei. Ein Geschenk der Garnison.

»Du gibst Zucker ins Faß, überreife Moltebeeren, gießt Wasser drüber und läßt es vierzig Tage stehen. Dann läßt du ihn durchlaufen. Das ergibt sieben Liter reinen Spiritus oder dreißig Flaschen Wodka. Rechne dir selber aus, wieviel Tage man da nüchtern bleiben kann.«

Scharapow hat Augen, aschgrau vom Samogon, und redet ohne Unterlaß, als gieße er, nach Menschen dürstend, Wasser aus einem Eimer. Laut Maximow ist die *goworucha*, die Schwatzhaftigkeit, eine Krankheit der Menschen im Hohen Norden, die von der Einsamkeit geplagt werden. Noch schrecklicher kann die Schweigsamkeit sein, wenn der Mensch die Sprache verliert und brüllt wie ein Tier im Wald. Nach ein paar Gläsern fällt es schwer, dem Gestammel Scharapows zu folgen. Er vermischt die Wirklichkeit mit Videos, Politik mit Phobie. Er haßt die Moskalen, die Juden und Schamil Bassajew (in dieser Reihenfolge); er bekennt sich zu einem Patriotismus à la Schirinowski, zu Wolfowitsch selber und zum Stacheldraht. Einmal ist er mißtrauisch, dann wieder herzlich, hält mich für einen Spion und sieht mich im nächsten Moment als Kumpel. Gerade noch hat er mit der Pistole herumgefuchtelt und gebrüllt, ich solle meine Genehmigung vorweisen, dann schämt er sich plötzlich für seine Manie und sagt, das sei bloß ein Scherz. Kurz darauf erzählt er, schon ziemlich betrunken, eine Geschichte, die allerdings nicht druckreif ist, und wiederholt immer wieder, wie einen Refrain:

»Daß du das ja nicht schreibst, Mar, schreib nicht, was dir Scharapow gesagt hat.«

*

Manchmal lohnt es sich, in der Welt, über die du schreibst, die Position des Ausländers beizubehalten. Dadurch kannst du dir Distanz, ein nüchternes Urteil und eine Leichtigkeit der Feder bewahren. Diese Position befreit dich von Loyalitäten und gestattet dir, ohne Übergang von der ersten in die zweite Person zu wechseln, und sogar in die dritte, sie erleichtert die Verwendung von Namen, ob richtig oder ausgedacht. Du kannst verschiedene Schicksale in einem Leben zusammenfassen, oder ein Leben in mehrere Fabeln zerteilen. Natürlich kann das zu Mißverständnissen führen, manchmal auch zu Vorwürfen oder Beschwerden …

Die Position des Ausländers in der Welt, über die du schreibst, sichert dir Einsamkeit.

Vor allem wenn die Handlung in Rußland spielt, wo die manische Furcht vor Spionen seit den Zeiten Chancellors nicht nachließ, wobei sie hier, an den Rändern des Imperiums, besonders krasse Formen annimmt. Hier ist die Einsamkeit eines schreibenden Ausländers eine doppelte: Er steht in seiner Sicht der Wirklichkeit allein da und ist andererseits in dieser Wirklichkeit völlig isoliert. In gewisser Weise erinnert seine Position an die Situation des Außerirdischen, den David Bowie in dem Film Der Mann, der vom Himmel fiel *spielt.*

Im Vorjahr boten sie alle Grenzeinheiten entlang der Küste des Weißen Meeres und der Barentssee auf, nur um uns zu schnappen. Um die Wahrheit zu sagen, liefen wir ihnen von selber in die Arme, wie ein Wild dem Jäger. Ein vier Tage währender Sturm hielt uns in Kedy fest, am Ende des Gorlo. Wir warteten auf besseres Wetter, um die Mesen-Bucht zu überqueren. Aus Langeweile gingen wir zum Leuchtturm auf dem Kap Woronow. Woher sollten wir wissen, daß die Aktion »Spinnennetz« im Gang war? Die Grenzsoldaten beim Leuchtturm tranken Schilo. Wir sahen den Wesdechod *(ein gepanzertes Fahrzeug auf Ketten, das aus der Entfernung wie ein Panzer ohne Rohr aussieht) zu spät – da konnten wir nicht mehr zurück. Sie hatten Probleme, unsere Daten niederzuschreiben, weil sie sich kaum mehr auf den Beinen halten konnten. Nach einer Genehmigung fragten sie erst gar nicht, offenbar konnten sie sich nicht vorstellen, daß wir keine haben könnten. Sie luden uns ein, mit ihnen zu trinken, wir redeten uns heraus. Sie gaben uns getrocknetes Rentierfleisch mit auf den Weg und ein paar frische Nelma. Nelma, auch nordsibirischer Weißfisch genannt, ist ein weißer Fisch, der so hervorragend schmeckt, daß man ihn roh essen kann. Bevor die Grenzer ihren Rausch ausgeschlafen hatten, waren wir schon in See gestochen. Ohne uns um den Sturm zu kümmern. Das Kap Mesen schafften wir, indem wir uns wie Blinde vorwärts tasteten. Das Meer wütete und vermischte sich mit dem Nebel. Blitze zerrissen das Dunkel, Funken sprühten über die Wanten. Die Helikopter hatten keine Chance. Einen Tag später nahmen sie die Verfolgung auf. Vier Tage lang durchkämmten sie die See, die Küsten und den Luftraum. An der Operation nahm die Gebietsleitung teil. Sie verhafteten uns in einer Küche, bei den Scharapows. Das Eigen-*

gebräu wurde gerade fertig. Über dem Brausen des Samogonapparates hörten wir das Knattern des Helikopters. Sie setzten im Dickicht der Salweiden vor dem Fenster auf…

*

Am folgenden Tag erzählte ich Tanka, was weiter geschehen war: über die Fahrt nach Archangelsk, begleitet von zwei Helikoptern und einem Jagdflugzeug, vom rauschenden Empfang im Hafen, von der Durchsuchung der Jacht, die viele Stunden gedauert hatte. Von der Verwarnung!

Draußen schüttet es immer noch. Die Tundra hat sich mit Nässe vollgesogen, der Boden schmatzt unter den Füßen. Es ist gar nicht daran zu denken auszulaufen. Scharapow hat sich mit dem ersten Durchlauf der Marganzowka einen Rausch angetrunken und ist endlich eingenickt. Die Jungen sitzen wie gebannt vor dem Video und ziehen sich einen harten Porno rein. Tanka macht sich in der Küche zu schaffen, kocht für uns Mittagessen, flößt mir Tee ein. Dazu reicht sie mir weißlichen Honig, wie ein Stück Eis, er schmeckt nach Vanille. Es ist Honig aus dem Altai, vom Frühjahr, er duftet nach Bergwiesen. Vielleicht ist es dieser Duft, der Tanka aus ihrem Schweigen lockt. Plötzlich beginnt sie von ihrem Leben zu erzählen. Emotionslos, ruhig, als stricke sie. Ich versuche, das Muster zu skizzieren. In rohen Umrissen. In einem Heft.

Tanka ist eine Polin aus dem Altai. Ihr Mädchenname lautet Baworowska. Einer ihrer Vorfahren wurde in die Altairegion verbannt, aber wer das war und warum er verbannt wurde, kann sie nicht sagen. Sie war fünfzehn, ein dummes Mädel, das gerade die Schule beendet hatte, als Scharapow nach Katanda kam. Um zu heiraten. Ihre Schwester. Bei der Gelegenheit nahm er auch Tanka mit. Er verschaffte ihr beim Stab in Leningrad einen Kurs als Telegraphistin. Sicher hatte er schon damals geplant, daß sie später auf der Station ihre Schwester Irena ersetzen könne. Irena ertrug das Leben in Korga nicht: die Einsamkeit in der Tundra, Stjopas besoffenes Wüten. Sie verließ ihn. Tanka blieb. Sie ist ihm Ehefrau und Knecht. Wenn Scharapow sich bewußtlos trinkt, bedient sie allein die Station. Und ihm dient sie auch, und sei es als Prügelobjekt. Manchmal legt er auf sie an, ohne daß sie weiß, ob die Pistole geladen ist. Oft schläft Tanka in der Banja, weil sie im Haus Angst hat. Wenn Stjopa nüchtern wird, weil ihm der Samogon ausgeht, dann weint er, fleht um Vergebung und kriecht zu Kreuz. In solchen Momenten liebt ihn Tanka. Wo sollen sie im übrigen hin: sie genauso wie er? Die einzige Abwechslung Tankas sind die Schlageisen für Füchse. Aus dem Fang fertigt sie Felle für einen Pelzmantel. Sie hat schon ein Dutzend beisammen, doch sie kann sie nicht zusammennähen. Wozu auch? Soll sie vielleicht im Pelz durch die Tundra spazieren?

Das dunkle Rascheln von Tankas Stimme wird plötzlich von einem Brüllen übertönt. Es kommt vom Strand her. Wir laufen zu den Fenstern. Unten kriecht langsam ein Wesdechod durch den trockenen Sand. Geradewegs auf uns zu.

Steinerner See

Es sind Soldaten von der Garnison, Kumpel Scharapows: Komandir Witja, Sohn eines Vizeadmirals der Nördlichen Flotte, Sergeant Petja aus Kasachstan, der Chauffeur des GT-T, und der Gefreite Fedja, ein Halbblut, halb Samojede, halb Russe. Sie wollen Schwäne schießen. Und unterwegs saufen. Da sie nichts mit den Grenztruppen zu tun haben, fragen sie nicht einmal, woher wir kommen. Sie betrachten uns als Genossen: als Wilderer. Nach zwei Gläsern wird beschlossen, daß wir sie begleiten sollen. Unsere Flinten gefallen ihnen, vor allem die von Wasja, weil sie weit trägt.

Wir müssen uns beeilen, um bei Niedrigwasser zur Mündung des Flusses Wolosowa zu kommen. Die Küste von Konuschin ist steil und morastig und läßt sich nicht einmal mit einem Wesdechod überall befahren. Unterhalb besteht der Boden aus Lehm, darüber eine Schicht Torf, hoch wie ein mehrstöckiges Haus, das ein Dach aus Rasen bedeckt. Der Boden rutscht tonnenweise ins Meer ab, an manchen Stellen bildet er Überhänge, die von den Wellen unterspült werden und jeden Moment ins Wasser zu stürzen drohen. Bei hoher Brandung reicht das Wasser bis zum Abbruch, die Ebbe hingegen schafft ein kleines Stück Strand, über das wir mit brüllendem Motor preschen, das Brausen des Meeres übertönend.

Wir überqueren die Rinne der Wolosowa und kommen in die Tundra. Von hier geht es hundert Werst durch ein Land, das aussieht, als wäre es nicht von dieser Welt. Feuchtwiesen mit blühenden Moltebeerensträuchern, Felder mit wildem Sauerampfer und scharfen Gräsern, undurchdringliches Salweidendickicht, Gruppen von Zwergbirken, Kuppen, bedeckt mit Flechten von Rentiermoos, Täler voll graubraunem Schlamm, Seen wie tote, vom Alter schwarz gewordene Spiegel, und überall Bruchstücke von Raketen. Die ganze Tundra übersät mit Raketentrümmern, oft von riesigem Ausmaß und grellfarben: metallisches Orange, Giftgelb, Phosphorrot. Vor dem Hintergrund der ruhigen Farben, wie sie die Natur im Norden kennt, tun diese Farbtöne in den Augen weh. Verwirren die Sinne.

Wir halten Ausschau nach Elchen. Und schießen in der

Zwischenzeit auf Schneehühner, Gänse und Enten. Eine Safari à la russe: mit dem Gebrüll von zweihundert Pferdestärken, in Wolken von Auspuffgasen. Wir fahren von Kuppe zu Kuppe, schneiden durch Täler, zermatschen Rinnsale. Die Oberfläche der Tundra ist so delikat wie die menschliche Haut, sogar ein leichter Fußtritt hinterläßt eine Spur, die sich unverzüglich mit braunem Wasser füllt, wie ein blauer Fleck mit Blut. Die Ketten unseres GT–T (*gusenitschnij tjascholi tjagatsch*) zerfetzen das Unterholz der Tundra und zeichnen sie für die nächsten vierzig Jahre mit Narben. So lange braucht es, bis die Schrammen, die der *Tjagatsch* hinterläßt, verheilen. Bis die Tundra vergißt, daß wir hier waren.

Gegen Abend erreichen wir den Steinernen See. Seit Jahrhunderten kommen jedes Jahr gegen Ende Mai Schwäne hierher, um zu brüten. Im Juni mausern die Vögel (wechseln ihre Schwungfedern) und verlieren für ein paar Wochen die Fähigkeit zu fliegen. In dieser Zeit wurden sie von den Samojeden getötet. Wie es sich gerade ergab: Sie wurden von Hunden abgewürgt oder in Netzen gefangen. Die Nowgoroder übernahmen von den Samojeden deren Umgang mit den Schwänen.

Der Steinerne See liegt am Rand der Kanino-Timansker Tundra, nicht weit vom ehemaligen Wolok, eine Schlepprinne, über die die Segler aus Nowgorod ihre Boote zogen, um nach Petschora zu kommen. Der Wolok verband die Barentssee mit dem Weißen Meer an der schmalsten Stelle: zwischen der Küste von Konuschin und der Tschoska Bucht. Stalin plante hier einen Kanal (den Weißmeer-Tschoski-Kanal), doch er starb, ehe der gebaut wurde. Stattdessen wurde hier ein Manövergelände eingerichtet. Heute stehen die Schwäne unter Schutz, was nicht heißt, daß sie keine

Kugel abbekommen. Die *Krasnaja kniga*, die Rote Liste der gefährdeten Arten, hat auf dem Manövergelände keine Geltung. Auf dem Gelände regiert, wer eine Waffe besitzt.

»Der Gesang der Schwäne ist im Grund das bedrückende Schweigen der Schwäne«, zitiere ich Merrill, während ich den einzigen Schwan betrachte, der durch das seichte Wasser des Steinernen Sees watet. Und Schweigen bedeutet schließlich Einsamkeit.

»Einsamkeit bedeutet den Tod«, antwortet das Echo eines Schusses. Komandir Witja hat den Schwan getötet.

Dann nimmt er ihn aus, salzt und pfeffert ihn und schiebt ihn in den Ofen. Den Ofen haben sie eigenhändig für Wildbret umgebaut, es genügt ein Armvoll Holz, um einen Schwan zu braten. Als das Fleisch beinahe gar ist, besprenkelt es Witja mit Sprit und fügt eine Handvoll Mirabellen hinzu. In der Kantine der Garnison wird der Sprit in Kompottgläsern verkauft, die einen Liter fassen. Als Kompott, mit ein paar Mirabellen am Boden. Laut Aufschrift handelt es sich um ein Produkt für die Zubereitung von Mehlspeisen, weshalb so ein Glas nicht einmal so viel kostet wie ein halber Liter Wodka. In der Hütte ist es warm geworden. Der Braten duftet. Die Fenster der Jagdhütte schauen auf den Steinernen See hinaus. Die Sonne versinkt hinter einer Kuppe, es sieht aus, als tauche sie diese in Blut. Der Sprit in dem eckigen Glas wird rötlich. Von der Schwanenbrust tropft das Fett. Der Leckerbissen Iwans IV., des Schrecklichen. Die Konturen in der Kammer werden weicher, das Halbdunkel läßt die Gesichter verschwimmen, Schatten tanzen über die Wände: Bojaren, Krieger, Räuber? Durch die dünne Materie der realen Welt schimmern trügerische Bilder …

120 Werst weiter in *polunoschnuju storonu* (in Richtung Nordosten, wie es im Dialekt der Pomorzen heißt). Die Wolken hingen bläulich im Himmel, wie Scharapows Augensäcke, als wir uns von ihm verabschiedeten. Dann begann es, heftig zu regnen. Wir fuhren die Kanin-Küste entlang, mit der Strömung der Ebbe. Es war völlig windstill. Der Regen fiel lautlos, ohne Unterlaß. In einiger Entfernung zog die Welt vorüber, wie ein Stummfilm in Zeitlupe. Kader um Kader, immer dasselbe – nacktes, menschenleeres Land. Die einzige Abwechslung boten die Flüsse Wolosowa und Kija, und der Bogatyj, ein kleines Rinnsal. Vor Schojna gerieten wir in Nebel. Zum Glück setzte die Flut ein. Es hörte auf zu regnen, dafür wurde der Wind stärker. Wir verloren das Ufer aus den Augen. Wir fuhren wie an einer Schnur gezogen mit der Strömung dahin. Tasteten wie Blinde mit Stangen den Grund ab, um den Untiefen auszuweichen. So vergingen Stunden, die Zeit verrann im Nebel. Wir warfen den Anker aus und hofften, im niedrigen Wasser nicht umzuschlagen. Endlich gab es Tee; die Koje. Der Schlafsack war feucht geworden.

Das Wasser plätscherte an den Bug der »Antura« und ließ mich nicht einschlafen. Daher schlug ich »Ein Jahr im Norden« (an der Kanin-Küste) auf. Im Vergleich zur Winterküste oder der Mesen-Küste, schreibt Maximow, an denen man wenigstens ein paar menschliche Ansiedlungen und Büsche findet, ist die Kanin-Küste völlig leer: Hier wächst nur Lein, nicht höher als ein Arschin. Im Winter trieben sogar die Samojeden ihre Rentiere von hier fort, weil sie die Götter des Todes fürchteten, da der leere Raum nach ihrem Glauben die Dämonen des Todes anzieht. Wenn sie im Sommer am Steinernen See lagerten, jagten sie hier manchmal nach Meerestieren: Seehunden, Mönchsrobben, Seehasen. Doch nur ein Halbidiot vom Stamm der Samojeden kann die Geduld aufbringen und tagelang unweit vom Ufer auf dem Eis liegen und in phlegmatischer Konzentration darauf warten, daß ein schwarzer Kopf aus dem Wasser taucht, auf den er schießen kann, behauptet Sergej Wasilewitsch.

Plötzlich wurde ich aus meinem Traum geworfen wie aus der Koje bei hohem Seegang. Durch die Kajüte dröhnten wüste Flüche. Das war Wasja. Ich eilte an Bord. Der Wind wehte mir Sand in die Augen, die »Antur« steckte mit dem Kiel in einer Sandbank. Während wir geschlafen hatten, war das Wasser zurückgegangen, und nun zeigte sich, daß das Flußbett hundert Meter weiter weg war. Wir saßen auf dem Trockenen. Um das Schiff herum stapften, wie in Fortsetzung meines Traumes, *Inki*, samojedische Teenager. Mit grell bemalten Mündern. Es sah so aus, als hätten sie nur darauf gewartet, daß wir aufwachten. Am Ufer lag eine Siedlung, halb vom Sand begraben, nur Dächer ragten aus Kuhlen, über die der Wind Staubfahnen wehte. Wie waren die Siedlung und diese Teenager mit den roten Lippen hierher gekommen? Von wo war der viele Sand gekommen?

Das war so: Am 15. Juni 1929 wurde auf einer Sitzung des WZIK (Allrussisches Zentrales Exekutivkomitee) der Nationale Rayon der Nenzen gegründet, der die Lagerplätze der Samojeden entlang des Eismeeres umfaßte: von Kap Kanin bis zum Fluß Kara. Ein Jahr zuvor war auf Beschluß des Nördlichen Komitees der Name »Samojeden« zu »Nenzen« geändert worden, weil die alte Bezeichnung als beleidigend galt. In den dreißiger Jahren machte man den Versuch, die Nomaden seßhaft zu machen. Die Siedlung Schojna ist ein Beispiel dafür. Leider war der Platz denkbar schlecht gewählt, die Siedlung wurde nämlich auf Treibsand gebaut. Anfangs ging es noch ganz gut: Man setzte auf den industriellen *Swerobojni* (das massenhafte Abschlachten von Meerestieren) und den Fang von Nawaga, Weißmeerdorsch. Mutige Männer folgten dem Ruf des »langen Rubels«, und der Staat sorgte dafür, daß sie den hier verdienen konnten. Er sorgte auch für den Transport, die Versorgung und Verbindung zur Welt diesseits des Polarkreises. Dann änderten sich mit der Perestrojka die Prioritäten, und die Nachfrage nach Meerestieren sank. Schojna verödete. Nur diejenigen blieben, die »krank nach dem Norden« waren oder keinen Ort hatten, an den sie zurückkehren konnten: Nenzen, die nicht länger im *Tschumow* (eine Art Wigwam aus Rentierfell) leben wollten, Abenteurer, auf die keine Frau mehr wartete, Versager und vom Glück verlassene Frauen, oft mit Kindern.

Vor kurzem wurde in Schojna der Grenzposten aufgelassen, die letzte Hoffnung der lokalen Mädchen, und auch der letzte Faden, der die Siedlung mit dem Staat verbunden hatte. Heute ist Schojna von der Welt abgeschnitten und zur Hälfte vom Sand verschüttet und erinnert eher an den Traum eines Samojeden als an ein reales Dorf. Allerdings an den Traum eines Halbiditoten vom Stamm der Samojeden, der tagelang in seinem Boot schaukelnd Seehunden, Mönchsrobben und Seehasen auflauert und sich dabei dieses halbe Jahrhundert, diese Siedlung, die geschminkten Teenager und uns selber, die wir mit dem Kiel in der Sandbank stecken, erträumt …

»F… eure Mutter, was macht ihr hier? Hier ist Sperrzone, verschwindet auf der Stelle!« Plötzlich steht ein Muschik vor uns, wie aus dem Sand gewachsen. In Gummistiefeln, einen *Kolun* in der Hand. Ein Kolun ist eine spezielle Axt zum Klieben großer Baumstämme. Der Muschik entpuppt sich als Vorsitzender des Selsowjet, das heißt des lokalen Gemeinderates, dem nach Auflösung der Grenzwache die Pflicht des Grenzschutzes zufällt. In einer Stunde sollen wir uns mit unseren Dokumenten beim Selsowjet melden.

Wir irren lang durch Schojna, bis zu den Knien im Flugsand, der die Straßen verweht hat. Die Häuser liegen in tiefen Mulden über die Dünen verstreut und müssen jeden Tag von neuem ausgeschaufelt werden. Hier und da ragen Giebel wie Grabsteine heraus, das sind die Spuren von Häusern, die nicht mehr bewohnt sind. Es gibt weder Gärten noch Wiesen. Nur Sand, Sand und noch einmal Sand. Im Selsowjet sind die Stufen mit Sand bedeckte, Sand auch im Inneren der Baracke! Der Sand dringt durch jede Spalte, die kleinste Ritze. Sogar im Kabinett des Vorsitzenden ist überall Sand: in den Gläsern, auf dem Tisch, in den Akten. Der Muschik hat sich inzwischen beruhigt. Vielleicht hat unsere phantasievolle Erzählung auf ihn gewirkt (deren Inhalt ich nicht verrate, weil wir sie vielleicht noch einmal brauchen können), oder auch Wasjas Miene. Er kramt nach Vorschriften, blättert Aktenordner durch, wirbelt Sand auf. Er rechtfertigt sich, jammert herum, entschuldigt sich: Hier sei Grenzzone, Sperrgebiet, er wisse auch nicht, warum. Doch er müsse notieren, wer sich hier herumtreibe, schließlich könnten sie anrufen, ihn kontrollieren. Und es sei auch für uns selber von Vorteil, wenn wir uns nämlich abmeldeten, könnten wir legal weiter fahren.

»Also kommt, trinken wir ein Glas, ein letztes Glas, und auf Wiedersehen.«

»Auf Wiedersehen, f… deine Mutter!«

Die letzten hundert Werst übers Meer in Richtung Norden. Weiter gehen wir zu Fuß.

Von Schojna liefen wir im Morgengrauen aus, bei halbem Tidenhub. Er war gerade hoch genug, um uns von der Sandbank abzuheben. Wir hatten es eilig wegzukommen, bevor der Muschik unsere Geschichte durchschaute. Bis Tarchanow durften wir eineinhalb Gezeiten brauchen, weil man die Einfahrt in die dortige Enge nur bei Hochwasser schafft. Die Enge von Tarchanow ist ein schmaler Streifen zwischen dem Ufer und einer Felsbank (*luda*), die im Norden eine Landzunge abschließt. Laut unserem Seehandbuch kommt es vor, daß die Felsbank überflutet wird und man das Boot auf dieser vertäuen kann wie an einem Pfosten. Bei Niedrigwasser stehen jedoch Felsen in der Einfahrt, wie Schildwachen in einer Tür. Es braucht daher hohe Präzision und einiges Glück, um den Kasten beim Hineinsteuern nicht zu zertrümmern, aber einen anderen Weg gibt es nicht – das ist die letzte Anlegestelle an der Kanin-Küste. Weiter wachsen nur mehr nackte Felsen aus dem Meer.

In Tarchanow wurden vor gar nicht langer Zeit noch Beluga gejagt, das heißt Weißwale, die nur in arktischen Gewässern leben. Im Weißen Meer wurden sie seit Jahrhunderten getötet: wegen der Haut, von der die Nowgoroder Chronik aus dem zwölften Jahrhundert schreibt, die Völker des Nordens müßten ihre Abgaben in dieser Form entrichten; wegen dem Fleisch, aus dem man in den dreißiger Jahren unseres Jahrhunderts Pasteten, Würste und Konserven herstellte; und schließlich wegen ihrem Fett, Blut und den Knochen. Nach dem Krieg ging die Beluga-Industrie rapid zurück, obwohl noch im Jahre 1958 im Rayon Tarchanow

420 Tiere getötet wurden. Das war das letzte Gebiet im Weißen Meer, wo man auf Weißwale Jagd machte.

Wir fuhren nur mit Hilfe der Segel, ohne Motor, ohne Worte. Die See war weiß, als hätte sich Licht über den Horizont ergossen. Ich hatte den Eindruck, der Sonne direkt in die Augen zu schauen. Ich hatte das Weiße Meer schon in verschiedenen Farbschattierungen gesehen: oft grau, wie das Gesicht eines Menschen, der erschrickt, oder grünlich, wie die Schatten von Wasserpflanzen am Grund; wenn das Licht im Nebel zerschmilzt, nimmt es eine Tönung fahlen Ockers an, dann wieder wird es mennigrot – wenn die Sonne gegen den Wind untergeht. Jede Jahreszeit kennt ihre eigenen Farben des Meeres, der Herbst zum Beispiel verschiedene Kobalttöne.

Das Weiße Meer kann auch rosa, zinnoberrot oder golden erscheinen und manchmal in einer ganzen Farbenskala changieren, doch nur wer sein Weiß jenseits des Polarkreises gesehen hat, kann die Menschen verstehen, die von dort nicht mehr zurück wollen. Es ist kein Zufall, daß man in ihren Erzählungen immer wieder das Motiv des Jenseits findet, man braucht nur an die rätselhaften Worte Melvilles aus »Moby Dick« über den Einfluß des Weißen Meeres auf die Seele des Menschen über das Grab hinaus zu denken. Rätselhaft deshalb, weil keiner bezeugen kann, daß Melville je im Weißen Meer gewesen wäre.

Das Land ragte plötzlich vor uns auf, als wäre es eben erschaffen worden. Kaninski Kamen, ein Felsplateau aus kristallinen Schiefern, das in Terrassen zum Meer abfällt. In Rinnen lag noch hier und da Schnee, und an den Felskanten schimmerte das Eis opalisierend in der Sonne, doch über die Hänge schossen schon Hunderte von Rinnsalen, die aus der frühlingshaften Tundra kamen. Die Küste schien unzugänglich: eine Granitwand, vom Meer in phantastische Formen geriffelt. Wir fuhren die Küste entlang, hin und zurück, wie ein Häftling beim Spaziergang, ohne die Einfahrt in die Enge zu finden. Da waren wir plötzlich auf der anderen Seite, so wie das manchmal im Märchen geschieht...

Waren das die Zauber der Schamanen der Samojeden, von denen die Rechtgläubigen raunend berichten, sie könnten die Welt völlig vernichten?

Kap Kanin

Gorlez schiworodjaschtschij, Blaues Wollgras, Wasserriedgras, Wiesenrispengras ...nein, Schalamow hat nicht recht, wenn er schreibt, die Blumen im Norden dufteten nicht. Sie duften sogar betörend, man braucht nur das Gesicht in den Teppich der Tundra zu tauchen. Nach dem salzigen Geruch des Meeres, der Wasserpflanzen und des Windes steigt einem der zarte, frühlingshafte Duft der Tundra zu Kopf, wie der Likör aus der Goldenen Wurzel, die hier ebenfalls wächst. Sie wächst überall: an den Ufern der Bäche, auf den Felsen über dem Meer, auf den Kuppen. *Rodiola Rosea* – das heilige Kraut der Schamanen der Samojeden.

Ihre Wurzel duftet nach Rosen. Mit Wodka übergossen und für eine Mondphase an einen dunklen Ort gestellt, war sie seit Jahrhunderten ein Zaubertrank der Pomorzen. Im Überfluß genossen, konnte sie so grausam sein wie die Schlaflosigkeit. Dort auf der Erde, wie die Samojeden sagen, womit sie die Welt bis zum Polarkreis meinen, ist es schwierig, die Goldene Wurzel zu finden – die Sucher des Lebenselixieres haben sie mit Stumpf und Stiel ausgerottet. Hier hingegen wächst sie so dicht, daß man keinen Schritt machen kann, ohne daß sie unter den Füßen raschelt. Hier blüht sogar der wilde Schnittlauch geheimnisvoll, mit kleinen violetten Kätzchen.

Wir marschierten zwanzig Stunden durch die Tundra, quer durch Kap Kanin, in Richtung Eismeer. Zuerst kletterten wir über Felsplatten zum Plateau des Kamen hinauf, wie auf die Kominy Tylkowe in der Tatra. Dann wateten wir auf Rentiertriften, bis zu den Knöcheln im klebrigen Schlamm, an toten Seen vorbei, auf deren Grund Fladen ewigen Eises lagen. An einem von ihnen fanden wir Spuren von *Tschumas*, Zelten der Samojeden, abgenagte Knochen und Rentiergeweihe. Dann wieder Hügel, Hügel, neuerlich Morast, Seen, Morast, Hügel. Die Sonne barg sich hinter den Wolken, man konnte kaum erahnen, wie spät es, wo Norden war? Wo waren wir? Der Boden unter den Füßen war weich, nachgiebig, einsinkend, Sumpf, wir irrten von einer Erhebung zur nächsten, von Schweiß durchnäßt. Die Muskeln versagten den Dienst, der Mund war trocken, wir hatten keinen Speichel, hatten kein Wasser mehr. In der Luft Sumpfgase, zu wenig Sauerstoff, Sinnestäuschungen: Einmal tauchten Bäume auf, dann die Türme einer Stadt, schließlich Baracken. Wir gingen näher, die Baracken verschwanden nicht. Es gab sie! Sie waren real, so wie Wasja, wie Loscha, wie die Tundra um uns herum. Morsche Bretter, der Verputz abblätternd, von Sträuchern überwuchert. Zerschlagene Herde, überall Haufen von Ziegeln, zerbrochenes Eisenzeug, hier und da Stacheldraht. War hier eine Zone gewesen? Wir rasteten. Auf Pritschen. In halbwachem Zustand. Die Fußsohlen brannten, in den Ohren rauschte es. Der Ozean rauschte. Der Ozean …?

Ja, das war das Eismeer. Aus dem Fenster der zerfallenen Baracke blickten wir in die endlose, bleifarbene Weite, ohne

Horizont und Wölbung. Und im Vordergrund, am Rand des Landes, ein großes rotes Mal. Hammer und Sichel in der linken oberen Ecke …

III

Jeder Mensch, der zu uns kommt, soll gut behandelt, gesättigt, gekleidet und wieder am Ufer abgesetzt werden, damit er oder sie andere ermutigen kann, uns näher zu kommen und die Geheimnisse ihres Landes zu zeigen. Sollte sich einer dieser Ankömmlinge betrinken, mit Bier oder Wein, dann soll man das ausnützen, um in die Geheimnisse seines Herzens einzudringen.

Aus den Instruktionen für die Expedition von Hugh Willoughby und Richard Chancellor, 1553

Kap Kanin

Die Halbinsel Kanin ragt fast 300 Werst über den Polarkreis hinaus und erreicht 68° 40' nördlicher Breite, wobei sie die Mesen-Bucht des Weißen Meeres und die Tschoska-Bucht der Barentssee teilt. Die Halbinsel läuft in einer langen Landzunge aus, die Nase genannt wird. Nach alten Mythen liegt Kap Kanin an der Schnittstelle zwischen der diesseitigen Welt und dem Jenseits. Zweifellos wurde dieser Glauben durch die physische Geografie beeinflußt, weil hier zwei Meere zusammenströmen und die Elemente wüten: Es gibt Stürme, Antizyklone, magnetische Gewitter. Auf der Karte gleicht die Halbinsel Kanin dem Kopf eines Meeresungeheuers von einer der Zeichnungen des Olaus Magnus, die seine »Geschichte der nordischen Völker« illustrieren. Spätere Berichte bestätigten die Existenz von Ungeheuern an den arktischen Rändern der Erde. Vielleicht waren sie Produkte von Lichtbrechungen oder optischen Täuschungen, denen die Segler im Norden oft unterliegen, wo man eine kleine Drossel leicht für einen Straußenvogel halten kann, oder vielleicht waren dort tatsächlich Ungeheuer zu Hause. Heute ist auf Kap Kanin der Geist der alten Sowjetunion lebendig…

An der Spitze der Landzunge stehen im morastigen Torfboden ein paar Holzhäuser, die eher Schuppen gleichen. Graue Balken, von Wind und Salz gebleicht. Zwischen den Häusern morsche Bretterstege. Ein paar Hütten und Speicher. Ringsum ein Durcheinander, leere Ölfässer, eine verrostete Zugmaschine ohne Ketten, Spuren von Masut. Und im Vordergrund ein hoher roter Zaun mit dem Wappen der Sowjetunion. Diesen Zaun hatten wir eine Stunde zuvor vom Barackenfenster aus gesehen. Gegen den eintönigen Hintergrund der Tundra sind die Häuser aus der Entfernung nicht auszumachen, und wir hätten leicht daran vorbeilaufen und weiter irren können. Diesem Fleck, grell wie eine Blutlache im Gras, hatten wir zu verdanken, daß wir endlich auf Menschen stießen. Denn auf Kap Kanin leben auch Menschen.

Ein lächerlich geflecktes Hündchen kam zur Begrüßung auf uns zugesprungen. Es wedelte mit dem Schwanz und strich, begeistert über den Besuch, um unsere Beine. In der Sonne blitzte das Glas eines Fernrohrs; jemand beobachtete uns. Wir traten näher. Aus dem ersten Haus kam eine Frau mit aufgedunsenem Gesicht. In der Hand hatte sie eine Flinte. Wir blieben wie angewurzelt stehen. Von der Frau schlug uns ein Geruch von Tran entgegen. Wie von einer ältlichen Sirene… das war Flora Prokofjewna, Feldscherin und Bolschewistin, wie sie sich selber vorstellte; dann forderte sie uns auf, ihr zu folgen. Wir gingen in einen dunklen

Flur, in dem nasse Netze hingen, tasteten uns durch einen Korridor, dann kam eine Tür, ein Vorhang aus Fellen, noch ein Korridor, wieder ein Vorhang, endlich eine Küche. In der Küche hingen Windeln über dem Herd, und es roch nach Urin, Leute saßen um einen Tisch und redeten durcheinander. Sie baten uns an den Tisch, schenkten Samogon ein und stellten einen Topf mit Fischsuppe aus Omul und heißes Brot vor uns hin. Sie waren freundlich, voll Neugierde gegenüber den Besuchern. Jeden Moment schaute ein Neuer herein, wie zufällig, im Vorbeigehen. Wir tranken ein Gläschen und spülten mit Fischsuppe nach. Das wärmte. Wir wurden gelöster. Dann verlangte Flora Prokofjewna unsere Pässe, um die Daten zu notieren, schließlich befanden wir uns hier in der Sperrzone. Beim Anblick meines ausländischen Passes erstarrte sie. Prokofjewna hatte noch nie einen lebendigen Ausländer gesehen …

»Was heißt ein Fremder«, warf ein Muschik aus einer Ecke ein, den ich vorher nicht beachtet hatte, »er ist einer von uns, ein Solowjezker, er wohnt auf Solowki.«

*

Manchmal scheint es, als widerspräche ich mir selber. Einmal empfehle ich dir, in der Welt, über die du schreibst, die Position eines Ausländers einzunehmen, um das gleich darauf wieder abzulehnen und zu sagen, du sollst kein Zuschauer sein, sondern schöpferisch am Leben teilhaben, nicht in der »Rolle eines Schriftstellers«, der stets ein wenig »außerhalb« steht, egal ob »darüber« oder »seitlich«, sondern als Subjekt »der Prosa, die man erlebt wie ein Dokument« (nach der Beschreibung Schalamows). Diese Antinomie existiert jedoch nur scheinbar, weil sich diese beiden Gesichtspunkte in Wahrheit gegenseitig ergänzen und der Schreibende immer ein Fremder bleiben wird, sogar in der eigenen Heimat, und gleichzeitig überall zu Hause ist – auf seiner eigenen Spur. Man sollte vielleicht noch einmal wiederholen, daß sich das auf eine »Prosa, die man erlebt wie ein Dokument,« bezieht, und nicht auf dokumentarische Literatur oder gar Fiktion.

Meinem Paß nach blieb ich für diese Menschen ein Fremder, weil ich aber einige Zeit unter ihnen gelebt hatte, war ich einer der Ihren geworden. Wenn du hier im Hotel wohnst, eine Udostowerenije inostrannogo korrespondenta, Akkreditierung eines ausländischen Korrespondenten, *viele Dollar und Immunität besitzt, wie sie dir die Akkreditierung verleiht, dann wirst du ganz anders aufgenommen, als wenn du eigenhändig Kartoffeln klaubst und imstande bist, im Winter ein Netz unterm Eis auszulegen oder ohne fremde Hilfe in der Tundra am Leben zu bleiben. Hier im Norden ist das Leben kein Spaß, es herrschen harte Bedingungen, und es ist die Natur selber, vor der sich der Mensch beweisen muß. Die anderen Menschen können höchstens bestätigen – so wie Jura, der in einer Ecke der Küche saß –, daß du einer der Ihren bist …*

Mit Jura hatte ich einst auf dem Weg nach Umba ein Viertel Schilo getrunken. Das war mein erster Sommer im Weißen Meer. Kaum daß das Eis aufzubrechen begann, unternahm ich nach einem langen Winter, den ich auf Solowki wie in einer Zelle verbracht hatte, eine Fahrt die Weißmeerküste entlang. Wasja aus Sum Posada kannte ich damals noch nicht, weshalb ich auf zufällige Mitfahrgelegenheiten angewiesen war – ich schnappte mir Schiffe wie Lastwagen beim Autostoppen. Von Solowki nahmen sie mich mit an die Pomorische Küste, wo ich eine Woche lang allein durch den Morast stiefelte, dann schaute ich mir den Weißmeerkanal und ein Stück von Karelien an und kam schließlich nach Kemi, gerade rechtzeitig, um an Bord eines GS (gidrografitscheskoje sudno, Hydrographisches Schiff) *zu gehen, das nach Kanin fuhr und unterwegs in Umba anlegte. Sie wollten nichts davon hören, mich nach Kanin mitzunehmen, weil das Sperrgebiet war, Manövergebiet, Staatsgeheimnis, doch bis nach Umba ließen sie mich mitfahren. Wir liefen gerade aus dem Hafen aus, als Jura an Bord auftauchte, mit Schilo und geräucherter Aalquappe dazu. Er wollte auf sein Glück trinken, hatte jedoch keinen Partner, weil die Besatzung auf See nicht trinkt. Auf sein Glück? Ja. Jura war glücklich, denn er hatte einen Kontrakt für den Leuchtturm auf Kanin unterschrieben. Bis dahin hatte er in den Gruben des Donbas gearbeitet, und von diesem Leben hatte er die Nase voll. Von der Arbeit im Schacht, ständig unter Tag wie ein Maulwurf. Früher hatten sie wenigstens ordentlich Geld gemacht, doch jetzt herrschte Elend, es gab Streiks und Hunger. Nicht einmal die Wohnung machte ihm mehr Freude – man konnte das Fenster nicht öffnen, weil sich sonst der Kohlenstaub auf alle Möbel setzte. In dieser Situation schien die Fahrt nach Kanin wie ein Wink des Schicksals. Dort konnte man etwas verdienen, und auch Natur gab es in Hülle und Fülle. Fischen, Jagen, Eisbären sehen. Und auch für den Kleinen war es gesünder, der Kohlenstaub schluckte und ununterbrochen krank war.*

Als hätte er gehört, daß von ihm die Rede war, erschien Juras Sohn Petka an Bord. Mama weine immer, sagte er, sie wolle gar nichts sehen von der Welt. Katka, eine Meisterin im Geräteturnen, konnte sich ein Leben im Fernen Norden nicht vorstellen. Dort gab es keinen Sportpalast, keine Kolleginnen, kein Fernsehen. Dort gab es nicht einmal Läden! So sind die Weiber nun einmal. Doch Jura war voller Zuversicht. Sie wird sich schon gewöhnen, sagte er immer wieder, sie wird sich schon gewöhnen. Dann verstummte er. Vielleicht kamen ihm Zweifel, vielleicht streifte er in seinen Gedanken schon durch Kap Kanin, oder vielleicht hatte ihn auch der Schilo zum Verstummen gebracht. Von Kandalakscha wehte eine leichte Brise herüber. Die Rentierinseln schienen in der Luft zu schweben, in der Ferne schimmerte die Küste. Erst als sie in Umba das Fallreep herunterließen, wachte Jura plötzlich auf. Wir tranken einen Pososchok *(wörtlich: am Stock, ein Abschiedstrunk) umarmten uns russisch, küßten uns …*

*

Wir hatten uns russisch umarmt und geküßt. Na bitte, wer hätte gedacht, daß wir uns noch einmal begegnen würden? Und zwar wo? Auf Kap Kanin! Das mußte begossen werden. Jura lief, um Katja zu wecken, in der Küche brach ein Spektakel los. Die Leute rannten herum, trugen Sachen hin und her, redeten gleichzeitig, einer schrie lauter als der andere, alle freuten sich. Nur die Prokofjewna wurde um keinen Deut freundlicher, und als sie erfuhr, daß ich Material für ein Buch über das Weiße Meer sammelte, begann sie mich auszuforschen: Was ich schrieb, mit welcher Tendenz, und hoffentlich nicht gegen die Russen gerichtet?

Meine Geschichte stellte sie offenbar zufrieden, denn sie wurde etwas sanfter und erklärte, sie lebten hier im Kollektiv, zu neunt (Petka und die kleine Warwara nicht mitgerechnet), sie bedienten gemeinsam den Leuchtturm und die meteorologische Station, und seit dem Zusammenbruch der Sowjetmacht nagten sie alle gemeinsam am Hungertuch. Früher hätten sie sich nicht beklagen können, Proviant und Post seien regelmäßig eingetroffen, der Sanitätshelikopter sei gekommen, wenn man ihn angefordert habe, und auch der Verdienst sei erträglich gewesen, jetzt hingegen … Pfui, was solle man sagen! Ohne Wildbret und Fisch, für die sie selber sorgten, müßten sie glatt verhungern. Zuletzt seien ihnen die Zigaretten ausgegangen, und die Muschiks hätten eineinhalb Monate lang Gras geraucht. Daher würden alle, wie ein Mann, für Sjuganow stimmen, obwohl sie dem auch nicht über den Weg trauten, um die Wahrheit zu sagen, denn wer in Moskau lang genug auf einem Sessel hocke, der habe einen weichen Arsch bekommen. Hier, am Rand der ehemaligen Union, werde einem der Arsch vom Leben nicht gerade gestreichelt. Von hier aus sehe man deutlich die Unsinnigkeit der Reformen, das Chaos der Perestrojka und die verschlagenen Fratzen der Demokraten. Doch die Prokofjewna lasse sich nicht betrügen, sie habe Stalin überlebt und Jelzin ertragen. Gestern sei sie zweiundsechzig geworden, doch sie spüre ihr Alter nicht und mache noch gern einen drauf. Zur Zeit des August-Putsches habe sie die Flagge der Union auf den Zaun gemalt, damit man schon weit vom Meer her sehen könne, daß der sowjetische Geist nicht untergegangen sei …

Während unserer inquisitorisch-ideologischen Unterhaltung vergaß die Prokofjewna nicht darauf, das Kollektiv zu lenken. Der Tisch wurde reichlich gedeckt. Es gab alles, was das Herz begehrt. Sterlet in Aspik mit Moosbeeren, Pirogi mit Nelma und Pirogi mit Schochur, marinierte Schnepfen und Pasteten aus Schneehühnern, und an warmen Speisen gab es die Reste des gestrigen Auerhahnes und Rentierlunge in hausgemachtem Wein, und dazu noch einen Eimer Samogon aus Moltebeeren, in der Mitte des Tisches. Die Prokofjewna betonte stolz, wenn auch ein wenig verbittert, außer dem Mehl für die Pirogi hätten sie alles selber besorgt, mit Flinte und Angel. Dann setzten die Trinksprüche ein, und es begann ein Nachriechen, Nachtrinken, Nachessen. Ich weiß nicht, ob das am starken Samogon lag, oder ob sich meine Müdigkeit bemerkbar machte, doch ich hatte den Eindruck, als erzählten alle auf einmal, jeder aus seinem Leben. Eine Polyphonie von Schicksalen, aus der ich mir einzelne Stücke, oder besser Bruchstücke, klaubte. Flora, die Feldscherin, hatte zum Beispiel ihr ganzes Leben im Norden verbracht: in Lagern, in Sonderzonen, auf Polarstationen. Oder der Mechaniker Dima, ein »Afghane«, der ohne Unterlaß über den Krieg sprach, so daß man hätte lachen, weinen, den Schluckauf kriegen können. Oder Onkel Kola, der fünfzehn Jahre wegen der Ermordung seiner Frau gesessen hatte; dann war er frei gekommen, hatte wieder geheiratet und war nach Kanin geflohen, um nicht auch die zweite Frau umzubringen. Oder Katka, Medaillengewinnerin im Pferdsprung, jetzt aus dem Leim gegangen, versoffen, an peinigender Migräne leidend. Und Pascha-Bitsch, oder *Bywschij intelligentnij tschelowek*, ein ehemals intelligenter Mensch, wie er selber die Abkürzung erklärte, ein ehemaliger Dichter, Barde und Dissident, dem heute alles egal ist.

Die Stücke vermischten sich, gerieten durcheinander, gerannen zu einem einzigen Schicksal, einer einzigen Figur. Als betrachtete ich ständig denselben Stein, übersät mit feinsten Mustern, der sich langsam drehte. Wieviel Zeit konnte verstrichen sein? Ich wußte es nicht. Wenn man es am Samogon maß, reichlich: ein halber Eimer. Plötzlich ein kratzendes Geräusch, der Stein blieb stehen … Eine Gitarre. Es wurde still. Totenstill. Die Gitarre gab wieder ein Kratzen von sich. Ich erfaßte nicht gleich, was Pascha sang, während er mit einem Rubel über die Seiten strich, denn er hatte flüsternd begonnen, wie im Selbstgespräch. Durchs Fenster sickerte bleifarbenes Licht, das einen wächsernen Ton über die Speisen und die Gesichter der Zecher goß, so daß die Gerichte und die Menschen aussahen wie auf einem Stilleben. Das war Tjutschew, Pascha sang das *Silentium:*

»Wie soll das Herz sich offenbaren?
Wie soll ein anderer Dich verstehen?

Begreift er, wodurch Du lebst?
Ein ausgesprochener Gedanke ist eine Lüge.
Wenn Du die Quellen aufwühlst, trübst Du sie;
Zehre von ihnen – und schweige.«

Tarchanow

Am nächsten Morgen brachen wir von Kanin auf, im Nebel. Die Tundra dampfte milchige Schwaden aus. Die Sonne leuchtete fahl wie eine Zitronenscheibe durch eine Wolke. Jura und Katka führten uns zu einem alten Nomadenpfad der Samojeden, *letnik* genannt, weil man ihn im Sommer mit *narty* (eine Art Schlitten im Norden) befahren kann. Der Letnik verläuft mitten durch die Tundra, hinauf zum Plateau des Kamen, durchschneidet die Große Bugraniza, Schojna, Kija und führt bis nach Tschischa. Jura meinte, wir sollten bis zu den ersten Hügeln auf dem Pfad bleiben und dann am Wasserlauf entlang hinunter zum Meer gehen und dann am Ufer entlang bis zu der Enge, wo wir die »Antura« zurückgelassen hatten.

Die Nebel wurden dünner, die Sonne brannte, es versprach, ein heißer Tag zu werden. Nach ein paar Werst verlangsamte ich meine Schritte; ich wollte allein sein. Ich verabredete mit Wasja und Loscha, daß sie beim Fluß, dort wo wir zum Meer abbiegen wollten, auf mich warten sollten, und blieb stehen, bis sie hinterm Horizont verschwunden waren. Bis ihre Stimmen verstummt waren. Ringsum gab es nichts als ursprüngliche Natur. Keine Spur von Zivilisation, Kultur oder Geschichte. Keine Vergangenheit. Keine Ruinen, keine Denkmäler. Völlige Leere, räumlich wie zeitlich. Vielleicht war darauf das eigenartige Gefühl zurückzuführen, das einen bei Fahrten im Hohen Norden überkommt, das Gefühl, daß alles endet: die Welt, das Leben. Die Wirklichkeit.

Der alte Samojedenpfad führte weiter durch rostfarbenen Sumpf, immer wieder die Richtung ändernd, mäandernd. Manchmal verschwand er im Morast oder Gras, um sich dann wieder wie ein Schatten über die niedrigen Moltebeerenbüsche zu legen. Einmal hatte ich sogar den Eindruck, daß er einen Achter bildete, weil mir die Erhebungen, an denen ich vorbeikam, bekannt erschienen, und in diesem Moment erinnerte ich mich an die »Erzählung von der Fährte« des Samojeden Wylka. Tyko Wylka (1882 bis 1960), ein Jäger und Märchendichter, für manche ein Schamane, ein autodidaktischer Maler (für ein Album mit Zeichnungen bekam er von Zar Nikolaus II. einen Stutzen mit tausend Schuß Munition!) und Führer von Polarexpeditionen, und später sowjetischer Präsident von Nowaja Semlja, der von Kalinin im Kreml empfangen wurde, derselbe Wylka hatte oft gesagt, jeder Mensch habe in der Tundra seine eigene Spur, die einzig für ihn bestimmt sei; eine Spur, die schwer zu finden sei und die er sein ganzes Leben lang verfehlen könne. Es komme oft vor, daß man diese Spur mehrmals am Tag kreuze, wenn man Wasser oder Holz hole, oder daß man ihr folge, wenn man einem Rentier nachspüre, und dabei in ein Dickicht aus Salweiden gerate. Wenn man jedoch auf seine Spur hört, so Tyko Wylka, dann leitet sie einen wie eine Melodie und führt, ohne daß man es bemerkt, auf die andere Seite. Und man geht weiter, immer tiefer in die Tundra hinein, die immer dieselbe ist, weil hier weder die Spuren noch die Tundra ein Ende haben …

Hier? Dort? Für Tyko Wylka sind das zwei Seiten ein und desselben Weges, den er auf der Leinwand und in Liedern darzustellen versuchte. In seinen Bildern sieht man die Konzentration, so charakteristisch für die Natur der Arktis, die sich auf wenige Formen, einige Töne, vor allem das Licht beschränkt. Es ist dieses Licht, das Wylkas Landschaften so durchsichtig macht – als schimmere die Ruhe der Ewigkeit durch sie hindurch. Sogar in scheinbar ganz banalen Genrebildern aus dem Leben der Samojeden – *Auf der Jagd* oder *Beim Feuer* – sieht man die Wirklichkeit des alltäglichen Lebens im Licht erstarrt wie in Bernstein, doch die wahre Kunst Wylkas erkennt man erst in seinen nördlichen Landschaften – in Bildern wie *Die unbekannte Bucht*, *Im Eis der Karasee* oder *Bärenhügel*. In diesen Gemälden wird die jenseitige Welt nicht abgebildet, sondern eher auf die Leinwand projiziert. Die jenseitige Welt? Diese? In der Kunst (und im Leben) Wylkas sind das verschiedene Seiten ein und derselben Wirklichkeit, so wie die Bündel von Lichtstrahlen auf dem dunklen Himmel von *Polarlicht* nichts weiter als ein Spiegelbild (wie ein Negativ) der *Spuren in der Tundra* darstellen, und die Striche des Pinsels – ein Spiegelbild der Spur des Künstlers …

Irgendwo in der Ferne donnerte die Büchse Wasjas. Ich antwortete mit einem Schuß. Erst jetzt kam mir zu Bewußtsein, daß die Sonne die Hälfte des Himmels durchmessen hatte. Es war also ein halber Tag vergangen, seit ich allein zurückgeblieben war. Offenbar hatten Sumpfgase mein Zeitgefühl betäubt, denn ich wäre jede Wette eingegangen, daß das erst eine Stunde her war. Es war mitten in der Nacht, als wir die »Antura« erreichten. Inzwischen hatte der Wind gegen die Sonne gedreht, die wie eine Blutstropfen über Kap Tarchanow hing.

Am Morgen weht ein heftiger Schalonnik, und es gelingt uns nur mit Mühe, unseren Ankerplatz zu verlassen. Der Himmel zieht blitzartig zu. Ringsum ist plötzlich nur mehr Wasser. Die Seen türmen sich hoch und überziehen uns mit Gischt, die in gelbweißen Flocken aufs Deck fällt. Eine Rückkehr hinter die Felsenbank erscheint ausgeschlossen. In dieser Lage riskieren wir, die Große Bugraniza anzusteuern, zwanzig Werst weiter südlich. Dem »Seehandbuch« zufolge ist sie der günstigste Fluß in der Gegend von Kap Kanin, in dem man vor einem Sturm Unterschlupf finden kann. Es ist nicht leicht, den Fluß zwischen den Wänden aus Gischt und Wasser auszumachen. Im Fernrohr verschmelzen Küste und See zu einer einzigen Brandung. Nur an einer Stelle bildet das Wasser schmutzigbraune Wirbel. Das ist die Mündung der Bugraniza, die über *Koschki* dahinströmt. Koschki sind unter Wasser liegende Sandbänke, die bei Niedrigwasser im Trockenen liegen, bei hohem Wasser jedoch tückisch sein können. Vor allem bei einem Sturm, wenn man keine Zeit und Möglichkeit hat, den Grund mit Stangen auszuloten. Daher müssen wir uns, wie immer in solchen Momenten, wieder einmal auf Wasjas Intuition und ein Quentchen Glück verlassen: Locha an die Kurbel, ich ans Gas und Wasja ans Steuer. Wir schlüpfen auf des Kielschwerts Schneide in die Große Bugraniza hinein.

Der Schalonnik wird immer stärker. Er bläst schon den zweiten Tag. Wir liegen in einer Schleife des Flusses, nur durch eine Reihe Baklischy gegen die Brecher geschützt, das heißt durch Felsen, die bei Flut vom Wasser überspült werden. Das ist kein ausreichender Schutz, doch Felsbänke hindern uns daran, weiter hinein zu fahren. Die Ufer der

Bugraniza sind steil, zerfressen von Bächen, überwachsen von feuchtem Moos. Im Jahre 1877 fand hier der Jäger Foma Uwakin den sterbenden Nikolaj Sograf, Leiter einer der wissenschaftlichen Expeditionen nach Kanin. Als die Samojeden, die Sograf begleiteten, herausfanden, daß der Forscher die Exemplare der Fauna, die er sammelte, in Spiritus einlegte, stahlen sie die Kollektion, soffen den Spiritus und ließen den Professor in der Tundra zurück.

In einer *Njascha* (morastige schwarze Tonerde) nicht weit vom Ufer liegt ein morsches Boot mit ein paar verrosteten Ankern, etwas höher, in einem Dickicht aus riesigen Blättern, die an Ackerrettich erinnern, steht eine halb verfaulte Hütte. Das sind die Überbleibsel einer Fischerunterkunft, die bis vor kurzem einer Kolchose aus Schojna gehörte. Neben der Hütte liegen Reste von Netzen, eine schartige Axt, ein löchriger Eimer, ein rußiger Teekessel. Drinnen sind Spuren von Tieren und leere Flaschen. Auf einer von ihnen eine bekannte Etikette, wie ein Echo aus der Heimat: »Wódka Wyborowa«.

Der Schalonnik läßt nicht nach. Er weht schon den dritten Tag. Ein unaufhörliches Pfeifen in den Wanten, im Kopf, bis einem übel wird. Die Wellen springen über die Baklischy und tosen gegen die Bordwand. Der Wind wirft uns auf die Seite. Wir legen den Mast um, kein leichtes Unterfangen bei diesem Schaukeln. Die Anker beginnen im schlammigen Grund zu wandern, halten nicht. Bei Niedrigwasser, alle zwölf Stunden, legen wir sie neu aus (vier Anker, jeder einhundert Kilogramm schwer), in Löcher im Schlamm. Der Fäulnisgeruch nimmt uns den Atem. Schwefeldunst, der Gestank des Teufels.

Der Schalonnik. Schon den vierten Tag, und noch ist kein Ende abzusehen. Dazu empfindliche Kälte. Die Stunden dehnen sich, wie Jahre hinter Gittern. Wir essen, schlafen, zanken uns ständig. Manchmal versuche ich zu lesen, etwas zu notieren, doch meine Gedanken schweifen ab. Ich vertreibe mir also die Zeit mit dem Gaunervokabular, das mir Wasja vorsagt. Interessant ist zum Beispiel ein Polonismus: *Poljak* (so einer wie Mar) ist ein *wor odinotschka na feni*, das heißt ein Dieb, der allein handelt.

»Mar, du stiehlst, wie ein richtiger Pole, unsere Wirklichkeit und verkaufst sie in Paris als deine eigene ...«

Morschowez

Ein böser Zauber oder eine Lektion in Demut? Der verhexte Polarkreis, den wir nicht überschreiten können. Wir warteten noch zwei Tage in der Bugraniza, bis sich das Weiße beruhigt und die Dünung gelegt hatte. Wir wollten die Woronka in einem Anlauf nehmen: 220 Werst übers offene Meer. Als wir endlich losfuhren, war die See glatt, eine Morianka wehte und blähte die Segel, und Miles Davis spielte auf der Trompete. Vor Konuschin tauchte eine kleine Wolke auf. Dann eine zweite, eine dritte. Die Morianka legte sich plötzlich, und die Segel fielen schlaff in sich zusammen. »Sketches of Spain« endeten. Und in der Mesen-Bucht ging das Wetter endgültig vor die Hur, wie Wasin sagt, und es begann, uns ins Gesicht zu blasen. Wir fuhren trotzdem weiter, solange die Sicht das gestattete.

Wir hatten die halbe Bucht durchquert, da kam Nebel gekrochen. Eine Nebelbank im Verein mit Sturm bedeutet im Weißen Meer den Tod. Da kann man nur mehr ein paar Gegrüßetseistdumaria beten. Da hilft nicht einmal mehr ein Kompaß, weil die Woronka berüchtig ist für ihre magnetischen Anomalien. Mit Wasins Worten: *chana*. Das Ende. Eine Polareule rettete uns. Ein großer weißer Vogel. Sie kam lautlos aus den Nebelschwaden geschwebt, kreuzte unseren Kurs und verschwand wieder im Dunst. Wie eine Erscheinung. Wir folgten ihr. Nach einer Weile tauchte Land auf. Das war Morschowez. Wäre nicht die Eule gewesen, dann wären wir zum Gorlo, zur Kehle, gedriftet, geradewegs auf die Felsbänke von Kedy zu …

Morschowez liegt an der Mündung des Gorlo, unmittelbar am Polarkreis, 28 Werst von der Winterküste entfernt. Eine große, flache Insel aus Granit, von ovaler Gestalt (etwa 40 Werst im Umfang), bedeckt mit Platten von Schnee und Erde. Es ist nicht leicht, sich ihr zu nähern, weil sie von einem Jahr aufs andere ihre Uferlinie ändert, da sie langsam im Meer versinkt, so daß ringsum gefährliche Untiefen entstehen, wie die Sandbank der Räuber, auf die wir beinahe aufgelaufen wären, als wir der Funkortung ausweichen wollten. Wenn man durchs Weiße Meer fährt, muß man nämlich nicht nur gegen die Elemente ankämpfen, sondern auch die Kunst beherrschen, den Fernrohren und Radars der Militär zu entgehen. Vor allem, wenn man ohne Genehmigung unterwegs ist. Im Nebel fällt es leichter, sich zu verbergen, man kann aber leichter umkommen. Aufgrund seiner Lage ist Morschowez ein hervorragender Beobachtungsposten, sowohl für die Suche nach unerwünschten Menschen als auch für die Jagd auf Meerestiere. Im Namen der Insel hat sich sogar eine Erinnerung an das Walroß (*morschy*) erhalten, das im Weißen Meer schon restlos ausgerottet wurde. Noch bis vor kurzem war Morschowez ein riesiges Schlachthaus – der wichtigste Ort für die Tötung der *belki*, wie die Robbenjungen genannt werden.

Zu Beginn des Winters kamen die Robben von Grönland

in riesigen Herden ins Weiße Meer, wo die Weibchen auf driftenden Eisschollen ihre Jungen warfen. Im Februar und März trieben die Schollen mit den Tieren nach Norden, die Winterküste entlang bis zur Mesen-Bucht, wo die Jungen Kräfte sammelten und das Wasser kennenlernten. Anfang Mai schwammen die Herden ins Eismeer hinaus. Und während dieser ganzen Zeit wurde im Weißen Meer Jagd auf *koscha* (Fell) gemacht, wie man hier die Robbe nannte. Vor allem auf *belki*, deren weißes, weiches Fell den höchsten Preis erzielte. Man jagte in Artels, die aus zehn bis fünfzehn Booten bestanden, mit fünf bis sieben Muschiks in jedem von ihnen. Die Muschiks fuhren mit Booten zu den Lagerplätzen der Robben, wo bis zu fünftausend »Felle« pro Quadratkilometer lagen, sprangen aufs Eis und erschlugen die Robben mit Keulen. Weder die *belki* noch ihre Mütter flohen, die *belki* konnten sich noch nicht fortbewegen, und die Mütter blieben bei ihren Jungen. Man zog ihnen gleich an Ort und Stelle das Fell ab, das zusammen mit dem Fett an Land gebracht wurde, während die nackten Rümpfe auf dem Eis zurückblieben, das eine dicke Schicht gefrorenen Blutes bedeckte. Ihren Höhepunkt erlebte die Swerobojni-Industrie zu Beginn des 20. Jahrhunderts. Im Winter 1901 lebten auf Morschowez 440 Muschiks in 75 Hütten. Dann wurden die Artels durch Kolchosenbrigaden abgelöst und für die Jagd auf die Tiere Helikopter eingesetzt. Nur die Keulen blieben dieselben wie früher, und auch die Robben wurden damit genauso auf den Kopf geschlagen. Mit dem Fortschritt der Technik ging der Bestand an Grönlandrobben rapid zurück, und mit dem Zerfall der Union sank das Interesse an »Fellen«. Heute sind die Kühlhäuser der Swerobojni-Kolchosen vollgestopft mit Ware, die keinen Abnehmer findet …

Endlich trieb der Wind den Nebel auseinander. Vor uns

tauchte Morschowez in seiner ganzen Pracht auf. Hier und dort lagen noch Dunstfetzen, der Tau schimmerte auf dem Rentiermoos, und die Solotoucha, eines der beiden Flüßchen der Insel, dampfte in allen Farben des Regenbogens. Morschowez ist wüst, unbewaldet und menschenleer, wenn man vom Militär absieht. Die Jagdhütten sind längst vermorscht und zu Staub zerfallen. Als wäre die Zeit rückwärts gelaufen. Im Jahre 1856 notierte Maximow im Reisetagebuch, es gebe auf der Insel keine Häuser, und es wohnten hier keine Menschen, mit Ausnahme des Beobachters und der Besatzung des Leuchtturms.

Kedy

Wir setzten die Fahrt gegen den Wind fort, mit Hilfe des Motors. Auf dem nackten Morschowez waren wir zu ausgesetzt gewesen: Dort hätten uns ein Sturm oder die Grenzwächter erwischen können. Es war besser, den Teufel nicht in Versuchung zu führen, vor allem war der Gorlo nicht weit, und seine Küstengewässer waren für die Seefahrt offen. Was nicht bedeutete, daß wir uns von jetzt an ganz legal bewegten, denn hier ist nicht einmal das offene Meer für jeden frei befahrbar, schon gar nicht für Ausländer. Hier muß man melden, wohin man fährt und warum; man muß beizeiten eine Marschroute vorlegen, damit diese von den entsprechenden Organen genehmigt werden kann; man muß eine schriftliche Genehmigung einholen… Ohne schriftliche Genehmigung betrachten sie jedes Unternehmen als ungesetzlich, als Ignorieren der Behörden, der Macht, der Autorität – so wie im Kloster ohne Segen. Dennoch besteht ein Unterschied zwischen der offenen Küste, auf die wir jetzt gegen den Wind zuliefen, und den Sperrgebieten, die wir verließen, und das machte uns Mut, weil wir damit die größten Schwierigkeiten überwunden hatten. Mit anderen Worten, wir kehrten wieder auf den Boden zurück, wie die Samojeden diese Seite vom Polarkreis nennen…

Ein paar Werst hinter Kap Woronow mündet die Große Kedowka ins Meer, die wir vom Vorjahr her kannten. Hier besteht der Grund aus Sand, und man wird endlich wieder einmal trocken und kann verschnaufen. Am rechten Flußufer, etwas oberhalb der Mündung, liegt Kedy, eine typische *stanowischtsche* für Fischer: ein Haus, ein Magazin, ein paar Schuppen, eine Banja. *Stanowischtsche* ist eine Saisonsiedlung, zu der die Muschiks jedes Jahr für die Zeit des Fanges kommen, wobei sie Frauen und Kinder für viele Monate zu Hause lassen. Das Weiße Meer hat das Dasein der Pomorzen in Jahrhunderten geformt, so wie seine Wellen die Ufer zernagen, und hat ihrem Leben Formen verliehen, die der rauhen Natur entsprechen. Grundlage dieses Lebens war die Männergemeinschaft, deren Wurzeln in die frühesten Zeiten der Kolonisierung des Nordens zurückreichen. Ihre fundamentale Form, das Fischer-Artel, wurde in den Dorschflotten von Murman entwickelt.

Die Gemeinschaft umfaßte alle Altersstufen, von den Heranwachsenden bis zu den Alten, und hatte ihre eigene Hierarchie, ihre Aufgabenverteilung, Sitten und Sprache. Für die Jungen war sie eine Schule, in der sie das Handwerk lernten, aber auch fürs Leben, mit einer ganzen Serie von Initiationsriten für die verschiedenen Etappen, in denen sie in die Geheimnisse eingeweiht wurden. In der Gemeinschaft galt ein strenger Verhaltenskodex, bestimmt durch die unerbittlichen Gesetze des Meeres. Die höchste Strafe bestand darin, vom Artel ausgeschlossen zu werden: Im

Hohen Norden kann der Mensch auf sich allein gestellt nicht überleben. Durch die rechtgläubigen Ideen von *sobornost* (Gemeinschaft) und *posluschanije* (Gehorsam), die in den Klostergütern, von denen es in diesen Regionen viele gab, Fuß faßten, aber auch in den Skity der Altgläubigen, von denen es noch mehr gab, erhielt dieser von der Natur erzwungene Kollektivismus eine religiöse Rechtfertigung. Andererseits darf man nicht vergessen, daß unter den Vorfahren der Pomorzen aufrührerische Menschen dominierten: Viele waren entflohene Leibeigene, Raskolniki und Abenteurer, weshalb ihre Gemeinschaften sehr frei waren und sich nur auf die Anerkennung der natürlichen Autorität und der Gesetze des Meeres stützten. Die bolschewistische Kollektivierung änderte auf den ersten Blick am traditionellen Dasein der Pomorzen nicht viel (die Gemeinschaften wurden Kolchosen genannt, die Artele Brigaden), doch im Grunde zerstörte sie den Geist ihres Kollektivismus und ersetzte ihn durch den Schilo, den Spiritus, und den Plan.

Früher einmal bildeten Kedy und Morschowez zusammen das Zentrum des industriellen Robbenschlachtens im Weißen Meer. Hierher kamen Artele aus Mesen, Kojda, Sjomscha und von der Winterküste für die Saison. Manchmal lebten hier bis zu 500 Muschiks. Eine Menge Hütten. Mit der sinkenden Nachfrage nach Robbenfellen verlor Kedy an Bedeutung. Heute genügt eine sechsköpfige Belegschaft: ein Leiter, ein Mechaniker, zwei Fischputzer und zwei Traktoristen. Sie bedienen die Fanggründe von Majda bis Kojda, über 50 Werst Küstenlinie. Bei jedem Fanggrund, das heißt alle zehn bis zwanzig Werst, wohnen zwei, drei, manchmal auch vier Fischer, die zweimal pro Tag, während der Ebbe, die Netze einholen. Zu den Aufgaben der Brigade gehört es, die Fanggründe abzufahren, die Fische einzusammeln, zu putzen, zu salzen und zur Kolchose nach Majda zu bringen. Als wir kamen, war die Brigade gerade mit der Verarbeitung von Pinagor beschäftigt. Der rosafarbene Rogen, gleich blutigem Schaum, klebte an ihren Händen. Vom Pinagor wird nur der Rogen eingesalzen, die Fische selber werden an Kühe verfüttert, und überhaupt achtet man den Pinagor gering und wartet auf das Eintreffen des Sjomga. Der Sjomga kommt nicht gemeinsam mit dem Pinagor vor. Der Leiter erkannte uns wieder, bat uns in seine Hütte und versprach eine Banja.

Bevor wir noch das Holz dafür gehackt hatten, war die Brigade mit der Arbeit fertig. Wir setzten uns zu Tisch. Es gab gebratene Flunder, schwach gesalzene Ikra, Schwarzbrot und pro Kopf einen Stakan Sprit. Der Sprit wird von der Kolchose zugeteilt, pro Kopf zwei Stakan täglich. Bei Tisch wurden die Leute gesprächig und begannen blumig über die ganze Welt – die Wurzel ihrer Armut – zu schimpfen, von Jelzin bis Kola. Kola ist der Vorsitzende der Kolchose. Früher einmal waren sie »Helden der Arbeit« und hatten in der Union den zweiten Platz belegt, heute hingegen haben sie eine Milliarde Schulden und gar keine Chance, aus diesem Loch zu entkommen. Sie können nicht weg von hier, weil ein Flugticket dreimal mehr kostet, als ihr Lohn ausmacht, den sie oft monatelang nicht ausgezahlt bekommen. Im Sommer kann man sich noch einigermaßen durchbringen, mit Fischen und Beeren, aber im Winter … An den Winter darf man gar nicht denken. Reformen, Privatisierung, Kapitalismus, alles ein Blin! Sollen Gajdar und seinesgleichen doch abhauen! An der Terschen Küste werden die Fanggründe schon in Pacht vergeben. Die Kommersanten zahlen gut und heuern alle möglichen Typen für die Saison an, während die hiesigen Muschiks durch die

Finger schauen. Was die Kommunisten nicht ruinierten, das machen jetzt die Demokraten kaputt. Hier an der Pomorischen Küste lebten die Menschen seit Jahrhunderten in Gemeinschaft: Sie fischten gemeinsam in gemeinsamen Fanggründen, halfen einander, teilten den Fang, unabhängig davon, wie diesem oder jenem das Glück hold war, und wenn einer auf See sein Grab fand, dann wurde seine Familie von den anderen erhalten.

Aber jetzt? Jeder schaut neidisch und rafft nur für sich selber. Freie Marktwirtschaft, Konkurrenz, Kommerz? Was heißt Konkurrenz, wenn die Mafia aus der Stadt über ein Kühlschiff, linke Beziehungen und Bankkredite verfügt, unsereiner aber nur über einen löchrigen Kahn und alte Netze? Was soll die freie Marktwirtschaft, wenn es in der Tundra nur einen einzigen Laden gibt, zu dem sie die Waren mit dem Flugzeug schaffen? Und was sie willkürlich für den Transport draufschlagen, das schneiden sie unsereinem dann aus der Haut. Die Leute, die früher auf der Jagd nach dem »langen Rubel« hierher kamen, rafften ihre Beute zusammen und machten sich aus dem Staub, aber was sollen wir machen, die hier zu Hause sind? Wir müssen verrecken.

Die Gesichter am Tisch zuckten wie Fische und wurden dann still. Wir tranken den Sprit aus. Es war Zeit, die *lowuschki* zu kontrollieren. Loscha blieb zurück, um sich um die Banja zu kümmern, und wir begleiteten die Brigade zum Ufer. *Lowuschki* sind raffiniert konstruierte Netze, so etwas wie riesige Zugnetze, die man über starke Stangen spannt, die im Meeresboden eingeschlagen werden. Das Ganze bildet eine Absperrung im rechten Winkel zu den Uferfelsen, vier Meter hoch und einen halben Kilometer ins Meer hinaus reichend. An einigen Stellen wird das Netz zu Reusen zusammengenäht, so groß wie die Tanzfläche einer mittleren

Disco. Die Flut bedeckt die Lowuschka, und die Fische, die am Ufer entlang schwimmen, stoßen mit der Nase aufs Netz und landen auf der Suche nach einem Ausweg in der Reuse. Dann fällt der Wasserspiegel, die Leute fahren mit dem Traktor hinaus und klauben die Fische aus dem Sand wie die Kartoffeln vom Feld. Manchmal eine Tonne, manchmal eineinhalb. Diesmal war die Ausbeute an Pinagor bescheiden, ein Zeichen, daß der Sjomga bald eintreffen wird. Ich ging näher hin. Die Fische sahen aus wie Gummispielzeug für die Badewanne und hatten sich teilweise in den Sand gewühlt, als wollten sie sich selber mit den Flossen eingraben.

Simowa Solotiza

Um drei Uhr morgens suchten wir die Banja auf. Wir peitschten, dampften und schwitzten uns aus. Ach, eine russische Banja mitten in der Tundra! Und dann barfuß hinaus ins Moltebeerengestrüpp, nackt in den See, ein starker Tee, und auf geht's. Wir schipperten langsam, gemächlich wie Fußgänger, durch den Gorlo, die Winterküste entlang, wobei wir das Land durchs Fernglas beobachteten. Es wurde hell: In den Fischgründen herrschte Bewegung, ein Traktor fuhr herum, von den Hütten stieg Rauch auf, die Leute hängten Netze aus, fischten Treibholz aus dem Meer, schöpften Wasser aus ihren Booten, nahmen Fische aus und sahen zu uns herüber, indem sie die Augen mit den Händen gegen die Sonne schirmten. Majda, Megra, Rutschi. Das Barometer fiel. Kap Insa, die engste Stelle im Gorlo. Das Bärenkap, die ersten Bäume, der erste Wald. Auf der Höhe von Mala Towa kam ein *sakat*, ein Westwind, auf. Die Dünung ging höher. Wir gaben Gas. Tataricha. Towa. Das

Meer verdunkelte sich vor unseren Augen. Hinter dem Scharfen Kap brach die Hölle los. Bis Simowa Solotiza waren es noch sechs Werst. Der Sakat tobte. Wir holten die Segel ein. Wysoki Okat kam immer näher … die Flußmündung … die Fahrrinne … links eine Barke … tanzende Bojen … seitlich die Nehrung … Wasja brüllte … Vorsicht, eine Sandbank … wir waren drinnen!

Wir lagen vor den Lagerhallen der Kolchose in Dolna Solotiza vor Anker. Das ist die älteste Siedlung an der Winterküste, deren Ursprünge bis zum Beginn des 16. Jahrhunderts zurückreichen. Man kann hier die für die Pomorzen typische nestförmige Anordnung des Dorfes beobachten, die aus einem Verschmelzen kleiner Weiler zu einem größeren Organismus entstand, und den typischen Reihenbau am Ufer entlang. Hier und da haben sich noch – wie halb verwischte Spuren einer reichen Vergangenheit – alte Holzhäuser aus der Zeit vor der Revolution erhalten, mit üppig geschnitzten Fassaden, phantasievollen Veranden, riesig groß. Doch es dominiert Schäbigkeit, der Stil der Kolchosen: Wellblech, Pappe, Schieferplatten, Hohlziegel. Und überall, so weit das Auge reicht, Schrott, Abfälle und Mist. Vor allem Fässer, Tausende verrostete Öl- und Benzinfässer, mit denen die Ufer des Weißen Meeres buchstäblich übersät sind, vor allem in der Nähe menschlicher Siedlungen. Neben leeren Fässern liegen auch genug volle Fässer herum, weil es kostenlosen Treibstoff im Überfluß gibt. Doch die Fässer und der Treibstoff, das ist noch gar nichts, man kann hier Traktoren finden, die jemand betrunken im Schlamm oder Sand zurückließ.

Sie liegen am Strand wie die Skelette vorsintflutlicher Tiere, von Rost und Meersalz zerfressen. Bei jedem Halt inspizierten Wasja und Loscha die örtlichen Müllhalden und kehrten oft mit reicher Beute zurück. Allein Kupferdraht hatten sie schon eine halbe Werst gesammelt, und aus den Einzelteilen, die sie unterwegs fanden, hätte man einen neuen Motor zusammenbauen können. Ihre Beutezüge nannten sie *sachwaty*, Raubzüge, und die Beute *priwatisazja*, Privatisierung, was für mich den Einfluß des Fernsehens belegt, das in letzter Zeit die Zuschauer durch Berichte über die Raubzüge in Tschetschenien und die russischen Reformen verblüfft hat.

Doch in Simowa Solotiza erlebten wir einen Raubzug von solchem Ausmaß, daß unsere Burschen ganz auf die Müllhalden vergaßen und nur so die Augen aufsperrten. Auf der Landzunge neben der Einfahrt war eine Barke gestrandet, die vom hohen Wellengang aus dem Meer gespült worden war. Wie sich später herausstellte, war der Kapitän so betrunken, daß er die Fahrrinne verfehlte. Die Barke hatte Waren für die Kolchose an Bord, teilweise schon für den kommenden Winter: Zucker, Mehl, Speiseöl, Konserven und Wodka! Die Kunde vom Wodka verbreitete sich im Dorf wie ein Lauffeuer. Die Muschiks sprangen ohne auf den Sturm zu achten in ihre Boote. Natürlich nicht zu einer gemeinschaftlichen Rettungsaktion, sondern um wie Schakale Beute zu raffen. In der Zwischenzeit bekam die Barke immer mehr Schlagseite, und das Wasser schwappte schon in die Luken.

Es war keine Zeit zu verlieren, die See ging immer höher. Die Muschiks kletterten an Bord, wobei sie sich wilde Faustkämpfe lieferten. Säcke mit Zucker, Säcke mit Mehl, Kartons und Schachteln flogen ins Wasser, weil alle nur zum Wodka vordringen wollten. Einer stürzte ins Meer, ein anderer wurde halb zerquetscht. Am Ufer rannte eine dicke Frau auf und ab und rang die Hände. Das war die Leiterin des Ladens, die die Vorräte der Kolchose verwaltete. Endlich waren die Leute zum Schnaps vorgedrungen. Es kam zu einer Schlägerei. Jeder wollte eine Kiste wegschleppen, dabei waren die Luken so eng, daß sich nur jeweils einer durchzwängen konnte. Einige Kisten wurden ins Meer gekippt und ein paar Fressen blutig geschlagen, bis die Leute endlich Vernunft annahmen und die Plünderung schön der Reihe nach zu Ende brachten. Am Ende verschwanden sie wie Schemen, und wären nicht die Reste von Pappe gewesen, die rings um die Barke schwammen, hätte man glauben können, das sei ein Stück aus einer Erzählung gewesen und nicht aus dem wirklichen Leben.

Dann soffen die Muschiks bis zur Bewußtlosigkeit, bis sie quiekten wie die Schweine. Solotiza feierte ausgelassen. In der Nacht legte sich der Sturm, und Nebel kam vom Meer flußaufwärts gekrochen und hüllte das Dorf ein. Eine klebrige, graue Brühe, aus der Winseln und Quieken ertönte, das übers Wasser hallte. Am Morgen hob sich der Nebel und gab die verkaterte Wirklichkeit preis. Im Fluß trieben leere Flaschen, Trümmer, eine angebrannte Matratze, Styropor, ein Holzboot, kieloben, brandneue Netze, eine nasse Packung »Belomory«-Zigaretten, Sonnenbrillen aus Plastik, eine aufgerissene Daunenjacke, eine rote Boje, die Titelseite der *Prawda Sewerja*, ein Hundekadaver, Ölflecken … Wir lichteten die Anker.

Anser

Wir nahmen Kurs Richtung Nordwesten, um quer durch die Dwina-Bucht nach Schischgin zu gelangen, von wo es nur mehr ein Katzensprung bis Solowki war. Auf der Höhe von Kap Weprewski verließen wir die Winterküste. Der Gorlo lag hinter uns. Wir hatten die Segel gesetzt und schliefen abwechselnd. Während meiner Wache kam eine Herde Weißwale auf die »Antur« zu. Sie schwammen ein paar Werst neben uns her, wie schneeweiße Bettlaken, und hüllten sich in Wasserstaub, wenn sie die Luft ausbliesen. In der Gegenrichtung kamen Stämme von kaputten Flößen geschwommen, mit denen das geschlägerte Holz die Dwina hinunter geschafft wird.

Auf einem saßen fünf Möwen, wie in der Tramway. Von Zeit zu Zeit schaute der elegant geformte Kopf einer neugierigen Robbe oder der plumpe Leib eines Seehasen aus dem Wasser, die hinter Heringsschwärmen herjagten. Manchmal flogen Wildenten dicht übers Wasser oder hoch oben ein Zug Kraniche, kaum sichtbar gegen die Sonne. Dafür waren keine Menschen zu sehen, so weit das Auge reichte. Ehe wir nach Schischgin kamen, änderten wir den Kurs in Richtung Westen. Dort, am Horizont, wie eine glühende Luftspiegelung, zitterte Anser …

Also Solowki! Anser ist die zweitgrößte Insel des Solowjezker Archipels und liegt an seinem nordöstlichen Rand. In der Ferne sah man Golgota, durch Luftspiegelungen vervielfacht: Der weiße Fleck der Kirche auf dem Hügel sammelte das Licht der Sonne, deren Strahlen sich in der feuchten Luft brachen und einen Regenbogen schufen … Doch was war das? Wir kamen näher und trauten unseren Augen nicht. Anser stand kopfüber vor uns, Golgota schaute nach unten und sah aus wie ein Atompilz. Natürlich war das eine optische Täuschung, aber so deutlich, daß uns Unbehagen beschlich. Als wir näher kamen, kehrte alles wieder in die alte Ordnung zurück. Dann wurde Golgota vom Kap Kalgujew verdeckt, wir fuhren am Ufer entlang bis zur

Dreifaltigkeitsbucht, glitten im Hochwasser über die Felsbänke und warfen neben Eleasars Einsiedelei die Anker aus. Ringsum rauschte der Wald, es duftete nach Brandkraut, nichts regte sich, kein Lebewesen war zu sehen, nur irgendwo in der Ferne hämmerte ein Specht. Wir beschlossen, hier zu übernachten, obwohl wir nur mehr knapp eine halbe Gezeit bis nach Hause hatten. Wir wollten den Abschluß der Reise feiern, den Staub abwaschen…

Wasja hatte für diese Gelegenheit etwas Besonderes aufbewahrt: Schilo, angesetzt mit der Goldenen Wurzel, und ein Glas eingemachtes Elchfleisch. Loscha sammelte wilden Schnittlauch und fing ein paar fette Lachsforellen, direkt in die Pfanne. Die Lachsforellen, im eigenen Saft gedünstet, zergingen auf der Zunge. Wir tranken auf unsere Fahrt. Der Schilo schnitt wie ein Messer durch die Kehle und zerfloß in einem hellen Leuchten im Kopf. Inzwischen war die Sonne hinter Golgota untergegangen. Gegen das Licht sah die Kirche aus wie ein Loch im Himmel. Im Jahre 1710 hatte der Starez Jesus dort die Mutter Gottes gesehen, die ihm sagte, an dieser Stelle werde eine steinerne Kirche stehen – die Kirche zur Kreuzigung des Herren –, und der Hügel werde zu einem zweiten, von Blut strömenden Golgota werden. Loscha fragte mich, ob das derselbe Jesus sei, von dem die Rechtgläubigen sagten, er sei ihr Gott?

Nein, Loscha, antwortete ich, das war der Mönch Hiob, der Beichtvater Peters des Großen, der offenbar zuviel über den Zaren gewußt hat, weil er am Ende in Solowki landete, unter verschärften Bedingungen. Hier lebte er lange Zeit, schweigend und in Einsamkeit fastend, bis er die totale Askese erlangte, das heißt die Würde eines großen Büßers, und den Namen Jesus annahm. An dem Ort, an dem ihm die Mutter Gottes erschienen war, errichtete er eine Einsiedelei und eine hölzerne Kirche. Im 19. Jahrhundert wurde dort eine Kirche aus Stein erbaut. Zur Zeit des SLON war hier die Frauenzone, in der Rauschgiftsüchtige, Prostituierte und an Syphilis erkrankte Berufsverbrecherinnen eingesperrt waren, und nach einigen Berichten auch ein Teil des katholischen Klerus. Heute stehen dort nur mehr Ruinen, bedeckt mit vulgären Graffiti, und ringsum Schutthalden. Unter den Rechtgläubigen kursiert die Überlieferung, wonach Rußland nicht auferstehen werde, so lange die Kirche am Golgota von Anser nicht wieder aufgebaut wird …

Psst! Wasja gibt ein Zeichen, sich still zu verhalten. Aus dem Wald tritt ein weißes Rentier ans Ufer der Bucht. Ein einzelgängerischer Bulle. Er steht beim Wasser, beschnuppert eine Weile das Meer, dann senkt er den Kopf, als schaue er in einen Spiegel. Er ist auf Schußweite von uns entfernt.

*

Solowkij, Mitte März. Vor dem Fenster Schneegestöber, so daß man die Welt nicht sehen kann. Ich schreibe den Abschnitt Kap Kanin *zu Ende und warte auf das Flugzeug, mit dem ich den Text an die* Kultura *schicken will. Heute fällt dichter Schnee, eine Moriana weht und läßt das Haus bis in die Fundamente erzittern. Es ist kaum zu glauben, daß wir vor einem Kapitel noch in Anser hockten und Lachsforellen und eingelegtes Elchfleisch aßen. Am darauf folgenden Morgen schien die Sonne, eine laue Brise wehte, es war ein kristallklarer Tag, und wir legten die letzten Werst gemächlich zurück, wie Spaziergänger. Bis zur Bucht der Glückseligkeit, die nun im Eis gefangen liegt, fuhren wir unter Segeln, mit Musik. Ein Tusch, Begrüßung, Freude, der Geschmack des Sieges, wir hatten 1500 Werst hinter uns. Dann vergingen einige Wochen, ein paar Gäste kamen, ich las ein paar*

Bücher und sehnte mich nach dem Meer, nach der Tundra. Nach der anderen Seite des Polarkreises. Manchmal kehrten die Bilder zurück, die Gesichter. Scharapow, Tanka, Flora Prokofjewna. Manchmal wachte ich noch auf der Spur von Kanin auf, doch langsam verwischte sich jene Welt, hörte auf zu existieren. Denn die Welt als solche wurde uns nicht gegeben – einmal, irgendwann –, sondern entsteht immer wieder, ununterbrochen, in unserer Anwesenheit. Die Vergangenheit stirbt im Lauf der Zeit ab, wie unsere Erinnerung, oder sogar noch früher, und der Ort, an dem wir vorgestern waren, hört für uns genauso zu existieren auf, wie die Orte gar nicht existieren, die wir nie besuchen werden. Schau an, eine Krähe fliegt durch den Kader meines Fensters, eben habe ich noch ihre Flugbahn verfolgt, da ist sie auch schon wieder verschwunden, es schneit, und die Flugbahn … wo ist die hingekommen? Ähnlich verhält es sich mit den Spuren in der Tundra oder dem Kielwasser im Meer – sie sind nur hier und jetzt real, wenn wir uns gerade vorwärts bewegen. Daher entschloß ich mich, den Weg nach Kap Kanin und zurück zu wiederholen – diesmal auf dem Papier. Während des Schreibens stellte ich fest, daß die Welt des Hohen Nordens schemenhaft und chaotisch ist; und der hiesigen Wirklichkeit fehlt jene Gestalt, die in den mittleren Breiten die Grundlage für die Kultur ausmacht. Die fragmentarischen Formen der Zivilisationen, die hier entstanden, wurden vom sowjetischen System zerstört; in der Natur hingegen dominieren das Wasser, das Eis und der Morast, also formlose Elemente. In dieser Situation erschien eine Wiederholung des Weges so sinnlos wie die Suche nach Spuren im Morast, und das Schreiben selber folgte seiner eigenen Spur und fand in der Sprache eine Grundlage, härter als der Boden der Tundra. Damit will ich sagen, daß der Text realer ist als die Welt, die für den Text – einen Prä-Text darstellt …

Glossar

Alkasch – Alkoholiker. Diminutiv: *alik*. Er kann sich »auf dem Torpedo« befinden, das heißt für den Moment »vernäht« sein (damit ist gemeint, daß ein Medikament unter die Haut eingenäht wird, das es einem unmöglich machen soll, Alkohol zu trinken), oder im *sapoj*, in einer tagelangen Saufphase.

Banja – russische Badeanstalt. Ein grundlegendes Element des russischen Lebens, vor allem in → *glubinka* (tief im Landesinneren), wohin die Zivilisation in Form von fließendem Warmwasser noch nicht gedrungen ist. Es gibt zwei Typen der Banja: die »schwarze« Banja, in der es keinen Kamin gibt, weshalb sich der Rauch im Raum ausbreitet und alles verrußt, so daß man jedes Mal lüften muß, bevor man sie benützt, obwohl einem der Rauch auch so noch in die Augen beißt und man sich beim Waschen schmutzig macht, und die »weiße« Banja, mit Kamin, ähnlich der finnischen Sauna. Die Konstruktion der Banja hat etwas von der »Russischen Idee« an sich – am wichtigsten sind die oberen Balken, die möglichst dicht sein müssen, um keinen Dampf durchzulassen, während die Bodenbretter ruhig morsch sein können, Hauptsache, sie halten das Gewicht der Decke aus. Über die russische Banja hat so mancher → *inostranjez*, der Rußland bereiste, geschrieben, und man könnte eine interessante Anthologie von Texten mit dem Titel »Die russische Banja, gesehen mit den Augen von Ausländern« zusammenstellen. Mehr über die russische Banja auf den Seiten 78 ff.

Besmolwije – Schweigen, Absonderung, Stille. Zum Thema von *beswolwije* auf Solowki schrieb Vater Pawel Florenski an seine Frau: »Einer meiner Bekannten fragt sich, warum ich, wenn ich über Solowki spreche, nicht die Töne, sondern nur die Farben und Formen erwähne? Deshalb, weil es hier so lautlos ist wie in einem Traum. Ein Königreich des *besmolwije*. Natürlich ist das nicht wörtlich zu nehmen, denn auch hier gibt es störenden Lärm, und manchmal möchte man sich in tiefe Stille verkriechen. Doch man hört keine äußeren Stimmen der Natur und kein inneres menschliches Wort. Alles huscht dahin wie in einem Schattentheater, die Töne kommen nur von außen. Es ist schwer zu erklären, warum es keine Musik der Dinge und des Lebens gibt, ich kann das selber nicht begreifen. Da ist nur das Rauschen des heranrollenden Meeres und das Heulen des Windes, das ist die Stille von Solowki.« Siehe auch → *Hesychasmus*.

Bitsch (Abkürzung für *Biwschi intelligentnij tschelowjek*) – ein ehemaliger Intelligenzler. Zum Beispiel ein promovierter Doktor, der als Kesselheizer arbeitet, ein Dichter, der in eine Kolchose geschickt wurde usw. Gleich nach der Revolution wurden ehemalige Priester, Aristokraten, Offiziere, reiche Kaufleute usw. *bywschi* genannt. In den Briefen von Florenski aus Solowki fand ich folgenden Absatz: »Diese Leute sollte man eher *bywschije interesnije* nennen, weil sie grau und heruntergekommen sind, so daß man kaum glauben kann, daß es sich um dieselbe Leute handelt, die früher einmal so wichtig waren.« Heute nennt man hier alle möglichen Herumtreiber, diverse Dichter, Maler, Philosophen und andere Typen so, die als Saison-Algenfischer, Wächter von → *Skity* usw. arbeiten. Siehe auch → *bomsch*.

Bljad – im heutigen Russisch erfüllt es die Funktion unseres → *kurwa* (Hure). Nebenformen: zärtlich *blja* oder *bljacha*, Jugendliche sagen *blin*. Im Altslawischen, woher es ins Russische gekommen ist, hatte *bljad* zwei einander ergänzende Bedeutungen: Täuschung und Buhlerin. Für den Protopop Awwakum im 17. Jahrhundert war die Wirklichkeit gleichzeitig ein käufliches Mädchen und Lüge, denn in Wahrheit war die äußerliche Welt nach seiner Ansicht Enttäuschung (und zugleich Betrug), Nichtigkeit und Verderben. Wenn ich manchmal Boote betrachte, die sich im Wasser spiegeln, oder steinige Pfade, die nirgends hinführen, denke ich, daß Awwakum recht hatte und mein Bemühen, die Solowjezker Wirklichkeit darzustellen, nur ein weiteres Labyrinth (aus Worten) oder einen leeren Spiegel darstellt. Mit anderen Worten, ich habe manchmal den Eindruck, den Leser in die Irre zu führen und demjenigen, der sich für die Welt interessiert… *bljad* vorzusetzen.

Blatnaja musyka (oder auch *fenja*) – Gaunerjargon. Einer der Erforscher der *blatnaja musyka* war Lichatschow, der letzte Mohikaner der Solowjezker Gesellschaft für Heimatkunde, später ein hervorragender Kenner der altrussischen Literatur. Lichatschow kam in den SLON wegen eines witzigen Referats mit dem Titel »Meditation über die alte, traditionelle, geheiligte, historische russische Orthographie, vergewaltigt und entstellt durch den Feind der Kirche Christi und des russischen Volkes«. Im SLON verlor Dimitri Sergejewitsch seinen Humor und begann mit ernsten philologischen Untersuchungen, sein Werk »Kartenspiele von Verbrechern«, publiziert 1930 in *Solowjezkije ostrowa*, kann man als Debüt des künftigen Wissenschaftlers bezeichnen. In den → *Zonen* von Solowki und dem Gebiet um den Weißmeerkanal sammelte Lichatschow wertvolles Material für seine längst klassische Arbeit über den Gaunerjargon, »Die Merkmale des ursprünglichen Primitivismus der Gaunersprache«, in der er versuchte, philologische Merkmale der Welt der Kriminellen zu finden: »Die Wörter der Gaunersprache sind gekennzeichnet durch eine außergewöhnliche Expansion und reichen weit über die Welt der Verbrecher hinaus. Mit ihnen verbreitet sich auch das Gift der verbrecherischen Ideologie«, schrieb er. In den *Solowjezkije sapiski* nennt Lichatschow ein halbes Jahrhundert später zwei Begriffe, die als Schlüsselwörter für Solowki und die postsowjetische Welt insgesamt gelten können, Begriffe, die er zum ersten Mal im SLON von Verbrechern gehört hat: *blat* und *tufta*. Blat wurde aus dem Jiddischen der Diebe aus Odessa in die russische Gaunersprache übernommen, wo es unserem Begriff von Seilschaften entspricht, während *tufta* Arbeit bedeutet, die man nur zum Schein verrichtet. Die erste Lektion in *tufta* erhielt Dimitri Sergejewitsch beim Bau der Schmalspurbahn auf Solowki, wo die Häftlinge den gefrorenen Boden mit Brechstangen aufschlagen sollten, wobei sich die → *Seki* auf die Brechstangen stützten und nur vorgaben, das Eis zu zerschlagen, während sie in Wahrheit ausruhten. In den dreißiger Jahren kamen beide Begriffe mit den Seki zum Weißmeerkanal und von dort in alle Lager der Sowjetunion, um schließlich auch in Freiheit verwendet zu werden.

Bomsch (Abkürzung für: *bes opredeljonnogo mesta schitelstwa*) – ein Mensch ohne ordentlichen Wohnsitz, ein Mensch der Straße, früher *strannik* genannt. Der russische *bomsch* ist ein Relikt des *tschelowjek wolny* – im Sinn von »freiem Willen«, das heißt nach Lichatschow »Freiheit verbunden mit einem gleichsam unbegrenzten Raum«. Schon früher hatte der Mensch der Straße jeden Status verloren und gehörte nicht der menschlichen Gemeinschaft an, sondern einer »anderen Welt«.

Dengi – Geld. Das Wort *dengi* kam zusammen mit anderen Ausdrücken aus dem Gebiet des Finanzwesens aus dem Tatarischen ins Russische und ist ein Relikt des mongolischen Abgabensystems, das im damaligen feudalen Europa nicht seinesgleichen hatte. Heute erscheinen *dengi* als Ikone des neuen Glaubens, des Kapitalismus à la russe. Ja, so wie man in Rußland aus dem Unglauben eine Religion machen, den Führer des Atheismus einbalsamieren und seine Überreste wie *moschtschi* (Reliquien) verehren konnte, so verneigten sich die postsowjetischen Chlysty nach dem Verlust des Glaubens an den Sozialismus vor dem Antichristen, dem Kapitalismus, und beteten das Geld an. Dabei ist zu sagen, daß *dengi* wie Wunder sind: Alle reden darüber, doch kaum einer bekommt sie zu Gesicht… Nicht zufällig hat Brat in letzter Zeit das »Tagebuch eines Schriftstellers« von Dostojewski gelesen, der gegen den neuen Glauben zu Feld zieht: »Im Volk macht sich eine unerhörte Ideenverdrehung, begleitet von einem Kult des Materialismus, bemerkbar. Materialismus nenne ich in diesem Fall den Respekt des Volkes vor dem Geld, vor der Macht des Goldes. Ins Volk scheint plötzlich der Gedanke eingedrungen zu sein, daß der Geldsack jetzt alles sei, daß auf ihm jede Gewalt beruhe und daß alles, was die Väter dem Volke bisher gesagt und gepredigt haben, lauter Unsinn sei.« Und etwas später: »Man sieht die Vergötterung der mühelosen Bereicherung, des Genusses ohne Arbeit: jeder Betrug, jedes Verbrechen wird kaltblütig begangen; sie töten, und sei es, um nur einen einzigen Rubel aus der Tasche zu nehmen.«

DERMOKRAZJA – statt *demokrazja*, Demokratie. Vom Wort *dermo* – Scheiße. Man sieht hier, wie die russische Sprache westliche Begriffe der russischen Wirklichkeit anpaßt. Siehe auch → *prichwatisazja*.

GLUBINKA – weit entfernte Regionen. Wo die Eisenbahn nicht hinfährt, keine Flugzeuge landen, keine Korrespondenten hinkommen, weder Russen noch → *inostranzy*, Ausländer. Wenn man die ungeheure Ausdehnung Rußlands in Betracht zieht, kann man sagen, daß 85 Prozent des Landes *glubinka* sind. Das fehlende Wissen um das, was dort vor sich geht, ist mit ein Grund für so manche falsche politische Prognose von Russologen aus Harvard oder auch aus Warschau, die Rußland eigentlich ganz gut kennen. Sogar Russen, die in Moskau wohnen, haben keine Ahnung, wie ihre Landsleute in Schojna, Majda oder Tajwenda leben.

GULJAT – lumpen. *Guljat* bedeutet herumstreunen, sich unterhalten, trinken, durchs Dorf ziehen, sich mit Mädchen einlassen und sich prügeln. Schon im zwölften Jahrhundert wetterte der Bischof von Belgorod gegen das rechtgläubige Volk von der Kanzel: »Und sie betrachten einen Feiertag nur dann als gelungen, wenn sie herumliegen wie die Toten, stockbetrunken wie die Götzen, die Mäuler weit aufgerissen, aber stumm, die Augen offen, aber blind, die Beine völlig gelähmt.« Nicolaes Witsen, der den Gesandten der Niederlande 1664/65 auf einer Reise nach Rußland begleitete, schrieb, man habe sie lange nicht nach Moskau gelassen, weil »die Russen von Weihnachten bis zu

Heiligen Drei Könige saufen und dabei nicht gestört werden wollen«.

Inok – Mönch; vom altslawischen *in* – einer. »Denn er spricht in Abgeschiedenheit Tag und Nacht mit Gott«, wie Nikon Tscharnogorez den Begriff *inok* umschreibt. Djatschenko hingegen leitet im »Vollständigen Wörterbuch des Kirchenslawischen« das Wort *inok* vom Begriff *inoj* – anderer, ab: »Denn anders soll er sein Leben führen als die Menschen dieser Welt.«

Inostranjez – Ausländer. In Rußland fühlen sich die *inostranzy* so fremd wie sonst nirgends. In ihren Erinnerungen, Aufzeichnungen und Reisetagebüchern wiederholt sich wie ein Refrain das Motiv des russischen Mißtrauens, der manischen Angst vor Spionen und der kaum unterdrückten Aggression. Das bekam ich oft selber zu spüren, vor allem in der sogenannten russischen → *glubinka*, dort genügt ein anderer Lebensstil oder Akzent, um Mißtrauen zu wecken. Der Geist des Kollektivismus kann nichts ertragen, was nicht zum Ganzen gehört. Dabei ist zu bemerken, daß es weniger die Nationalität, der Glauben oder die Sprache sind, welche die Zugehörigkeit zum Kollektiv bestimmen, als das gemeinsame Los (die Mönchszelle, → *Zone*) und derselbe Herr (der Staat). Rußland ist ein Land vieler Nationen und Kulturen mit verschiedenen Sprachen, und es gibt dort mehr Unglauben als Kulte und Sekten, es ist daher nicht deine Nationalität, die Abneigung erweckt, sondern die Tatsache, daß du jederzeit von hier wegfahren kannst; es werden nicht deine Überzeugungen und dein Glauben beurteilt, sondern die Tatsache, daß du nach eigenem Gutdünken lebst und das Leben hier scheel anschaust. Man muß sich die Ethymologie des Wortes *inostranez* vornehmen, um das zu verstehen. Denn *strana* bedeutet im Altslawischen, woher es ins Russische kam, die Gegend, und wurde erst später zum Land, der Ausdruck *inoj*, oder ein anderer, entstand aus dem urslawischen *in*, das heißt einer oder allein (daher → *inok*). *Inostranez* ist also nicht nur der Ausländer, sondern auch jemand aus einer anderen Gegend – er hält nicht zu uns! – nicht so wie die anderen. Fremd.

Hesychasmus – eine mystische christliche Weltanschauung, die religiös-philosophische Elemente mit geistiger Praxis und Askese verbindet. Gegenwärtig wird hier viel darüber gesprochen und geschrieben, vor allem in orthodoxen Kreisen. Als Beispiel bringe ich hier die Aufzeichnung eines Gespräches mit Brat:

19. August

Verklärung Christi – einer der wichtigsten orthodoxen Feiertage, der auf den Inseln mit besonderer Sorgfalt begangen wird, vor allem im Spasso-Preobraschenskij-Kloster. Seit dem Morgen läuten die Glocken, der Ton wird weit über das Wasser getragen. Am Nachmittag kam Brat, brachte eine Flasche Kagora aus Moldawien und ein Bündel getrockneter Brachsen. Wir unterhielten uns über den Hesychasmus – eine mystische Doktrin der Orthodoxie, die im 14. Jahrhundert auf dem Berg Athos entstand, obwohl ihre Wurzeln in die ägyptische Wüste im vierten Jahrhundert unserer Ära zurückreichen. Grigorij Palama, Grigorij Sinait, Nikolaos Kabasilas … sie alle lehrten, daß nicht die Materie, sondern die Energie die Grundlage der Welt ist. Christus zeigte uns auf dem Berg Tabor – den Hesychasten zufolge – den Weg: Wie eine Linse sammelte er das Licht in sich. Durch die Praxis von → *besmolwije* und bestimmte Techniken auf dem Gebiet des Gebets und der Meditation erreichten die Hesychasten eine Erleuchtung, deren faszinierende Beschreibung wir in den *Zapiski kelejnyje* finden, einer Art geistigem Tagebuch, das der Vorläufer der Bewegung, Simeon der neue Theologe, in seiner Mönchszelle führte. Später distanzierte sich die Orthodoxie manchmal vom Hesychasmus und bezeichnete ihn als Häresie, die sich nur »der Kontemplation des eigenen Nabels und der Kunst, die Luft anzuhalten« widmet. Vor nicht zu langer Zeit schrieb Vater Bulgakow, daß die »blödsinnigen Träume der Hesychasten von der Möglichkeit, das nicht erschaffene Licht zu erlangen, bald der Vergessenheit anheimfallen werden«. Doch der Hesychasmus wurde nicht vergessen, er erweckt in den neu erwachenden Kreisen der Orthodoxie in Rußland sogar steigendes Interesse, wie die Publikationen darüber aus jüngster Zeit zeigen. Hier zählte Brat einige Titel auf. »Aber meinst du nicht, daß das eine Mode ist«, unterbrach ich ihn, »so wie der Postmodernismus in anderen intellektuellen Kreisen. Als ich in Moskau war, besuchte ich Sergej Choruschyj, einen Philosophen, Mathematiker und Übersetzer von James Joyce. Grund meines Besuchs war das ›Diptich besmolwija‹, sein Buch, das sich mit dem Hesychasmus beschäftigt. Sergej Sergejewitsch war eben aus Petersburg zurück, wo ein wissenschaftliches Treffen über den Hesychasmus stattgefunden hatte. Sie droschen drei Tage lang Stroh über das Thema Schweigen! Und auch das Diptychon selber ist Blödsinn. Choruschyj schreibt einerseits über die Notwendigkeit, zu den Quellen des russischen Denkens zurückzukehren, das heißt zu den Schriften der heiligen Väter (er meint, die russische Philosophie des 19. und 20. Jahrhunderts sei vom deutschen Idealismus dominiert worden), andererseits bedient er sich der Ideologie Heideggers, um die Thesen Palamas zu interpretieren. Der aber hat folgende Warnung ausgesprochen: ›Wer ohne die Erfahrung des heiligen Schweigens über *besmolwije* schreibt, fällt dem Wahnsinn anheim.‹«

»Das Problem liegt darin«, sagte Brat, »daß die früheren Starzen, wie zum Beispiel Nil Sorskij, einer der großen russischen Hesychasten, *besmolwije* nie mit Worten zu ergründen suchten, sondern nur in der Praxis, das heißt durch Schweigen und Gebete. Ihre knappen Aussagen, die Aphorismen gleichen, sind Anleitungen, nicht mehr. Anleitungen für die Praxis. Anders gesagt, sie umrissen mit Worten die Konturen dessen, worüber man nicht sprechen kann, wie in manchen psychologischen Tests, wo das Profil einer ausschattierten Figur die Gestalt einer zweiten, leeren bezeichnet. Die heutigen Philosophen hingegen formen postmoderne Rebuse, dreschen leeres Stroh oder versuchen über etwas zu sprechen, worüber man nicht sprechen kann. Solange sie sich mit Neuigkeiten aus dem Westen abgeben, schmoren sie im eigenen Saft, wenn sie aber über *besmolwije* zu faseln beginnen, werden sie zu traurigen und zugleich komischen Figuren. Schon im 14. Jahrhundert wollte ein Mönch aus Kalabrien, ein gewisser Warlaam, mit spekulativen Erwägungen die Praxis der Hesychasten lächerlich machen.

Im Westen wurde der kalabrische Mönch als Vater der Renaissance anerkannt, im Osten hingegen als Häretiker und Hochstapler angesehen. Von Warlaam ging das spekulative Denken über auf Kant und drang auch in Rußland ein. Die Philosophen des sogenannten »silbernen Zeitalters«, Mereschkowski, Iwanow und Bjerdjajew, versuchten die orthodoxe Erfahrung in einen von den Deutschen entlehnten Begriffsapparat zu fassen: Choruschyj scheint sich gegen sie zu wenden, schlägt jedoch in Wahrheit denselben Weg ein. In der Folge verwässert er das Wesen von *besmolwije* mit leerem Geschwätz.

»Ich glaube«, warf ich ein, »daß Wittgenstein den Hesychasten bedeutend näher steht, obwohl auch er ein Mann des Westens ist, vom Scheitel bis zur Sohle. Hör zu, was er im Jahre 1914 an seinen Verleger Julius von Ficker schrieb: »… mein Werk besteht aus zwei Teilen: aus einem, der sich hier findet, und aus all dem, was ich nicht geschrieben habe. Und eben dieser zweite Teil ist wichtig.« Das heißt, das Geschriebene soll die Grenze dessen markieren, was verschwiegen wird – was wirklich wichtig ist. Eine der wichtigsten Thesen Wittgensteins lautet: »Was sich überhaupt sagen läßt, läßt sich klar sagen; und worüber man nicht reden kann, darüber muß man schweigen.« Kommt das nicht *besmolwije* nahe?«

Es herrschte Stille. Wir tranken den Wein in kleinen Schlucken. Vor dem Fenster schrie eine Möwe, und das Meer toste, Brat zupfte an einer Brachse und kaute an dem Gedanken, daß jemand im Westen, noch dazu ein Philosoph und Logiker, sich der Wahrheit der Rechtgläubigen annähern konnte. Schließlich begann er zu sprechen.

»Siehst du, Mar, *filo-sofia* kommt aus dem Griechischen und ist die Liebe zur Weisheit. Das heißt natürlich zum menschlichen Verstand. Im Grund eine irrige, unbeständige, leere Sache. Die orthodoxe Askese hingegen, deren reifste Frucht der Hesychasmus ist, ist *filo-kalos*, die in der Rus übersetzt wurde als *dobroto-lubje*, das heißt die Liebe zum Schönen. (*Dobrota*, Schönheit, ist in der altslawischen Sprache einer der Namen des Herren). Vielleicht ist das der Grund, weshalb in Rußland Künstler öfter als Philosophen das Wesen des Daseins berührten, beginnend mit Andrej Rublow und Feofan Grek, den herausragenden russischen *besmolwniki* des 14. Jahrhunderts, bis zu Puschkin, Tjutschew und Tolstoi ... Mit anderen Worten, das Schweigen ist eine höhere Form der Kunst, ein Art schöpferischer Prozeß, wobei der Mensch das Material darstellt. Das Schweigen ist eine Praxis, die der orthodoxe Osten dem westlichen Theoretisieren entgegenstellte. Nicht *cogito ergo sum*, sondern zuerst *sum*, und erst dann, und auch das nicht unbdingt, *cogito*. Das Gebiet von *cogito* ist nur ein Fragment der Wirklichkeit, obwohl es oft vorgibt, das Ganze zu sein. *Besmolwije* zerstört die Schale des diskursiven Denkens und läßt uns die Grenzen überschreiten, die das rationale Fragment unseres Daseins von der Realität trennen. Wittgenstein versuchte, diese Grenze mit Worten zu erfassen, der rechtgläubige Mönch hingegen überschreitet sie im Schweigen und läßt die geschwätzige Welt hinter sich.«

»Als Philologe kann ich einer derart radikalen Absage an die Gabe der Sprache nicht zustimmen. Es geht darum, wie man sich ihrer bedient. Die einen plaudern, die anderen murmeln vor sich hin, wieder andere faseln Unsinn, und die Welt schwillt an von ihrem dummen Gerede: Sie faseln im Fernsehen, sie faseln in den Zeitungen und im Internet ... Eine Überschwemmung von Worten, ein Morast, in dem wir versinken! Und hier stimme ich mit dir überein – es ist besser, in Abgeschiedenheit zu schweigen. Wittgenstein zog sich nach Skolden zurück, ein Fischerdorf im Norden Norwegens. Denn die Sprache erfordert Schweigen. Das ist kein Paradoxon, das entspricht der Erfahrung. Manchmal glaube ich, die Sprache sei der beste Beweis für die Existenz des Schöpfers, weil in ihr alles existiert: der Grashalm, die Farbschattierungen des Himmels und das Rauschen des Waldes, und der Beistrich, den das Leben setzen kann, und der Punkt, der die Augen für immer schließt ...«

Im Kloster wurde zur Abendandacht geläutet. Wir tranken den Wein aus.

KABAK – Kneipe. Das Wort kam im 16. Jahrhundert aus dem Tatarischen in die russische Sprache (zur selben Zeit tauchte in

Rußland der Wodka auf). Iwan Prischow, Autor der »Geschichte der Kneipen in Rußland«, schreibt, es genüge »zu verfolgen, wie täglich neue nationale Institutionen entstehen und sich entwickeln, so wie die *kabaki*, und man macht die Entdeckung, daß das Tatarentum nicht nur mit verschiedenen tatarischen Lehnworten seine Spuren bei uns hinterließ, sondern daß wir auch den Geist des Tatarentums übernahmen, und daß in diesen Worten die tierischen Eigenschaften der wilden Horde zum Ausdruck kommen, die unsere nationalen Sitten verdrängten«. Nach Prischow verdrängte *kabak*, wo man Wodka trinkt, die slawische *kortschma* (polnisch *karczma*), wo man Met, Wein und Bier trank.

KARTOSCHKA – Kartoffel. Am Beispiel von *kartoschka* kann man am besten sehen, warum ich russische Wörter in meinen Text einführe. Ein Ausländer, der über Rußland schreibt, übersetzt die russische Wirklichkeit in seine Sprache (ich verwende das Wort »übersetzen« hier in der Bedeutung des lateinischen *interpretor* – erklären, verstehen, beurteilen). Aber diese Wirklichkeit existiert in der russischen Sprache und hat sich in dieser seit Jahrhunderten herausgebildet. Früher bedeutete das Wort *jasyk* sowohl die Sprache als auch das Volk, weil man in der Sprache besser als in allem anderen das Volk erkennen kann – seinen Geist, sein Dasein, sein Leben. Ich mußte zwei Jahre in Rußland verbringen, bis ich endlich begriff, daß ein Ausländer dieses Land nicht verstehen kann, wenn er darüber in seiner Sprache denkt und urteilt. Erst dann verstand ich, daß man die russische Wirklichkeit durch die russische Sprache kennenlernen muß, und erst wenn man einige Zeit hier gelebt und die Worte an sich selber erfahren hat, kann man versuchen, diese Erfahrung in die eigene Sprache zu übersetzen. Während des Schreibprozesses stellte ich fest, daß manche russischen Wörter zwar eine polnische Entsprechung besitzen, aber eine ganz andere Erfahrung ausdrücken, die Erfahrung einer anderen Welt. Je länger ich hier lebe, umso stärker empfinde ich die Schlüsselwörter, Wortzeichen, Wortmythen, die viel mehr bedeuten, als der Ausdruck zu enthalten scheint. So auch *kartoschka*. Bei uns ist das die Kartoffel (immer öfter *potato*), eine Zugabe zum Fleisch, von der man sagt, daß sie dick macht, weshalb sie immer weniger gegessen wird. Hier hingegen ist *kartoschka* die Hauptspeise, ein Ritual, eine Lebensweise. Im Frühjahr wird *kartoschka* gelegt, im Sommer angehäufelt, im Herbst geerntet, und im Winter überwintert man mit *kartoschka*. Wenn man *kartoschka* mit Kartoffel oder Erdäpfel übersetzt, raubt man ihr den magischen und lebensspendenden Sinn, das wäre dasselbe, als wollte man die Wirklichkeit übersetzen (in der Bedeutung des lateinischen *transfero*), was hieße, sie im Prozeß der Übersetzung zu verlieren.

KELJA – die russische Sprache unterscheidet *kelja* im Kloster und *kamera* im Gefängnis. Im Polnischen und in vielen anderen Sprachen gibt es dafür nur einen Begriff: Zelle. Auf Solowki flossen beide russische Bedeutungen zum Symbol der Insel zusammen, die bis zur Erfindung des Aeroplans acht Monate im Jahr von der Welt abgeschnitten war. Die Geschichte von Solowki ist die Geschichte der russischen Zelle in beiden Bedeutungen des Wortes – sie verflechten sich hier zu einem Faden dieser vielschichtigen Fabel. Natürlich geht die Erzählung vom Archipel über die russische Zelle hinaus, so wie die Geschichte Rußlands nur eine Episode in der Geschichte Solowkis darstellt, wenn auch die am besten beschriebene Episode. Denn sowohl die Geschichte Rußlands als auch die Geschichte Solowkis sind in den Zellen der Skriptoren entstanden …

KORMUSCHKA – seit meiner Ankunft in Rußland höre ich ständig dieses Wort, in verschiedenen Suppositionen und Bedeutungen. Es ist nicht leicht, sich da zurechtzufinden. Im Wörterbuch findet man für *kormuschka* die Bedeutung Futterkrippe für Rinder oder Futternapf für Vögel. In der Alltagssprache wird es oft auch im Sinn von Trog verwendet, als Quelle bedeutender Einkünfte, die für gewöhnlich aus öffentlichen Mitteln stammen. In der russischen Geschichte besitzt der Begriff eine reiche Tradition und hat sich zu einem ganzen System entwickelt: dem System des *kormljenije*. Kljutschewski schreibt: »*Kormljenije* nannte man in der Rus Posten im Gerichtswesen und der Verwaltung, die den Beamten ein Einkommen verschafften, das sie direkt von den Untertanen kassierten. Dieses Einkommen nannte man *korma*, was der jetzigen Einziehung von Abgaben entspricht, weshalb der Posten *kormljenije* genannt wurde.« Schon Ende des 16. Jahrhunderts stellte Fletcher, der über Rußland schrieb, fest: »Daß das russische Volk die Regierung in der Provinz haßte, weil ihm ihre Interessen von Grund auf fremd waren. Die Regierenden, die jedes Jahr neu waren, kamen frisch und hungrig in die Provinz und plünderten das Volk skrupellos aus, um möglichst viel für sich und als Abgaben für ihre Vorgesetzten zusammenzuraffen, die bei ihrem Tun durch die Finger schauten. Das russische Volk hat schon lange begriffen, daß die Regierenden nicht in die Provinz kommen, um nach dem Rechten zu sehen, sondern um ihnen das Fell über die Ohren zu ziehen, und das nicht nur einmal im Jahr, wie das bei der Schur der Schafe geschieht, nein, sie werden ohne Unterlaß geschoren, das ganze Jahr hindurch.«

LADAN – Weihrauch für die Kirche. In dem Band *»Choschdenie igumena Daniila w swjatuju semlju«* (Pilgerreise des Igumen Daniil ins Heilige Land) aus dem zwölften Jahrhundert, dem ältesten russischen Tagebuch einer Reise ins Heilige Land, findet man die Beschreibung der Produktion von *ladan* auf der Insel Rhodos. »Von einem Baum, den man *grab* nennt und der wie eine Erle aussieht, rinnt Harz herunter, das mit einem scharfen Eisen abgekratzt wird. In einem anderen Baum, ähnlich einer Espe, wohnt ein Wurm unter der Rinde, groß wie eine Raupe. Der Wurm durchbohrt das Holz, und Staub rieselt herunter, wie Roggenstreu, und fällt zur Erde wie Weichselleim. Die Leute sammeln diesen Staub, vermischen ihn mit dem Harz des ersten Baumes und sieden das in Kesseln, worauf sie es in Säcke packen und den Kaufleuten als fertigen Weihrauch verkaufen.«

MAT, MATERSCHTSCHINA – Vulgarismen, Flüche. Die russische *mat*, kräftig und überreich, ist eine Sprache innerhalb der Sprache, in der man mit einem Wort alles ausdrücken kann. Ich werde nie den herrlichen Tagesanbruch in der Troizkij Bucht auf Anser vergessen, in die wir nachts mit der Jacht gekommen waren – es war still, geradezu stumm und duftete nach Tannen, das Meer glänzte silbrig in der Sonne, über Golgota kreiste ein Adler... plötzlich steckte Loscha den Kopf aus der Luke, streckte sich, zwinkerte und sagte mit Begeisterung in der Stimme: *»Job moi uschi!«* (Fick meine Ohren)

MUSCHIK – Bauer. Öfter, vor allem in der Provinz, in der Bedeutung von »Unsriger«, im Unterschied zu Fremden, das heißt zu allen möglichen Staatsbeamten, durchreisenden Intelligenzlern, Touristen, Moskalen usw. Es ersetzt auch eine Anrede, etwa in Wendungen, wie: Muschik, wie spät ist es? In der »Geschichte des Russischen Imperiums« von Heller lesen wir: »Während die → *obschtschina* für Slawophile wie auch Westler eine Schatztruhe spezifischer Merkmale des russischen Volkes darstellte, sahen sie in den *muschiki* eine Verkörperung der Nation, die Gott in sich trug.« Jurij Tschirkow, ein ehemaliger → *Seka*, Autor eines Buches über den SLON mit dem Titel »Alles war so«, erinnert an ein Gespräch mit Siwow, einem Popen vom Land, der oft über die Aufhebung der Leibeigenschaft diskutierte: »Die Freiheit für die *muschiki* kann man verschieden sehen, jeder begreift sie auf seine Weise. Für die einen besteht die Freiheit darin, tagein, tagaus auf dem Ofen zu schlafen, während sich andere der Wirtschaft widmen, und wieder andere stehlen und saufen. Als sich daher die *muschiki* von der Leibeigenschaft befreiten, kam es zu schrecklichen Besäufnissen, Banditentum und Chaos: Wenn du willst, dann arbeite, und wenn du nicht willst, dann arbeite nicht. Zwingen kann man keinen – schließlich haben sie die Freiheit gegeben. Bleibt nur zu saufen und → *guljat.*«

OBSCHTSCHESCHITIJE – wörtlich: kollektives Leben, Zusammenleben; Internat. Pawel Florenski leitete das Gebot der *obschtscheschitije* von der orthodoxen Idee der Heiligen Dreieinigkeit ab, die von Sergej Radoneschski und Andrej Rubljow im 14. Jahrhundert formuliert wurde. *»Obschtscheschitelstwo«*, so schrieb er 1918, »bedeutete immer eine geistige Belebung: wie in den Anfängen des Christentums. Auch die Anfänge der Kiewer Rus gleich nach der Annahme des Christentums standen unter dem Zeichen der *obschtscheschitije*, deren Zentrum sich im Kiewer Höhlenkloster befand, und die Anfänge der Moskauer Rus, mit ihrer Rückkehr zur geistigen Kontemplation, waren gekennzeichnet durch die Einführung der *obschtscheschitije* im ganzen Land, nach dem Rat und mit dem Segen des sterbenden Byzanz. Die Idee des *obschtscheschitije* als Zusammenleben in Liebe, Einmütigkeit und wirtschaftlicher Gemeinschaft, ob nun griechisch *koinonia* genannt oder lateinisch *communio*, stand der russischen Seele immer nahe...«

Obschtschina – Gemeinschaft, Gemeinde. Die kollektive Form des russischen Lebens im Dorf: Der Boden gehörte der *obschtschina* und nicht dem einzelnen Bauern, und er wurde abwechselnd bearbeitet, so daß jedem gerechterweise einmal ein schlechteres, dann wieder ein besseres Stück Boden zufiel. Die Beachtung einer idealen Gleichheit war, nach Heller, die wichtigste Aufgabe der *obschtschina*. Die Slawophilen sahen in der *obschtschina* ein typisches Merkmal Rußlands, zusammen mit seinem Kollektivgeist und der Liebe für die Gleichheit.

Osolowjelyj – trübsinnig, traurig oder übelgelaunt. Hier, auf dem Archipel, nahm das Wort eine neue Bedeutung (von den Inseln) an und bezeichnet einen Menschen, der ohne Solowki nicht leben kann. *Osolowjelyj* heißt hier, verrückt sein nach Solowki, mit anderen Worten: ein Solowjezker Narr. Nicht alle haben natürlich den Verstand verloren, viele (zum Beispiel Touristen) kommen hierher, um herumzustreifen, Photos zu schießen, sich vor dem Hintergrund dieser Landschaft herumzutreiben und wieder spurlos zu verschwinden. Die nehmen nicht viel mit von hier: ein paar Filmrollen, eine Videokassette, manchmal einen Tripper. Aber es gibt auch solche, die, wenn sie einmal hierher kommen, immer wieder zurückkehren, die von Solowki träumen, über Solowki reden, und schließlich auf Solowki bleiben, für immer. Von solchen sagt man, sie seien vollkommen *osolowjelyj*, und selbst wenn sie sich für einen Moment von den Inseln losreißen, haben sie das Weiße Meer in den Augen. Und wo immer sie hinkommen, werden sie traurig sein. Und übelgelaunt.

Po blatu – auf linke Art, durch Beziehungen. Siehe → *blatnaja musyka*.

Podrjasnik – Mönchsgewand, für gewöhnlich schwarz, das die Novizen erhalten – bis zur Kopfschur. Viele Nichteingeweihte halten es für *rjassa* – das Gewand der Mönche –, von dem es sich durch die engen Ärmel unterscheidet.

Pomojka – Misthaufen, Grube mit Abfällen. Hier im Norden fällt es schwer, die Grenze zwischen *pomojka* und *nje-pomojka* zu ziehen. Das gilt nicht nur für gewöhnliche Abfälle, Flaschen, Dosen, Essensreste und allerlei Unrat, der überall herumliegt, wohin der Mensch seinen Fuß setzt, sondern auch für Industrieabfälle – altes Motoröl, das von den Booten direkt in den Sand des Strandes geleert wird, Wracks von Schiffen, die im Meer verrotten, Raketenteile, die nach dem Ausbrennen herunterfallen und in der Tundra liegenbleiben, verrostete Zugmaschinen, nicht vollendete Bauwerke usw. Die Natur des Nordens ist zu schwach, um das alles aus eigener Kraft zu neutralisieren. Ja, es gibt sogar welche, die meinen, die ganzen Solowjezker Inseln seien eine einzige Spur zum Großen Misthaufen. Pawel Florenski schrieb in seinen Briefen mehrmals, daß hier alles zufällig ist: die Menschen, die der Wind der Geschichte hergeweht hat, die Steine, die der Gletscher abgeladen hat, und die Pflanzen, die aus anderen Klimazonen hergebracht wurden …

Pustyn – Einsiedelei. Ein Ort des einsamen Gebets, oft im Wald, im Sumpfgebiet, weit weg von menschlichen Ansiedlungen. Ein besonderer Typus des russischen Anachoretentums, das gleichsam in Opposition zu den reichen Klöstern entstand, die sich für gewöhnlich in weltliche Intrigen und politische Machinationen verstrickten. Oft sammelten sich um einen besonders heiligmäßigen *pustynnik*, Einsiedler, Brüder, angezogen von seinem Ruhm, und im Lauf der Zeit wurde aus dem stillen *pustyn* ein geschäftiges mönchisches → *obschtscheschitije*. Ein Beispiel für eine solche Metamorphose liefert das Solowjezker Kloster, das an der Stelle der Gebetsstätte des *pustynnik* Sawwatij entstand. Der Maler Nesterow, der die Inseln 1901 besuchte, schrieb an einen Kollegen: »Ich schicke Dir diese paar Sätze vom Solowjezker Kloster. Ich habe hier interessante Dinge gefunden und besondere Eindrücke gewonnen, als hätte ich das schon einmal im Traum gesehen und in meinen ersten Bildern gemalt, in manchen Skizzen. Es gibt hier zwar einen Typ von Mönch, aber die Landschaft fühlte ich schon in meinem Bild ›Der Einsiedler‹.«

POSLUSCHNIK – Novize im Kloster. Von *posluschanije*, das heißt Gehorsam – der ersten Eigenschaft, durch die sich ein Kandidat für das Mönchstum auszeichnen sollte. In den Heiligenviten findet man oft Beschreibungen sinnloser Aufgaben, die den Novizen von Starzen gestellt werden, zum Beispiel Wasser von einem Teich zum Fluß und wieder zurück zu tragen, oder Pflanzen mit den Wurzeln nach oben zu setzen, um den Geist des Hochmuts zu brechen (und den Glauben an die eigene Vernunft!) – die Sünde Luzifers. Jurij Tschirkow erinnert an ähnliche Arbeiten zu Zeiten des SLON, so wurde einem → *Seka* befohlen, eine Grube auszuheben, die ein anderer zuschütten mußte, »damit sie begreifen, daß sie nicht zur Tante gekommen sind, um Blini zu essen«. Oder sie zwangen ihn, Wasser von einem Eisloch ins andere zu leeren, dann maßen sie den Wasserstand und kürzten die Essenration, weil er die Norm nicht erfüllt hatte. Heute üben sich weltliche Personen, die außerhalb des Klosters, aber in engem Kontakt mit dem geistigen Vater leben, in *posluschanije*. Dieses bringt oft konkreten Nutzen, so kann man das Väterchen um einen Reisesegen in Form von Geld für die Fahrkarte bitten.

PRICHWATISAZJA – statt: *priwatisazja*, Privatisierung, vom Wort *prichwatit* – an sich raffen, stehlen, etwas nehmen, was herrenlos herumliegt. Die *prichwatisazja* ist ein Beispiel, wie die russische Sprache, biegsam und elastisch, mit ein oder zwei Buchstaben einen westlichen Begriff verändert und ihm eine eigene, russische Bedeutung verleiht. Siehe auch → *dermokrazja.*

SEKA (Abkürzung für: *saklutschonnyj, s/k*) – Häftling. In der Literatur begegnet man oft der Form: *Sek*... die Schalamow in einem Brief an Solschenizyn (November 1962) als nicht richtig bezeichnet.

SEWERNOJE SIJANIJE – Polarlicht. Eine ungewöhnliche Lichterscheinung am nördlichen Himmel, in der Regel im Herbst oder Winter. Von den Beschreibungen, die ich gelesen habe, sind die besten die von Vater Florenski in seinen Briefen aus Solowki. Am 7. Jänner 1937, am Vortag seines 55. (und letzten) Geburtstages, schrieb Pawel Aleksandrowitsch an seinen Sohn Wassili: »Der heutige Tag war etwas Besonderes – der Himmel hellte auf, es war frostig. Gegen Abend gab es ein Polarlicht. Gegen 19 Uhr erschien im nördlichen Teil des Himmels ein bläulich leuchtendes Segment, das an den Schimmer des aufgehenden Mondes erinnerte, nur war es heller und deutlicher umrissen. Dieses Segment erhob sich über den Horizont und wurde in nordöstlicher Richtung des Himmels immer heller. Plötzlich begannen davon konzentrische Bögen abzufallen, von derselben bläulichen Farbe, über die ganze Breite des Himmels. Genauer, das ganze Segment erschien wie aus Bögen zusammengesetzt und zerfiel jetzt vor meinen Augen. Dann wurde es dunkler, schwärzer als der übrige Himmel, und von einem grellen Lichtsaum eingefaßt. Gegen das Segment hin war der Saum deutlich abgesetzt, während er nach außen mit dem Himmel verschwamm. Zur Zeit des Polarlichts ist der Himmel übrigens nicht schwarz, sondern leuchtet wie die Milchstraße. Nach einiger Zeit brachen die am Himmel pulsierenden Bögen im Zenit, wodurch sie so etwas wie ein Lichtzelt bildeten, und man konnte ganz deutlich sehen, daß seine Säulen nichts anderes waren als Energieströme, die in die Atmosphäre schossen – Korpuskularstrahlen, die das verdünnte Gas zum Leuchten anregen. Die Säulen wandelten sich mit der Lichtstärke und wechselten ihren Platz am Himmel. Später erschien im Nordosten neben den bläulichen Streifen ein großes, intensiv leuchtendes himbeerfarbenes Licht, wie eine leichte, durchsichtige Wolke. Die Schimmer wechselten immer rascher über den Himmel, wie Blitze, bis sie schließlich in flache, an den Rändern verbleibende helle Wolken zerfielen, die sich bis zur Erde erstreckten, wie ein Lichtvorhang, der sich malerisch wellte. Mit ihrer röhrenförmigen Struktur erschienen sie wie plissierte Materie, deren grüne Phosphoreszenz nach oben hin langsam verschwand, während sie sich unten verdichtete, um dann plötzlich abzureißen. Die Vorhänge hoben und senkten sich wie im Wind, immer wieder liefen Wellen darüber hinweg, und das ganze Bild änderte sich ständig. Da erschien am Rand des grünen Lichtes ein oranger Saum – grelles Orange, wie loderndes Feuer. Die Wellenbewegungen wurden immer rascher. Manche Wellen schwollen an, andere fielen in sich zusammen – und der obere Teil des Vorhangs verschwand, während der untere wie eine leuchtende Schlange zuckte. Dieser ganze Spektakel spielte sich am nördlichen Teil des Himmels ab, bis zum Zenit und darüber hinaus, und von Westen nach Osten, wobei die Farben im Osten heller und greller waren. Das dauerte ungefähr zwei Stunden. Dann begann es langsam zu verlöschen. Die Vorhänge zerrissen in Fetzen, das Licht wurde schwächer. Um halb zwei ging ich zum letzten Mal hinaus, um den Himmel zu betrachten. Im Norden ballten sich die Schimmer zu einer Masse zusammen, so wie Wolken um den Mond, aber sie leuchteten von innen heraus. Und weil der Himmel schon dunkel war, waren die Schimmer besonders deutlich zu sehen.«

Skit – eine Art Einsiedelei, in der nur wenige Mönche, in Gebet und Arbeit, leben. Eine Übergangsform zwischen Anachoretentum und Kloster. Der Vater des russischen Skit war Nil Sorskij (1433 bis 1508), ein Novize des Kirillo-Beloserskij-Klosters, einer der berühmtesten Schreiber seiner Zeit, Autor der Regeln des Skit. Er lebte einige Jahre auf dem Berg Athos, von wo er den → *Hesychasmus* in die Rus brachte. Der wichtigste Ideologe der sogenannten Transwolga-Starzen, der gegen die Klostergüter auftrat. In seinem »Testament« ersuchte er darum, seinen Körper den wilden Tieren zum Fraß zu überlassen. Siehe auch → *pustyn.*

STAKAN – Glas; ein Maß für die Menge von Wodka, die man in einem Zug hinunterstürzt.

STOPKA – Gläschen; ein Maß für die Menge von Wodka, die man auf einmal trinkt.

SCHILO (eigentlich: *schidlo*) – Industriespiritus, verwendet zum Waschen von Motoren, Schienen usw. Wenn man ihn in einem Zug trinkt, sticht er ins Gehirn wie eine Ahle, daher der Name. Dann rinnt er wie weißglühendes Licht durch die Adern und brennt für einige Zeit, wobei er den Trinker in stumme Ekstase versetzt, wie der Genuß von Kokain.

TROPA – Spur. Der russische Begriff *tropa* verbindet die Spuren des Wolfes mit der Metapher – den Tropus mit der Fährte. Oder die Besonderheiten der Lebenswege mit dem Stil des Schreibens. Am besten erfaßte das Warlam Schalamow in einer Erzählung mit dem Titel »Die Spur«, die ich hier wiedergebe:

Warlam Schalamow

DIE SPUR

In der Taiga hatte ich meine eigene wunderbare Spur. Ich hatte sie im Sommer selber ausgetreten, als ich Brennholz für den Winter sammelte. Dürres Holz gab es genug rings um die Hütte – kegelförmige Lärchen, grau wie aus Papiermaché, die wie Pfähle im Sumpf steckten. Die Hütte stand auf einer Anhöhe, umgeben von Zirbelkiefern mit Büscheln grüner Nadeln. Im Herbst waren die Zapfen dick geschwollen mit Nüssen, so daß die Zweige zu Boden hingen. Durch dieses Dickicht verlief meine Spur in Richtung Sumpf. Früher einmal, bevor der Sumpf zum Sumpf geworden war, war dort Wald gewesen, dann waren die Wurzeln im Wasser verfault und die Bäume abgestorben – vor langer, langer Zeit. Der Weg, auf dem die Autos und die Menschen fuhren, verlief auf der anderen Seite des Berges, den Hang entlang.

In den ersten Tagen tat es mir leid, die fleischigen roten Maiblumen zu zertreten, die Iris, die großen lilienförmigen Schmetterlingen glichen, die Blütenblätter und die Motive, die riesigen Schneeglöckchen knirschten unangenehm unter den Füßen. Die Blumen im hohen Norden duften nicht. Früher ertappte ich mich bei einer automatischen Bewegung – man reißt einen Strauß ab und steckt die Nase hinein. Dann gewöhnte ich mir das ab. Jeden Morgen schaute ich, was nachts auf der Spur geschehen war. Da, ein Maiglöckchen, das ich gestern mit meinem Schuh zertreten habe, hat sich wieder aufgerichtet, es steht zwar schief, aber es lebt. Ein zweites jedoch liegt zerdrückt für immer da, wie ein niedergeworfener Telegraphenmast mit Isolatoren aus Porzellan, die verflochtenen Fasern sehen aus wie zerrissene Leitungsdrähte.

Dann wurde die Spur ausgetreten, und ich achtete nicht mehr auf die Zweige der Zirbelkiefern, die über den Weg wuchsen; diejenigen, die mir ins Gesicht peitschten, brach ich ab. Auf beiden Seiten standen junge Lärchen, höchstens einhundert Jahre alt. Ich war dabei, wie sie grün wurden, und ich war dabei, wie sie die Nadeln abwarfen. Die Spur wurde von Tag zu Tag dunkler, bis sie zu einem gewöhnlichen Gebirgspfad wurde. Niemand außer mir ging sie entlang. Nur aschgraue Eichhörnchen sprangen herum, und manchmal fand ich die ägyptische Keilschrift von Wachteln oder die dreieckige Spur eines Hasen. Aber Vögel und Säugetiere zählen ja nicht.

Drei Jahre lang ging ich über diese Spur. Es schrieben sich darauf sehr gut Gedichte. Es kam vor, daß ich von einer Reise zurückkehrte, über die Spur ging, und schon hatte ich mir eine Strophe ergangen. Ich gewöhnte mich an meine Spur wie an ein waldiges Arbeitskabinett. Für gewöhnlich packte vor dem Winter der Frost den Sumpfboden und überzuckerte ihn, wie Konfitüre. In zwei Herbsten kam ich vor dem Schnee, um tiefe Spuren zu hinterlassen, die vor meinen Augen für den ganzen Winter hart wurden. Und im Frühjahr, wenn der Schnee schmolz, fand ich die vorjährigen Abdrücke wieder, stapfte aufs neue in den alten Spuren, und wieder schrieben sich die Verse wie von selber. Im Winter war mein Kabinett natürlich leer: Der Frost gestattete einem nicht zu denken, schreiben kann man nur in der Wärme. Dafür wurde im Sommer alles bunt, ich kannte jedes Detail der Zauberspur auswendig – die Zirbelkiefern, die Lärchen, die Büsche wilder Rosen erinnerten an Gedichte, und wenn fremde nicht reichten, dann murmelte ich meine eigenen. Wenn ich in die Hütte zurückkehrte, schrieb ich sie nieder.

Im dritten Jahr ging ein Mensch über meine Spur. Ich war damals nicht zu Hause, ich weiß also nicht, ob es ein wandernder Geologe war, ein Briefträger, der zu Fuß ging, oder ein Jäger. Der Mensch hinterließ Spuren schwerer Stiefel. Seit damals schrieben sich keine Gedichte mehr auf der Spur. Die fremde Spur war im Frühjahr aufgetaucht, und den ganzen Sommer hindurch hatte ich keine einzige Zeile geschrieben. Im Winter wurde ich an einen anderen Ort versetzt, was mir nichts ausmachte, weil die Spur ohnehin unwiderbringlich verloren war.

Ich habe oft versucht, ein Gedicht über diese Spur zu schreiben, doch es gelang mir nie.

WOR W SAKONJE (wörtlich: Dieb vor dem Gesetz) – im Slang der Kriminellen jemand, der stiehlt.

ZONE – abgetrenntes Gebiet; Absperrung. Im Wörterbuch von Dal: »ein Stück Boden, ein Streifen der Erdkugel entlang dem Meridian«. Seine bedrohliche Bedeutung erhielt der Begriff *Zone* durch die Lager. Rossi unterscheidet mehrere Typen von *Zonen*, je nach Bestimmung (zum Beispiel für Frauen, eine Arbeitszone), Art der Absperrung usw. Allmählich ging der aus der Welt der Lager stammende Begriff *Zone* in den allgemeinen Gebrauch über, und heute regelt er die Lebenswelt der ordentlichen Bürger. Das heißt, er teilt diesen Raum in verschiedene Zonen: *opasnaja sona* (gefährliche Zone), *pogransona* (Grenzzone), *sakrytaja sona* (Sperrzone), *sona osobogo nasnatschenenija* (Zone besonderer Verwendung), *sona osobogo reschima* (Zone mit besonderen Bedingungen) usw. Eine philosophische Erläuterung des Begriffes lieferte Tarkowski in dem Film »Stalker«.

Inhalt

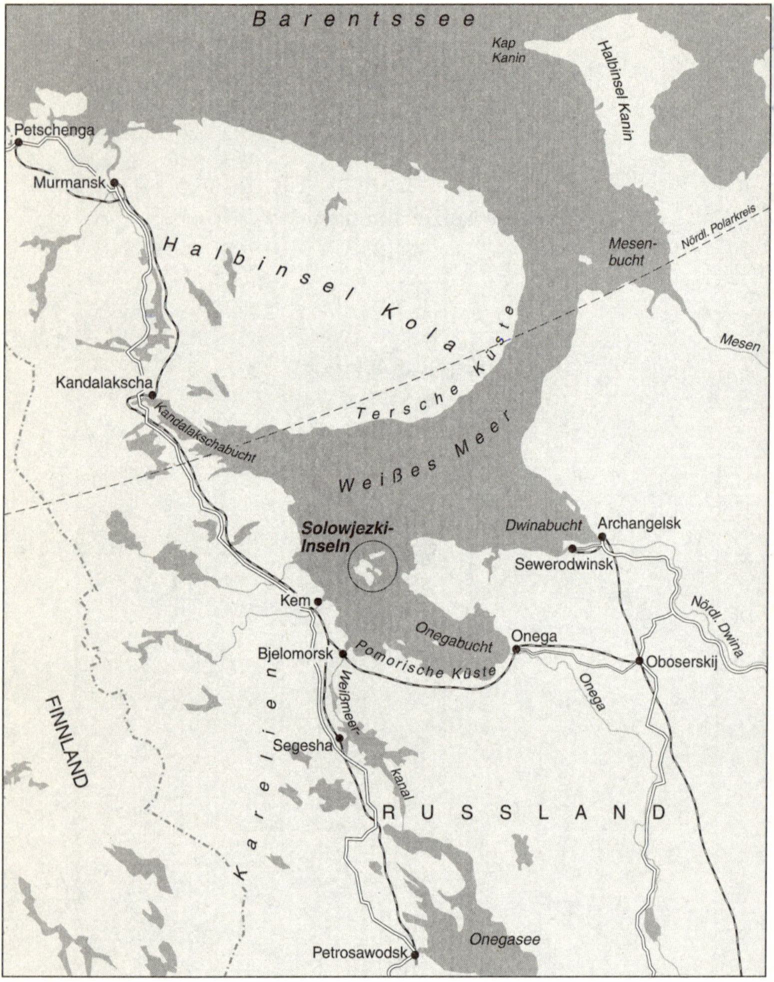
Barentssee
Kap Kanin
Halbinsel Kanin
Petschenga
Murmansk
Halbinsel Kola
Mesenbucht
Nördl. Polarkreis
Mesen
Tersche Küste
Kandalakscha
Kandalakschabucht
Weißes Meer
Solowjezki-Inseln
Dwinabucht
Archangelsk
Sewerodwinsk
Kem
Nördl. Dwina
Onegabucht
Onega
Bjelomorsk
Pomorische Küste
Oboserskij
Onega
Weißmeer-kanal
Segesha
FINNLAND
Karelien
RUSSLAND
Onegasee
Petrosawodsk